BARBARA RUSCHER
Fuck the Möhrchen

aufbau taschenbuch

BARBARA RUSCHER, geboren 1969 in der Nähe von Bonn, hat ein Lehramtsstudium und Referendariat in Musik und Germanistik absolviert, was ihr die Grundausbildung für die Bühne lieferte – schaffst du das, schaffst du alles. Seit 1998 ist sie auf den deutschsprachigen Kabarettbühnen unterwegs. »Fuck the Möhrchen« ist ihr erster Roman.

www.barbara-ruscher.de

Wer sich je gefragt hat, was sich wirklich hinter den engelsgleichen Kulleraugen seines Babys abspielt, was es uns mit seinem niedlichen Glucksen, dem ohrenbetäubenden Brüllen und dem immer im unpassendsten Moment hochgewürgten Gemüsepamp eigentlich sagen will, findet hier Antworten. Und was für welche.

Die preisgekrönte Kabarettistin Barbara Ruscher liefert überraschende, hochkomische Einblicke in Babys Sicht der ökologisch, pädagogisch korrekten Familienwelt.

»Eine Satire auf den Frühförderungswahn unserer Gesellschaft.«   Heide Oestreich, taz

»Dieses Machwerk ist ein Kracher!«
                          Gerburg Jahnke (Ehem. Missfits)

BARBARA RUSCHER

FUCK THE MÖHRCHEN

EIN BABY PACKT AUS

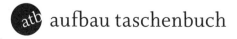 aufbau taschenbuch

MIX
Papier aus verantwor-
tungsvollen Quellen
FSC® C083411

ISBN 978-3-7466-2983-4

Aufbau Taschenbuch ist eine Marke
der Aufbau Verlag GmbH & Co. KG

11. Auflage 2014
© Aufbau Verlag GmbH & Co. KG, Berlin 2013
Umschlaggestaltung Mediabureau Di Stefano, Berlin
unter Verwendung eines Motivs von Tatyana Tomsickova
Photography/getty images
Satz LVD GmbH, Berlin
Druck und Binden CPI – Clausen & Bosse, Leck
Printed in Germany

www.aufbau-verlag.de

1. Ich bin dann mal da

Bin noch im Bauch. Draußen schreit eine Frau. Hört sich an wie Tina Turner auf Ecstasy.

Will hier nicht raus.

Sie schreit weiter.

Will ihr sagen, mit Schreien erreiche man gar nichts. Jetzt schreit sie mich an. Heiße wohl PDA.

Origineller Name, klingt nicht schlecht. Die Hebamme heißt Gudrun-Rudolf-Steiner Wiebkötter und sagt, für die PDA sei es schon zu spät.

Ich horche auf.

Muss raus und sehen, was da los ist.

Vorsorglich packe ich mir ein Stück Mutterkuchen ein.

Sehe Licht am Ende des Tunnels und warte auf den Bus.

»Kommt mal wieder nicht, Fahrplanänderung oder wegrationiert, oder was ist hier los«, murmelt der Mutterkuchen, »scheiß Gesundheitsreform, gerade jetzt.«

»Gemecker bringt jetzt auch nichts«, sage ich unwirsch, »wir müssen uns beeilen!«

Doch er ist bockig und stellt sich tot.

Ich aber kann jetzt keine Rücksicht nehmen und rutsche alleine und bauchwärts den Weg entlang. Komme kaum vorwärts, es ist viel zu eng hier drin und irgendwie unheimlich. Tatsächlich fühle ich mich wie im Dschungelcamp und rechne mit Spinnen, Emus und C-Prominenz.

Plötzlich erfasst Luft mein spärliches Haar. Jemand nimmt meinen Schädel zwischen beide Hände. Wow. Geboren und sofort frisiert werden, ich gebe zu, dass mir diese Welt spontan gefällt.

Schwupps bin ich draußen und mache die Augen auf.

Als Erstes sehe ich einen bleichen Mann mit blutroter Nase, der am Boden liegt.

Das ist der erste Mensch, den ich sehen kann, denke ich beglückt, und er ist mir auf Anhieb sympathisch. Nein, mehr noch, eine riesige Woge der Zuneigung überschwemmt meine kleine Seele.

Wer um Himmels willen ist das?

Vermutlich ein Krankenhausclown, der sich kurz ausruht, denke ich voller Anteilnahme. Plötzlich aber kommt Leben in ihn, und er ruft gerührt: »Ich bin dein Papa, da bissu ja endlich, meine kleine Prinzessin!«

Großartig, denke ich, habe ich ein Glück, mein Papa scheint ein toller Kerl zu sein und noch dazu ein König – ich hätte es wirklich schlechter treffen können.

Dann sehe ich mich erst mal in unserem Palast um und schreie entsetzt los, denn die Wände hat Gudrun-Rudolf-Steiner Wiebkötter in gebärmutterfarbenem Rosa gestrichen – zum Glück bin ich ein Mädchen, sonst müsste ich mit Sicherheit sofort schwul werden.

Das nenne ich frühkindliche Prägung. Liebe Güte, wahrscheinlich werden Jungs in diesem Land direkt umgebracht.

»Oder an katholische Priester in St. Pölten verkauft«, brummt der Mutterkuchen, der mittlerweile auch den Weg nach draußen gefunden hat.

Alle schauen mich liebevoll an und weinen, nur die Anthroposophen-Hebamme nicht. Spontan beschließe ich, sie zu hassen, da richtet sich eine Kamera auf mich, und alle weinen weiter, die hören gar nicht mehr auf zu weinen, offensichtlich bin ich hässlich. Vielleicht bin ich aber auch die

Wiedergeburt von Elvis. Schreie direkt ein »Muss i denn, muss i denn …« auf einem einzigen Vokal.

Das hat vor mir anscheinend noch keiner gemacht, denn es kommt enorm gut an, sogar mein bleicher lieber Papa stillt behände seine Nasenblutung und klatscht begeistert auf eins und drei.

Nur die Hebamme findet, dass ich nun fertig mit Singen sei, und stopft mir die Brustwarze einer Frau in den Mund.

Was soll das denn, frage ich mich, da schwant es mir: Das ist meine Mama!

Papa nennt sie allerdings immer »Du-hast-es-geschafft-mein-Schatz«.

Wär mir zu lang.

»Meine Mama«, seufze ich.

Ich bin völlig von den Socken und schenke ihr einen liebevollen Blick. Lächeln kann ich leider noch nicht, doch das übernimmt sie für mich, und ich habe das Gefühl, es strahlen tausend kleine Sonnen aus ihren Augen heraus. Begeistert taufe ich sie lautstark »Wäh«, und sie weint vor Freude.

Ein Mann in Weiß kommt nun herein und näht Mama untenrum zu, vermutlich soll ich Einzelkind bleiben.

Im Moment ist mir das egal. Ich bin einfach glücklich.

Nach einer halben Stunde inniger Zusammenkunft reißt mich die Hebamme aus den Armen meiner Mama und meint, sie müsse mich jetzt wiegen und messen, und das Baden könne ja der Papa übernehmen. Engagiert sagt er, klar, das sei kein Problem, das könne er gerne machen – doch ich sehe in seinen Augen einen Hauch von Angst und weiß nicht, ob sie sich auf das ungewohnte Badeerlebnis oder die Anwesenheit der argusäugigen Hebamme bezieht.

Die nämlich beginnt unverzüglich mit dem Prozedere und verkündet das Ergebnis der Messung.

Zweiundfünfzig Zentimeter und drei Komma sieben Kilo, das sei ja sensationell, ruft Papa voller Elan in Richtung Gudrun-Rudolf-Steiner Wiebkötter, das habe sein strammes Mädchen aber fein gemacht.

Die Hebamme guckt empört.

Papa wird rot und ergänzt, er meine natürlich seine Mia, das habe sie doch gut gemacht, aber Heike auch, und Heike lacht, ja, das sei dem Naturjoghurt geschuldet, den sie sich säckeweise reingeschaufelt habe.

Und auch dem Eis, das ich dir nachts von der Tanke habe besorgen müssen, ruft Papa, ob sie das noch wisse, erst Paprika, aber um Gottes willen nur die gelbe, dann Lasagne, obwohl man da nie wisse, was drin sei, ob Rind, Pferd oder Känguru, und dann das Eis, er habe damals gedacht, sie habe sie nicht mehr alle, sie solle ihm nicht böse sein, aber jetzt sähe man ja, dass ihr das gutgetan habe, seiner Mia, richtig schön propper sei sie geworden und alles sei dran.

Die Hebamme verdreht die Augen und lässt das Badewasser ein. Papa krempelt sich die Ärmel hoch, nimmt mich in seine Arme und legt mich vorsichtig in die warme Brühe – mh, ich weiß nicht, ob mir das gefallen soll, denn das Fruchtwasser war irgendwie weicher und wärmer, doch er ist sich ganz sicher und säuselt: »Ja, fein, liebe Mia, daaas macht Spaß, oder? Plitsche, platsche, gleich bist du sauber, huch, nicht so spritzen, oder willst du mal Feuerwehrfrau werden, haha, ein Scherz, Humor ist nämlich wichtig im Leben, liebe Mia«, und Frau Wiebkötter fragt er: »Ich habe ein bisschen Angst, dass sie mir absaust, was soll ich tun?«

»Keine Sorge«, sagt die Hebamme trocken, »das machen Sie schon. Nun ist es aber auch gut, hier ist das Handtuch, und auch das Köpfchen schön einwickeln und immer stützen, sonst knickt das ab.«

Bevor er mich schnappen kann, pullere ich noch schnell ins seichte Wasser – ein herrliches Gefühl, das ich mir unbedingt merken muss. Ich hoffe inständig, dass es in meinem Leben noch haufenweise Gelegenheiten geben wird, bei denen ich das wiederholen kann. Dann werde ich mich immer an diesen einen Moment zurückerinnern, in dem *mein* Papa mich zum ersten Mal gebadet hat.

Hach – die Welt ist schön.

~

Zu meinem Entsetzen wache ich nach meinem ersten Schlaf außerhalb des Mutterleibs nicht alleine auf. Neben mir liegt eine vollständig behaarte Gestalt mit einem Knopf im Ohr und grinst mich an. Meine Eltern beugen sich über die Wiege und grinsen auch.

Ich fasse es nicht. Mama und Papa haben mich heimlich verheiratet.

Ich verstehe die Welt nicht mehr – erst tun sie so nett, und dann verschachern sie mich skrupellos an den Nächstbesten. Will sofort hier weg, kann mich aber nicht drehen und verharre verzweifelt in meiner Rückenlage.

Meine Bewegungsunfähigkeit macht mich noch wahnsinnig.

War der Haarige etwa die ganze Nacht bei mir, und warum grinst der so, frage ich mich und versuche hektisch, mich an den letzten Abend zu erinnern. Vermutlich hatte ich zu viel gesoffen, es gab dieses weiße Zeug aus Mamas warmer Brust, immer weiter wurde mir das mit diesem *unwiderstehlichen* Lächeln angeboten, da kann man doch nicht nein sagen, aber wer weiß, was in dieser ersten Milch alles drin war, und dann kompletter Filmriss und zack, bist du verheiratet, so schnell kannst du gar nicht gucken.

»Wie konntet ihr nur«, schreie ich wütend und enttäuscht, »ich bin doch gerade erst auf der Welt und jetzt schon Hochzeit, wie soll denn das weitergehen, heute Nachmittag dann ins Seniorenheim und abends Wiedergeburt oder was«, doch keiner reagiert.

Alle lächeln weiter und sagen: »Dududu, feinifeinifeini, guckguckguckguck, ja wo isse denn, die Süüüße.«

Nur das braune Ganzkörpertoupet neben mir bemerkt trocken: »Wiedergeburt, warum nicht, im Krankenhaus sind wir ja schon.«

»Für die Witze bin *ich* hier zuständig«, stelle ich unmissverständlich klar und rufe Mama zu, dass sie mir eine Erklärung schulde, ich hätte sie doch schließlich lieb und sie mich angeblich doch auch, aber sie lächelt nur glücklich und kitzelt mich neckisch am Kinn. Daraufhin wende ich mich an Papa mit der Bitte um schnelle Rückmeldung, doch er zählt ignorant meine Finger und Zehen und sagt begeistert, dass alles dran sei, sogar richtige Nägel.

»Die hören dich nicht«, sagt mein gepiercter Bettnachbar und feilt sich gelassen die Tatzen.

»Das merke ich auch«, rufe ich und schreie lauter.

»Die hören dich nicht«, wiederholt er hartnäckig.

Ich finde ihn arrogant und brülle: »Die haben nur grad keine Zeit! Meine Eltern lieben mich und würden mich nie hängenlassen, dass das klar ist!«

Teddy schweigt.

»Die werden mich schon hören!«, setze ich nach und versuche, an die Vuvuzela ranzukommen, ein Geburtsgeschenk unserer afrikanischen Zimmernachbarin.

»Die verstehen dich nicht«, wiederholt er penetrant, »Erwachsene sprechen keine Babysprache.«

»Was heißt denn hier Babysprache«, empöre ich mich,

»ich bin im Mutterleib fünfsprachig aufgewachsen! Mama hat sich richtig Mühe gegeben, an meine Zukunft gedacht und sich Tag und Nacht Kopfhörer mit Bildungs-CDs um den Bauch gespannt. Frühförderung nennt man das, und das macht man heute, wenn man als Mutter was auf sich hält. Ich kann dir alles erzählen über punische Kriege, asklepiadeische Odenstrophen, Mozarts Frühwerk, egal, und du kommst mir hier mit Babysprache, das ist ja lächerlich! Wenn sogar *du* mich verstehst!«

»Babysprache war Teil meiner Ausbildung«, entgegnet er gelangweilt und beginnt, den Knopf in seinem Ohr zu polieren.

»Was für ne Ausbildung?«, frage ich. »Zum Frauen-gegen-ihren-Willen-Heirater, oder was?«

»Nee, zum Teddy«, erklärt er, während er wie gebannt auf den Hintern des Krankenpflegers starrt, der gerade die Bettwäsche wechselt. Dann raunt er mir ins Ohr, dass er nach dem Willen meiner Eltern von nun an mein Freund sei, aber nur platonisch. Alles andere würde er sich tunlichst verbitten, er sei schließlich schwul, nun sei es heraus, er habe schon immer ausschließlich Interesse an Männern gehabt, und wenn ich was dagegen hätte, könne er auch woanders seinen Job machen.

Mir schwant Böses.

»Moment, Moment, Moment«, rufe ich, »schwörst du, dass du die Wahrheit sagst? Mich kann hier keiner verstehen außer einem sprechenden schwulen Stoffbären?«

»Mein Gott, jetzt hat sie's«, erwidert er, dreht sich auf die Seite und macht ›Bööööh‹.

»Sonst kann mich hier keiner …? Aber soweit ich weiß, waren die doch selber mal Babys, da muss doch noch was von da …, das verlernt man doch nicht.«

»Nein, nicht verlernt, aber sie haben alles vergessen. Mit

Eintritt ins Erwachsenenalter wird das ganze Programm gelöscht. Die sprechen auch nicht mehr mit Teddys.«

»Das kann ich verstehen«, murmle ich und sabbere ein bisschen auf unser Ehebett.

Nun ist Teddy beleidigt und sagt unwirsch: »Dann geh ich jetzt mal, kannst ja sehen, wie du klarkommst«, und versucht, sich durch die Gitterstäbe unserer Koje zu quetschen.

»Nein!«, rufe ich panisch. »So war das nicht gemeint, bitte bleib, und wenn das nur platonisch ist, dann geht das in Ordnung, ich mein, mit wem soll ich denn reden, man muss sich doch auch mal austauschen!«

Und leiser: »Und vielleicht könnte es mit dir sogar ganz nett werden«, und ich lächle, obwohl ich die vielen Haare als Provokation empfinde.

Der Knopf glänzt nun, und Teddy dreht sich um: »Na gut, du bekommst noch eine Chance, ich bin ja kein Unteddy.«

Bevor ich erschöpft einschlafe, höre ich noch ein leises Bööööh, und ich träume von Teddys, die auf Schafen über Zäune springen.

~

Als ich aufwache, ist Teddy immer noch da.

Gott sei Dank, denke ich, man muss doch jemanden zum Sprechen haben, und wenn erst mal die Haare auf dem Rücken weg sind, geht das auch ästhetisch.

Hektisch krame ich nach einem Epiliergerät, doch ich finde keins und blicke suchend im Raum herum. Papa und Mama sind zum Glück immer noch da, sie scheinen mit dem rosafarben gestrichenen Krankenhauszimmer gut zurechtzukommen.

Ich fühle mich bei ihnen geborgen, und es könnte alles wunderbar sein, riefe Mama nicht den ganzen Tag: »Ich bin die *Mama*! Und der Mann ist der *Papa*, und wir sind jetzt eine ›richtige‹ *Familie*, hörst du, *ich* bin die *Mama*!«

Irritiert überlege ich kurz, ob es möglicherweise schöner sei, Mitglied einer ›falschen‹ Familie zu sein, da geht die Tür auf.

Na so was. Methusalems Eltern kommen herein und dürfen mich anfassen.

Das seien Opa und Oma, ruft Mama begeistert, und die Oma sei *ihre Mama* genauso wie *sie* selbst *meine* Mama sei. Bin überrascht und vergleiche Mamas Körpergröße mit Omas Bauch. Teddy sieht meinen skeptischen Blick, will sich vermutlich mit mir anfreunden denn er ruft ihr zu, wohlweislich, dass Mama ihn nicht versteht: »Da hast du nie im Leben reingepasst, du Pinocchio-Schlampe.«

Ich antworte: »So sprichst du nicht von meiner Mama!«, muss aber ungewollt in mich hineinkichern. Das Eis ist gebrochen.

Oma und Opa tätscheln eine Weile an mir rum und sagen dabei die ganze Zeit »Dutzidutzidutzi« oder »Schnupsischnupsischnupsi«.

Verwundert sage ich zu Teddy: »Irgendwie mag ich die beiden, auch wenn sie sprachlich nicht die Kompetentesten zu sein scheinen.«

Teddy grinst, während die alten Leute nun sagen: »Jajajajajajajajadudududududu.«

Bin überrascht und suche weiter nach Erklärungen: »Vermutlich sind die beiden Ausländer oder schlechte Ernst-Jandl-Imitatoren, was meinst du, Teddy?«

Lakonisch erwidert er: »Dann such ich jetzt mal den kotzenden Mops, um die Sache zu klären.«

Die Idee gefällt mir, und ich will ihm helfen, doch die Einzige, die sich übergibt, bin ich.

Mamas weiße Plörre, die ich eben noch mit großer Kraftanstrengung ihrer Brust abgetrotzt habe, benetzt flächendeckend Opas Anzug sowie Brille, woraufhin der alte Mann leise flucht, um dann in seinen Bart hineinzubrummeln, dass das ja wohl kein Wunder sei und er so was auch nicht trinken würde, haha, er würde mir jetzt was vom Pizza-Taxi bestellen, da gäb's auch Bambini-Pizzen mit Gesichtern drauf, das liebten doch nun wirklich *alle* Kinder.

Oma verdreht die Augen und schweigt hörbar.

Das Baby kriege jetzt *ausschließlich* Vormilch, mischt sich die Steiner-Freundin ein und wedelt mit Mamas Brust vor mir herum, aus der sie wütend ein dünnes Rinnsal trüben Wassers quetscht. Ich finde das unappetitlich und bin enttäuscht, dass Mama sich nicht mehr Mühe gibt. Trotzig verweigere ich die Nahrung, denn Haute Cuisine ist mit Sicherheit was anderes.

Opa sieht mein Gesicht und wiehert, er habe es doch gewusst, ich sei ein intelligentes Mädchen, kein Wunder, bei dem Großvater, Vormilch, das sei ja wie alkoholfreies Bier, nur noch schlimmer. Ich beschließe, mich in einem unbeobachteten Moment von ihm adoptieren zu lassen.

∼

Vormilch. Die ersten fünf Tage soll das nun mein Essen sein, behauptet die Hebamme, dann käme die Hauptmilch dran. Bin ehrlich entsetzt über diese schlechte Grundversorgung und vermisse plötzlich meinen Mutterkuchen.

Neun Monate lang war er mein bester Freund, mein einziger richtiger Freund. Er konnte zuhören wie sonst keiner da drin, das war etwas ganz Besonderes, ich gebe zu, nicht jeder hat so ein Glück mit seinem Mutterkuchen. Lange Zeit dachte ich, er könne dichthalten wie sonst keiner und würde mir immer beistehen und mich nähren, doch kaum aus der engen Behausung gekrochen und den Duft der großen Freiheit geschnuppert, ist er einfach verschwunden und hat mich allein gelassen. Er hat mal von seinen guten Kontakten zur Bild-Zeitung gesprochen, doch das habe ich nicht ernst genommen. Ich meine, welcher ordentliche Mutterkuchen hat schon Kontakte zur Presse, diese Sensationsjournalisten haben doch weiß Gott anderes zu tun.

Und nun das. Bestimmt sitzt der feine Herr Plazenta jetzt in der Redaktion und verschachert exklusiv meine Homestory, man kann sich ja wirklich auf keinen mehr verlassen.

Jetzt sitze ich hier fest, handlungsunfähig und zum Trinken von weißer Plörre verdammt.

Dagegen muss Guantanamo ein Ponyhof sein.

Langsam werde ich richtig sauer. Die glauben tatsächlich, mit mir kann man's machen. Ungeduldig warte ich auf Haupt- und Nachmilch und sauge wie verrückt.

Nichts.

In der Hierarchie bin ich offensichtlich ganz unten angelangt.

»Ganz unten«, erklärt Teddy, »ist nur Günter Wallraff«, und er haut mir auf die Schulter und ruft fröhlich, Lehrjahre seien nun mal keine Herrenjahre.

Finde das schwer zu verstehen, wo mir doch eigentlich jeder weismachen will, was für ein *Wunder* ich sei und *dass so was* aus *so was* entstehe, könne man ja *gar nicht* glauben, manche würden ja jahrelang, und ach, das sei ja auch egal, sie seien einfach gerührt, und jetzt sei ich ja da, ein Mädchen, auch gut, Hauptsache gesund, und ob ich denn viel schreie.

Jaaah, rufe ich, denn selbst in der schlechtesten Mensa gebe es drei Auswahlessen, und wenn ich nicht gleich auch etwas bekäme, dann könnten sie gar nicht genug Schallschutzwände aufbauen, letzte Chance! Doch ich verstumme unter dem Medusenblick der Anthroposophen-Hebamme, beuge mich der Gewalt und sauge Mamas Nippel zu Pershings.

Nichts passiert.

Die Brust sei wohl kein Vier-Sterne-Koch, dröhnt Opa verlegen, und die Hauptmilch wohl nicht im Kader, haha. Ich pflichte ihm bei und frage mich, wie man so Geschmack entwickeln soll.

Außerdem sei Papa bestimmt auch immer sauer, wenn's bei Mama nur ein Vorspiel gibt, setzt Opa noch einen drauf, woraufhin die Hebamme sagt, er solle bitte sofort das Zimmer verlassen, sie müsse jetzt Mamas Ute untersuchen.

»Ute?«, fragt Mama.

»Uterus«, erklärt die Hebamme, genervt von so wenig sprachlicher Kreativitätskompetenz seitens meiner Mutter, in Professor-Feuerzangenbowle-Kreil-Ton, sie kürze eben gern ab, das sei so ein Tick von ihr, außerdem klänge Ute ja wohl auch viel weiblicher als der medizinisch korrekte und sicher von einem Mann erfundene Fachbegriff.

Mama verdreht die Augen, und ich langweile mich ohne Opa. Fühle mich oral unterversorgt und schreie los. Mama hält sich die Ohren zu, doch Papa behauptet nicht ohne Stolz in der Stimme, Mia schreie ja inbrünstiger als Deep Purple bei *Child in Time*. Ich beschließe, das als Lob zu werten, und gebe eine Zugabe.

Doch plötzlich werde ich unterbrochen. Mein ganzer Körper kommt in Bewegung, und es brummelt in meinem Bauch. Irgendetwas schiebt sich durch meinen Leib und plumpst in meine Windel.

Mama kreischt vor Freude, öffnet die Windel und ruft: »Das Kindspech! Das Kindspech ist da!«, und ich wundere mich noch, wie man sich über Pech so freuen kann, da zeigt mir Mama den Grund ihres Gefühlsausbruchs: In der Windel liegt eine zähe, dunkle Masse, die sich aus einem Loch an meinem Popo abgesetzt hat. Ich bin entsetzt.

»Ja, das ist das Mekonium«, sagt die Hebamme trocken. »Da wischen wir jetzt mal den Popo ab und schmeißen die Windel weg.«

»Kommt gar nicht in Frage«, ruft Mama. »Die behalte ich!«

Sie schnappt sich ihre Handtasche, zieht einen Gefrierbeutel heraus und verschließt die Windel luftdicht.

Teddy dreht sich pikiert weg. Die Hebamme ist fassungslos und ich ebenfalls, aber Mama hat so ein Leuchten im Gesicht, dass keiner von uns beiden sich traut, ihren psychischen Zustand in Frage zu stellen. Kopfschüttelnd erklärt Gudrun-Rudolf-Steiner Wiebkötter noch, das Kindspech sei doch noch gar kein richtiger Stuhlgang, der käme erst in den nächsten Tagen, das Mekonium bestünde aus Schleimhautprodukten, Gallenabsonderungen und durchs Fruchtwasser geschluckten Hautzellen und hätte sich bereits im Mutterleib im kindlichen Darm gebildet.

So was trage ich schon die ganze Zeit in meinem Leib, igitt, denke ich, und ›Stuhlgang‹, was soll das sein, wandern da Sitzmöbel durch meinen Darm, so groß ist der doch gar nicht.

Die Welt ist ein Mysterium, und ich weiß nicht, ob ich damit einverstanden bin.

2. Es gibt einen Grund, warum Tiere nicht singen

Schon seit zwei Tagen machen wir uns nun im Familienzimmer breit und haben jede Menge Besuch. Ich schreie nuanciert und häufig, und das macht mir großen Spaß, die Begeisterung von Mama und Papa lässt jedoch rapide nach, aber Familie ist Familie, da kommt jetzt keiner mehr raus.

Doch irgendwas ist faul hier, die Besucher kommen immer nur ein Mal, geben Geschenke ab und sind rubbeldiekatz wieder weg, wie Papa das ausdrückt.

Warum wird die Katze gerubbelt, frag ich mich, vielleicht mag das Vieh das gar nicht. Menschen sind seltsam. Jedenfalls sind alle auch ohne Katze schnell wieder weg.

Außer Wiebke und Lutz. Die sind seit heute Morgen da, und Mama lächelt mich an und sagt, das seien unsere Nachbarn, die seien ganz lieb und würden später sicher auch mal auf mich aufpassen. Wiebke kichert zustimmend und schenkt mir einen Stofftapir mit einem dicken Plastikknubbel am Po.

»Fehlkonstruktion«, ruft Teddy, »wahrscheinlich im Preis runtergesetzt!«

Voller Leidenschaft fühle ich mit dem behinderten Tier mit, doch Wiebke hält meinen mitleidigen Blick emotional offensichtlich nicht aus, denn sie reißt mir das putzige Tierchen aus der Hand und zieht begeistert an dem Plastiknöppel.

Mir verschlägt es die Sprache.

Der Tapir singt *Schlaf, Kindlein schlaf*, nur ohne Text. Den singt dafür Lutz. Auch der Bass ist ausgefallen, aber die Hochtöner sind aktiv.

Meine erste Konfrontation mit der Härte des Lebens.

»Gräuslich«, murrt Teddy eifersüchtig.

Das finde ich auch, aber Empathie ist mein zweiter Vorname, und ich flüstere Teddy zu: »Vielleicht ist das unattraktive Felltier in der Ausbildung und übt noch, was soll es auch machen so fern von zu Hause, da denkt auch keiner drüber nach.«

Teddy schweigt beleidigt, und ich bin so sehr mit dem Verarbeiten der neuen geräuschintensiven Eindrücke beschäftigt, dass ich zuerst gar nicht bemerke, wie mich alle erwartungsvoll angucken.

Unsicher frage ich mich, was die von mir wollen, und pupse leise.

Alle scheinen das toll zu finden, denn sie lachen, hören aber nicht auf, mich mit großen Augen anzustarren, als wäre ich Moses, der mit den Gesetzestafeln munter den Berg hinunterstapft.

Der Tapir singt immer noch.

Unauffällig versuche ich, mir die Ohren zuzuhalten, kriege meine Hände aber nicht koordiniert und will gerade lautstark meine Verzweiflung zum Ausdruck bringen, da fallen mir plötzlich die Augen zu, und ich werde ganz müde.

Beim Wegdämmern denke ich noch darüber nach, dass sich manchmal alles von selbst findet, und dass es letztendlich immer eine Lösung gibt, und dass das gut so ist und ich glücklich bin und meine Eltern einschließlich der Nachbarn die besten von der Welt sind, und der Tapir freut sich auch über den frühen Feierabend.

Eine geraume Weile später wache ich wieder auf und blinzle vorsichtig durch die geschlossenen Lider. Wiebke und Lutz sind immer noch da. Der Tapir auch. Teddy gibt ihm einen ordentlichen Tritt, und er kullert aus unserer Wiege.

Fast tut er mir leid, und das scheint Lutz zu spüren, denn er hebt ihn auf, zieht glücklich an seinem Plastikknubbel und legt den Tapir zwischen Teddy und mich in die Besucherritze. Der Tapir guckt mich an, ich gucke Teddy an, ich zapple entschuldigend mit Armen und Beinen herum, aber Teddy dreht sich beleidigt zur Seite und macht ›Böööööh‹.

Offensichtlich hat Teddy gerade keinen Gesprächsbedarf, und so höre ich ein Weilchen den Erwachsenen zu.

Wiebke will nun von Mama wissen, wie die Geburt war. Mama spielt daraufhin pantomimisch eine Ohnmacht nach und zeigt lachend auf Papa, der spontan die Beschaffenheit des karierten PVC-Bodens prüft.

Wiebke bleibt ernst, wird leiser und fragt Mama, es ginge sie ja eigentlich nichts an, aber ob es denn direkt geklappt habe, sie wären doch schließlich schon so lange zusammen und das wäre doch nicht ohne Risiko, und ob sie sich nicht schon zu alt dafür fühlen würde, sie wäre froh, dass ihr Horst-Michael jetzt achtzehn und zum Studium nach Braunschweig gezogen wäre, also sie würde das nicht noch mal schaffen.

Mama lacht und sagt, dass sie es in den Dreißigern zu früh gefunden hätte, und diese ganze BdMler-Nummer, das sei nichts für sie, da hätte sie dann eben lieber noch siebzig Jahre gewartet, und heute wäre ja medizinisch alles möglich.

Nun ist Wiebke sauer, und Mama erklärt, dass sie nur Spaß gemacht habe und dass, um ehrlich zu sein, doch alles seine Vor- und Nachteile hätte, früh- oder spätgebärend, das sei doch Pott wie Deckel, Schlafmangel gäb's in beiden Fällen.

Ob es denn nun direkt geklappt habe, hakt Wiebke wissbegierig nach, und Papa brummt ›Leider ja‹, und noch leiser, er hätte ja gern noch öfter probiert, doch er verstummt unter Mamas durchdringendem Blick.

Wiebke wirkt enttäuscht, und Lutz murmelt in den Raum,

er könne ja nun wirklich nichts dafür, dass seine Spermien so langsam seien, und wie das überhaupt Horst-Michael finden würde, wenn sie noch mal ein Kind, und Wiebke ruft: »Psst! Das sollte doch unser Geheimnis …«, aber Lutz ist nicht mehr zu stoppen, und ich wundere mich über seinen Redefluss.

»Vielleicht wegen des Frühschoppens heute Morgen«, vermutet Teddy, wedelt mit der Hand vor seiner Nase herum und dreht sich wieder zur Seite.

Wiebke habe doch jetzt Levke-Fee, meint Lutz weiter, ihre Nichte, da sei sie doch Patin und könne sich kindermäßig prima dran abarbeiten und nachts trotzdem durchschlafen, besser ginge es ja gar nicht, und außerdem müsse nun aber auch mal Schluss mit dem Thema sein. Beim Erwähnen von Levke-Fee beginnen Wiebkes trübe Augen zu leuchten und weiten sich, bis sie so groß sind wie Özils beim Elfmeter, zumindest behauptet Teddy das, und Wiebke zählt mehr als ausschweifend auf, was die Kleine schon alles kann mit ihren zwei Wochen, geradeaus gucken, husten und richtiges Aa machen. Sie hätte sogar schon ein paar englische Wörter, na ja Laute von sich gegeben, das sei schon was Besonderes, aber das mit dem Aa, da glaube sie ganz fest, dass ich das sicher auch bald könne, da sei sie ganz sicher.

Ich hingegen bin mir gar nicht sicher, ob ich das überhaupt will, und gucke hilfesuchend zu Mama, während Wiebke weiter monologisiert, dass sie da *wirklich* ganz sicher sei, und wenn nicht, könne man ja Psychologen, das sei ja heute alles möglich.

Mama nickt angestrengt, lächelt mich verschwörerisch an und kneift dabei ein Auge zu, und ich bin mächtig stolz, ihre Mitwisserin zu sein. Dann läutet sie diskret nach der Hebamme und meint fröhlich, es sei jetzt leider Zeit für ihre Untersuchung im Intimbereich, die »Ute« müsse jetzt zu ihrem

Recht kommen, haha, und alle müssten jetzt raus und dass sie sich sehr über den Besuch gefreut habe, viele Grüße auch an Levke-Fee, woraufhin Wiebke anregt, dass wir uns ja mal alle zusammen treffen könnten, das wäre doch ganz wunderbar.

Mama antwortet heiter, ja gerne, aber Mia brauche jetzt erst mal Zeit, erst mal Hauptmilch, Seepferdchen, Abitur, aber danach mal so richtig mit Kaffee und Kuchen, das sei doch schön, und dass das gerade selbstverständlich ein Spaß gewesen sei, Wiebke habe doch schließlich Humor oder, den brauche sie doch als Waldorf-Lehrerin, das sei doch sicher Einstellungsbedingung.

Wiebke murrt beleidigt, wenn sie Freundinnen bleiben sollen, müsse Mama noch mal über ihren Humor nachdenken, ja, das solle sie wirklich mal tun, *ihr* Komikzentrum würde er jedenfalls nicht treffen, und andere hätten sich auch schon beschwert, aber egal, sie würden jetzt jedenfalls lieber gehen, und sie stopft ihren Terminkalender zurück in die Handtasche und verlässt erhobenen Hauptes mit Lutz das Zimmer.

Erleichtert will ich aufatmen, da kommt Gudrun-Rudolf-Steiner Wiebkötter herein und fragt drohend, warum wir geschellt hätten.

Mama behauptet, sie hätte sich vertan und nur das Licht anmachen wollen, woraufhin Gudrun-Rudolf-Steiner Wiebkötter die Vorhänge aufreißt, laut die Strahlkraft der Sonne preist und brüllt, dass das so nicht ginge, demnächst käme niemand mehr, wenn wir nur aus Spaß klingelten, das sei schließlich kein Vergnügungspark hier.

Ich finde, meine lieben Eltern haben bei der Auswahl des Personals kein gutes Händchen gehabt, und bin froh, dass Gudrun-Rudolf-Steiner Wiebkötter zwar erzürnt, aber immerhin zügig hinausrauscht.

Leise flüstert Mama Papa zu, das sei immer noch besser

gewesen als Wiebke und Lutz, irgendwie sei da der Wurm drin, man würde sich wahrscheinlich viel zu oft sehen, das sei ja auf Dauer auch nicht das Gelbe vom Ei, obwohl sie eigentlich Wiebke als ihre Freundin ansähe, aber irgendwie habe die sich verändert, sie wisse auch nicht.

Papa murmelt was von Hormonen und dass die beiden doch eigentlich ganz okay seien und Babysitter teuer und der Kontakt doch so praktisch, doch Mama ruft, immer fiele er ihr in den Rücken, wie damals bei der Hochzeit, als er plötzlich auch mal witzig sein wollte und nein gesagt hat, vor versammelter Mannschaft, das werde sie nie vergessen.

Papas Gesicht verdunkelt sich einen Moment, als er sagt, ob sie schon wieder damit anfangen wolle, das sei doch nun wirklich schon lange her, und er fände, er habe sich oft genug dafür entschuldigt.

Ich mache hilflos ein Bäuerchen, und die beiden lachen. So fühlen sich also Kitt und Mörtel an, es gibt schlechtere Gefühle, und mein Herz schlägt ganz heftig für meine beiden Erziehungsberechtigten.

Das ist Glück.

~

Am nächsten Morgen betreten wir gerade den Frühstücksraum, in dem meine und andere vom Schlafmangel geplagten Neu-Eltern ihrer morgendlichen Nahrungsgier Herr zu werden versuchen, da kreischt hinter uns plötzlich eine weibliche Stimme: »Neiiiin! Bist du das, Heike? Ich bin's, die Bettina! Bettina, aus der Schule damals! Du hast immer Mathe von mir abgeschrieben, weißt du noch, wir haben uns ja *ewig* nicht gesehen! Ach, wie süß, dein Junge, der hat ja gar keine Haare, na ja, da weiß man, wie er im Alter aussehen wird, gell, hahaha, kommt, setzt euch doch zu uns!«

Verwundert stelle ich fest, dass Mama sich anscheinend

freuen und gleichzeitig nicht freuen kann und ziehe begeistert das Mützchen vor ihr, beziehungsweise ich strample so lange, bis es mir vom Kopf rutscht – mehr geht eben noch nicht.

Mama setzt es mir gleich wieder auf und ruft: »Das gibt's ja nicht, die Betty, das ist ja eine Ewigkeit her, und jetzt hier im Krankenhaus, was für ein Zufall, und das hier ist kein Junge, sondern ein Mädchen, die Mia. Aber dein Kleiner ist ja ein ganz Süßer, ein bisschen übergewichtig vielleicht, und das mit den Ohren, na ja, die kann man ja anlegen lassen, ich habe da einen Künstlerkollegen, der war mal Chirurg, da kann ich dir mal die Telefonnummer, ach ja, und das hier ist mein Mann, der Chris, wo ist denn deiner?«

Bettina korrigiert nun gewissenhaft, dass sie Bettina heiße, Betty würde sie heute von niemandem mehr genannt werden, und dass ihr Freund, der Marlon, heute ein gaaaanz wichtiges berufliches Meeting habe, er sei ja Creative Director, aber Mama unterbricht sie und fragt aufgeregt, ob das *der* Marlon sei, Marlon aus der Schule, und Bettina, ja, aber das sei ja jetzt auch, doch Mama kann sich gar nicht mehr halten.

Waas, *der* Marlon, der damals im Schwimmbad immer die Arschbombe, ja, *der* Marlon, bestätigt Bettina genervt, wirklich *der* Marlon, der damals immer seine Fürze angezündet habe, ruft Mama und lacht ungläubig.

Jetzt solle sie aber mal aufhören, lacht Bettina gequält, das sei doch schließlich eine Ewigkeit her, und will von Mama wissen, wie alt denn ihr Säugling sei, ihrer sei sechs Tage alt und hieße Sören-Wotan, und seine Ohren seien nur vom ungünstigen Liegen etwas vom Kopf entfernt platziert.

Sören-Wotan guckt mich durch seine rollbare Plexiglaswanne entschuldigend an und fragt mich: »Ist bei dir der Bus auch nicht gekommen?«

»N-n-nein«, antworte ich nahezu sprachlos, wollte ich

doch gerade durch morsezeichenähnliches Strampeln eine Kommunikationsgrundlage zwischen uns schaffen, »du kannst sprechen und ich dich verstehen, wie kommt denn das?«

Gutmütig erwidert Sören-Wotan: »Na klar, Babys untereinander sprechen ganz normal miteinander. Warum die Großen nicht schnallen, was wir sagen, weiß ich auch nicht, da ist nichts zu machen, aber bei Gleichaltrigen funktioniert die Kommunikation eins a, und das ist auch gut so. Immer dieses ›Ja wo isser denn? Daaa isser ja, der Söri, dutzidutzidutzi‹, das nervt ja so was von. Oder machen das deine Alten etwa nicht?«

Ich nicke bejahend und bewundere seine vielen roten Haare.

»Was für eine Frisur«, flüstere ich Teddy begeistert zu.

Der wiederum zuckt verächtlich mit den Schultern und brummt: »Jau, wie Paul Breitner, nur in Rot, wer will denn so was, pah. Model wird man so jedenfalls nicht.«

»Wieso denn Model?«, raune ich ihm zu. »Du bist ja nur eifersüchtig, weil er eine Haut hat wie ein kleiner süßer Babypopo.«

»Nun ja, er ist ja auch ein Baby«, stellt Teddy schnippisch fest, »das wird sich noch ändern, irgendwann kommen die Falten und der Hängepo, und dann sprechen wir uns wieder, liebe Mia.«

Mit erhobenem Haupt holt er seinen Taschenspiegel raus und betrachtet mit gerunzelter Stirn seine Felldichte.

Na so was. So weit in die Zukunft mag ich gar nicht denken und bleibe begeistert im Hier und Jetzt.

Diesen Sören-Wotan muss ich unbedingt besser kennenlernen und will ihn gerade fragen, ob er auch nur Vormilch kriege, als Mama und Papa mich unter dem Vorwand, ich müsse jetzt schlafen, aus dem Frühstücksraum schieben.

Werfe dem Rothaarigen einen verruchten Blick zu, den er sofort mit einem vieldeutigen Schmatzgeräusch erwidert.

Wir rollen hinaus.

Bin erschöpft von meinem ersten Date und schlafe glücklich ein.

～

Als ich aufwache, steht ein gutaussehender Mann im weißen Kittel vor mir und sagt, er heiße Dr. Liebermann, er sei mein Kinderarzt und mache jetzt die U2 mit mir.

Gespannt warte ich darauf, dass er gleich große Augen bekommt und »tschtschtschtschtsch« macht, um die U-Bahn-Linie 2 akustisch zu imitieren, mit der Mama und ich immer zum Geburtsvorbereitungskurs gefahren sind.

Zu meinem Entsetzen legt der Arzt mich stattdessen in eine kalte Metallschale und macht sich dann Notizen.

Kann hier eigentlich jeder mit mir machen, was er möchte, will ich rufen, doch Mama fährt sich durch die Haare, tätschelt mir liebevoll den Kopf und sagt glücklich, so schnell sei also die zweite U-Untersuchung dran. Überrascht schließe ich daraus, dass dieser Vorgang seine Richtigkeit hat, und akzeptiere die gewöhnungsbedürftige Situation achselzuckend.

Der Mann behauptet nun, dass mein Herz einhundertvierzig Mal in der Minute schlägt und dass das normal für ein Baby sei.

»Wow«, sagt Teddy, »einhundertvierzig Mal pro Minute schlagen, da kann Klitschko sich aber mal ein Beispiel dran nehmen.«

Ich kenne keinen Klitschko, bin aber zu abgelenkt, um nachzufragen, denn Dr. Liebermann guckt sich gerade meinen Bauchnabel an. Als wäre das nicht Aufregung genug, betritt nun auch noch Bettina mit Sören-Wotan und einem

Mann mit dunklen und akkurat gegelten Haaren unser Familienzimmer.

Mir ist es hochgradig peinlich, in Anwesenheit von Sören-Wotan von dem Arzt befingert zu werden, doch Sören-Wotan scheint den Vorgang interessant zu finden, denn er strampelt aufgeregt in seiner Plexiglaswanne rum und macht hörbar ein Drückerchen in die Windel.

»Na toll«, sagt Teddy pikiert, »das ist wohl die frühe Vorbereitung auf pupsende und Bier-trinkende Ehemänner auf der Wohnzimmercouch.«

Muss nun ungewollt in mich hineinkichern. Teddy kann sich also genau wie ich eine gemeinsame Zukunft zwischen mir und dem attraktiven Rothaarigen vorstellen. Mein Kopf wackelt vor Vergnügen, was dem Arzt gar nicht gefällt, da er gerade dabei ist, meinen Kopfumfang zu messen.

Mama springt auf, zupft ihre Haare abermals zurecht und ruft enthusiastisch, wie schön es sei, dass auch Marlon mitgekommen sei, und dass Betty und Marlon immer noch zusammen wären, sei ja unglaublich, wie es ihnen denn ginge und wo sie eigentlich wohnen würden und dass sie doch erst mal hereinkommen sollten.

Der attraktive Arzt nestelt nervös an seinem Stethoskop herum und sagt ungehalten, dass das jetzt aber eigentlich nicht ginge, sie seien schließlich mitten in einer Untersuchung, doch Mama erwidert, Doktor Liebermann könne da ruhig mal ein Auge zudrücken, sie würde die beiden schon seit der Schulzeit kennen und sie hätten so viel miteinander erlebt, davon auch eine Menge peinlicher Situationen, und ob Marlon noch wisse, was damals hinter der Turnhalle, haha – na ja, sie wolle ja jetzt nicht ausholen, aber was sie sagen wolle, sei, dass man da fast schon von Familie sprechen könne und die drei von ihr aus ruhig hierbleiben könnten.

Sie müsse es ja wissen, brummelt der Arzt wenig begeistert und schaut ungeduldig auf seine Uhr.

Marlon ignorierte das und dröhnt, Mensch Heike, dass sie sich hier wiedersähen, sie seien ja scheinbar auch privat versichert, alle Achtung, schönes Zimmer, und ob denn die Mia, so hieße sie doch, oder?, ob denn die Mia auch so eine große Fontanelle hätte wie sein Sören-Wotan, also das sei ja vielleicht ein Oschi. Mann, Mann, Mann, dass die Schädelknochen noch nicht zusammenwachsen würden in den ersten zwei Jahren, sei ja ein Ding, bei Sören-Wotan würde man das ja auch gar nicht sehen, der hätte ja schon sooo viele Haare, aber bei Mia, da sprieße ja gar nichts, wie das denn käme, Heike hätte doch eigentlich ganz gute Haare, ob denn der Vater ...

Der sei gerade nicht hier, erwidert Mama leicht gekränkt, aber der hätte lange Zeit sehr schöne Haare gehabt, er hätte sie nur grade komplett abrasiert, weil Glatze ja momentan total die Mode sei und ihm auch wirklich ausgezeichnet stehen würde, das sähe unglaublich cool aus – aber gegelt ginge ja auch noch in Ordnung, da gäbe es wirklich Schlimmeres.

Ich spüre, dass zwischen den beiden irgendwas nicht stimmt, und dieser Schlagabtausch ist so spannend, dass ich gar nicht merke, dass der George-Clooney-Arzt mir in die Ferse pikt und mir einfach einen Tropfen Blut abnimmt. Er brummelt was von Stoffwechsel-Screening-Test, testet noch, ob ich gut höre, und zieht von dannen.

Mir reicht es für heute, und ich fange ein bisschen an zu weinen, woraufhin Mama Bettina und Marlon entschuldigend anlächelt und sie bittet, ein anderes Mal wiederzukommen, da Mia nun wohl Durst habe, und sie hätten zwar wirklich viel miteinander erlebt, aber das sei ja nun eine Weile her, und beim Stillen sei sie dann doch lieber alleine.

Die drei rauschen hinaus. Ich strample aufgeregt in Sören-Wotans Richtung, um ihm auf Wiedersehen zu sagen, und er verabschiedet mich mit einem Blick, der sich gewaschen hat.

Ich stehe in Flammen.

3. Ab ins Reihenhaus

Heute ist es so weit – wir verlassen für immer das Krankenhaus. Ich bin gespannt, und auch Papa ist enorm aufgeregt, denn er verschwindet mit einem debilen Grinsen im Gesicht, um ein paar Minuten später triumphierend mit einem Sitz aus Plastik im Arm wiederzukommen.

»Das ist dein Maxi-Cosi, liebe Mia«, flötet Mama zärtlich.
»Ihr Maxi-Cosi-City-Superspeed«, korrigiert Papa stolz.
»Ist doch egal, Hauptsache rot«, erwidert Mama, setzt mich in das Ding und schnallt mich fest.
»Was soll das denn?!«, rufe ich, doch nur Teddy spürt mein Entsetzen über das neue Fesselspiel, und er flüstert mir zu: »Das ist Sado-Maso, Schätzchen. Das kommt davon, wenn Frauen zu viel billige Erotikromane lesen.«

Er hält sich den Bauch vor Lachen und schlägt sich vergnügt auf die Schenkel.
»Sehr witzig, du Zottel«, antworte ich genervt.
Missmutig schreie ich so laut ich kann, und versuche vehement, mich frei zu strampeln, da zückt Mama plötzlich eine winzige braune Flasche mit kleinen weißen Kügelchen drin, schüttet sich drei davon in die Hand und schiebt sie mir mit einem aufmunternden Blick in den Mund.
»Die hab ich von der Hebamme«, flüstert sie Papa begeistert zu, »das sind Globuli gegen Stress, alles homöopathisch, da kann man nichts mit falsch machen, gut was?!«
Sogar sehr gut, denke ich, nachdem ich vorsichtig probiert habe, mein erster Zucker, da kann man gar nicht früh genug

mit anfangen, so lecker ist das. Ich beruhige mich augenblicklich und muss mir unbedingt merken, dass Süßes sehr gut für mich ist und dass ich es kriege, wenn ich schreie.

Die Welt ist wunderbar.

Auch Mama ist von der Wirkung der Globuli begeistert, schnappt sich Teddy und legt ihn zu mir in den Sitz; ich lasse sie gewähren und sabbere aus Rache für seinen Sado-Maso-Witz auf seinen Hinterkopf.

An dem Maxi-Cosi ist ein Griff, und Papa trägt Teddy und mich nun voller Stolz aus dem Zimmer hinaus.

Wir verabschieden uns von Bettina, Marlon und Sören-Wotan, woraufhin Marlon meine Babyschale begutachtet und entsetzt ausruft, das sei ja nur ein Maxi-Cosi-City-Superspeed, also SIE hätten ja für ihren Sören-Wotan den Maxi-Cosi-Cabrio-SMS, der hätte bei Stiftung Warentest mit sehr gut abgeschnitten, und Geld spiele bei ihnen einfach keine Rolle, Hauptsache es ginge ihrem Söri gut. Sofort bekomme ich Angst, dass bei meinem gleich der Griff abreißt, und gucke Papa flehend an.

Das Isofix-Prinzip habe unser Maxi-Cosi aber auch, kontert Papa sichtlich frustriert über Marlons Angeberei und fragt, ob sie denn auch die Erbse mitgeliefert bekommen hätten, die sei ja heute auch für *Prinzen* gut als Schlafunterlage, das sei ja mittlerweile alles unisex.

Isofix-Prinzip, das hört sich beruhigend an, aber das mit der Erbse klingt noch interessanter. Möchte auch eine und will gerade Sören-Wotan fragen, ob er sie mir mal leiht, doch er kann diesem technischen Hin und Her offensichtlich nichts abgewinnen und ist eingeschlafen.

Haha, sehr lustig, dröhnt Marlon indes überlegen, aber der Maxi-Cosi-Cabrio-SMS sei immerhin als Einziger bis dreizehn Kilo zugelassen, woraufhin Papa mit betont fester Stimme sagt, da könne ihr Söri dann ja immerhin noch zwei

Monate drin sitzen, bevor sie sich den nächstgrößeren kaufen müssten. Marlon stockt der Atem, und Mama stößt Papa plötzlich ihren Ellenbogen in die Rippen, woraufhin er murmelt, dass das natürlich ein Scherz gewesen sei und Mama und Bettina doch jetzt noch eben Telefonnummern tauschen sollten, bevor sie den Heimweg antreten wollten, um Mia ihr neues, wunderschönes Kinderzimmer zu zeigen, er könne es kaum erwarten.

Wie bitte, denke ich ängstlich und werde unruhig, ein ganzes Zimmer voller Kinder, ich weiß nicht, ob ich dem gewachsen bin.

Ja, sie würden morgen auch entlassen, antwortet Bettina erleichtert, und dann könne ihr Söri auch endlich in sein Zimmer, das sei eigentlich ein bisschen zu groß für ein Kinderzimmer, aber wunderschön mit Bob dem Baumeister tapeziert, der ›Können wir das schaffen? Jau, wir schaffen das!‹ in sieben verschiedenen Sprachen sage.

Mama ist fassungslos, doch Bettina ist nicht mehr zu halten und fährt fort, dass der Spieleteppich mit der original Boeing-Dreamliner sonst nirgendwo Platz gehabt hätte, da hätten sie das Wohnzimmer und das Kinderzimmer einfach getauscht, sie seien ja eh nicht allzu viel zu Hause, sondern sehr viel auf Kulturreisen, da wäre ein großes Wohnzimmer ja die reine Platzverschwendung, und für Sören-Wotan sei ihnen doch nichts zu teuer.

Ja, das sei ja wirklich toll, übernimmt Papa das Ruder, ihr Söri könne dann sicher anhand des Teppichs interaktiv die Probleme dieses Flugzeugs lösen, wenn er wolle, gute Ingenieure seien ja heute auch immer jünger und guter Nachwuchs rar, da unterbricht ihn Mama und sagt eindringlich, dass wir jetzt mal los müssten, Mia wolle sicher gleich wieder Milch haben, und das würde sie doch lieber zu Hause und nicht noch auf der Fahrt erledigen, und Bettinas Nummer hätte sie ja jetzt, sie wünsche alles Gute und würde sich dann bald melden.

Ich verdrehe die Augen und bin froh, dass ich diesem Konkurrenzkampf nun nicht mehr beiwohnen muss, und auch Teddy entfährt ein tiefer Seufzer.

∼

Etwas wehmütig verlasse ich die Stätte meiner Geburt und staune über den Lärm auf den Straßen und die vielen Menschen, die es alle sehr, sehr eilig zu haben scheinen – vermutlich droht der Weltuntergang, und alle versuchen noch schnell, etwas zu erledigen.

Da weit und breit kein Maya zu sehen ist, der mir das mit dem Weltuntergang bestätigen kann, will ich gerade Teddy fragen, ob er diesbezüglich Informationen hat, da öffnet Papa die hintere Tür eines Autos und setzt mich mitsamt Maxi-Cosi-City-Superspeed auf den Rücksitz.

»Wow, ein Mercedes Strich 8, schicker Wagen«, stellt Teddy anerkennend fest, »ein paar Rostflecken dran, aber sonst wirklich ne coole Karre.«

Ich habe derweil andere Sorgen, denn Papa versucht eifrig, die Babyschale mit Gurten an dem Polster zu befestigen, er schnauft und kriegt schon hektische Flecken im Gesicht.

»Das hast du doch geübt, oder? Was dauert denn das so lange?«, ruft Mama.

»Lass mich in Ruhe, oder willst du das selber machen?!«, schreit Papa.

Er wird immer nervöser, es ruckelt und ziept, und nichts passiert, es ist ein Kampf zwischen Mensch und Maschine, und Teddy schließt mit mir eine Wette ab.

Papa schnallt mich immer noch hin und her, und ja, endlich hat er es geschafft und sinkt erschöpft auf den Fahrersitz.

»Ich kann nicht mehr«, stöhnt er müde, aber auch ein wenig stolz und lässt mit letzter Kraft den Motor an.

»Hab dich nicht so«, erwidert Mama verärgert, »ich habe eine ganze Geburt hinter mir, was soll ich denn sagen.«

Ich aber habe keine Lust auf Ehestreit und schreie ein bisschen in der Hoffnung auf Globuli.

»Siehst du«, ruft Mama, »sie hat Hunger, los, fahr schon, ist ja nicht weit, stillen will ich lieber erst zu Hause.«

Ich flüstere Teddy triumphierend »Verloren!« zu und staune darüber, dass Bäume, Ampeln und Häuser sich plötzlich in Bewegung setzen, um immer schneller an uns vorbeizufliegen. Diese neuen Eindrücke machen mich müde, und ich nicke stolz in meiner von Papa hart verteidigten Babyschale ein.

Als ich wieder aufwache, befinde ich mich in einem originell eingerichteten Wohnzimmer wieder. Enttäuscht stelle ich fest, dass auch hier die Tapeten gewöhnungsbedürftig aussehen und gucke Teddy ratlos an.

»Retro-Style im Reihenhaus«, erklärt er und zuckt mit den Achseln.

»Meinetwegen«, brumme ich. Immerhin ist das besser als das Altrosa von Gudrun-Rudolf-Steiner Wiebkötter, und es gibt eine schöne braune Sitzlandschaft, auf der man gepflegt rumsabbern kann. Mehr brauche ich zurzeit eh nicht.

Interessiert betrachte ich die großen Gemälde moderner Kunst. Offensichtlich handelt es sich um nachgemalte Ultraschall-Bilder in Aschgrau und Schwarz, unten signiert mit einem schlichten H.

»Die sind von deiner Mutter«, raunt Teddy mir zu, »H wie Heike, schmeiß da bloß später keinen Bauklotz drauf. Da ist sie echt empfindlich.«

»Klar, *du* kennst Mama richtig gut, was?«, frage ich genervt von seiner Klugscheißerei.

»Ja«, antwortet Teddy gelassen, »du bist ja nicht mein erster Job. Ich bin als Teddy auch schon bei Mama und bei Oma eingesetzt worden, deine Familie kenne ich besser als meine Westentasche, und oh ja, das kann ich sagen, ich habe eine Menge erlebt, da kann man ein ganzes Buch drüber schreiben. Sofern man schreiben kann.«

»Wie bitte?«, rufe ich entsetzt, »du bist ein Second-Hand-Produkt?«

Teddy zieht beleidigt eine Schnute und erwidert stolz: »Das stimmt so ganz und gar nicht, es liegt schließlich in der Natur eines Teddys, weitervererbt zu werden. So sammeln wir über die Jahrzehnte viel Erfahrung, wovon das jeweilige Baby, das ich betreue, mehr als profitiert, das musst du zugeben.«

»Wie ›betreut‹«, frage ich atemlos, »bist du mein Aufpasser oder was, das ist ja lächerlich, sei mal froh, dass du bei mir sein darfst und ich dich nicht durch die Gegend schleudere, das hab ich nämlich bei Sören-Wotan gesehen, der hat auch so einen Stoffbegleiter, einen Hasi-Haaaasen, und was der mit dem macht, ha!«

»Ist ja schon gut«, winkt Teddy ab, »dein Horizont ist eben noch nicht so weit, dass du erkennen kannst, was für eine große Hilfe ich dir bin, aber das kenne ich schon von Mama und Oma, dickköpfig seid ihr alle, da kann man wohl nichts machen.«

Jetzt bin ich beleidigt und strample aus Wut meine Schühchen ab.

»Nicht doch, Mia«, ruft Mama liebevoll, »die sind doch von der Oma selbst gestrickt, sind die nicht süß, ich zieh sie dir wieder auf deine kleinen Füßlein, ja wo sind sie denn, die Füßlein, ja wo siiiinnd sie denn, daaa sind sie ja, ein Kuss auf das rechte, ein Kuss auf das linke, und schwupps, sind die Schühlein wieder drauf, meine Süße.«

Zu meinem Bedauern stelle ich fest, dass Mama eine Sehschwäche hat, und bin mehr als stolz darauf, dass sie trotz ihrer Behinderung solch große und im Detail sicher konturierte Kunstwerke zustande bringt. Überall stehen Skulpturen, teils mit abstrakten Formen, teils naturgetreue Nachbildungen von Menschen und Dingen allerlei Art.

Es ist wie eine Offenbarung.

»Das will ich auch«, flüstere ich Teddy ehrfürchtig zu.

»Was denn?«, fragt er ungehalten.

»Na ja, mich trotz meiner körperlichen Unzulänglichkeiten im Kunstwerk ausdrücken. So wie Frida Kahlo, die ihre Krankheit zum Gegenstand surrealistischer Werke machte, so kann ich durch die Kunst meinen körperlich unzulänglichen Zustand als Säugling kompensieren.«

Teddy hebt erstaunt die Augenbrauen.

»Zumindest bis ich laufen und sprechen kann, dann sehen wir weiter«, ergänze ich und gehe frisch ans Werk.

Entschlossen spucke ich einen Schwung Vormilch aus – damit hat sicher noch keiner gemalt. Dann versuche ich, mit meinen Ärmchen ein erstes Wischbild auf Parkett zu produzieren.

»Was soll das denn?«, fragt Teddy ärgerlich und springt zur Seite.

»Das soll die Vergänglichkeit ähnlich wie Nebelschwaden symbolisieren, verstehst du, ganz in der Tradition von Andreas Gryphius, nur nicht lyrisch, sondern abstrakt künstlerisch«, erkläre ich ihm. Mich wundert, dass er so wenig Kunstsachverstand hat.

»Ach so«, sagt Teddy einigermaßen irritiert und ergänzt dann trocken, »jetzt sehe ich es auch.«

Bedauerlicherweise erkennt ausgerechnet Mama als Einzige mein Talent nicht und wischt mein erstes Werk weg, bevor ich auch nur Luft holen kann.

Teddy kann das nicht mit ansehen und dreht sich mit einem ›Böööh‹ zur Wand.

»Das sollte ich mal mit ihren Werken machen!«, empöre ich mich und denke, dass es genau *das* ist. Für jedes Werk, das sie zerstört, werde ich mir eins von ihren vorknöpfen.

Eigentlich bin ich wirklich wütend, aber dann nimmt Mama mich mit einem liebevollen Blick an die Brust und gibt mir Nahrung, wie kann ich ihr da noch böse sein.

Selig nuckelnd beschließe ich, über die Sache nochmal in Ruhe nachzudenken, wenn ich mein Bäuerchen und mein anschließendes Nickerchen gemacht habe.

~

Einige Zeit später werde ich unsanft geweckt und kriege einen Schreck. Bis jetzt dachte ich voller Überzeugung, ich wäre auf ewig in Sicherheit vor anthroposophischer Kontrolle, doch es kommt anders.

Sie ist wieder da.

Und *sie* komme jetzt erst mal noch jeden Tag, sagt Mama und lächelt mich an.

Ja, *sie*.

Gudrun-Rudolf-Steiner Wiebkötter.

Sie holt mich brutal aus meinem Vormittagsschläfchen, fummelt beherzt an Mamas Brust herum und schreit, es gebe jetzt endlich Hauptmilch für das kleine Scheißerchen.

Entlarve die Bezeichnung als entwürdigend, gebe aber der Information inhaltlich Vorrang. Enthusiastisch will ich »Gewonnen!« rufen, bin mir aber nicht sicher, ob Gudrun-Rudolf-Steiner Wiebkötter die Wahrheit gesagt hat oder mich nur böse foppen will.

Ich blicke zu Mama, die mich stolz an die Brust nimmt,

und ich sauge kräftig an. Ja, das ist es, lecker, endlich sind Geschmacksverstärker drin.

Meine Mama hat's voll drauf, und das macht mich glücklich. Hingebungsvoll beschließe ich, ihr zu zeigen, wie dankbar ich bin, und trinke von nun an rund um die Uhr alle zwei Stunden jeweils sechzig Minuten lang.

Teddy behauptet grinsend, das seien täglich siebenhundertzwanzig Minuten, und das sei keine schöne Zahl.

Ich gebe ihm Recht und nehme mir vor, auf achthundert zu erhöhen.

Mama stöhnt und versieht mich mit Kosewörtern wie Milchknilch, Fräulein Dementor und David Hasselhoff, und ich würde sie am liebsten voller Dankbarkeit anlächeln, aber die Mundwinkel gehorchen mir immer noch nicht. Verzweifelt gucke ich Teddy an.

»Das wird schon«, sagt er begütigend, »noch ein paar Wochen, dann hast du das unter Kontrolle, verlass dich drauf.«

Dankbar schmiege ich mich an ihn.

Es ist gut, einen Freund zu haben.

Und es ist gut, dass er schwul ist.

Dann bleibt er für immer, das spüre ich.

∼

Am nächsten Tag kommen Opa und Oma zu Besuch. Sie seien Rentner, erklärt Papa mir, und die hätten zwischen ihren Arztbesuchen viel Zeit.

Als Opa mich trinkend an Mamas Brust sieht, guckt er sofort wieder weg und rennt zum Fenster. Bestimmt hat er auch Hunger und ist neidisch, denke ich, armer Opa.

Mama teilt ihm mit, dass nun die Hauptmilch fließt, woraufhin er das Fenster aufreißt und in die Welt hinausbrabbelt, er sei so froh, sein kleines Schätzelein sei ja nun scheinbar endlich im Paradies, ja wirklich, Äpfel seien ein Scheiß dagegen.

Er räuspert sich.

Obst ginge ja eh gar nicht, brummt er den Spatzen zu, höchstens im Fleischsalat, obwohl, es solle ja Frauen geben, die extrem heiß auf Äpfel wären, die hießen meistens Eva.

Nun dreht er sich augenzwinkernd zu Oma um, sieht mich aber immer noch an der Brust und poltert schnell Richtung Spatzennest, dass die Evas sicher nicht gestillt worden seien, wie solle das auch gehen, von 'ner Rippe oder was.

Oma schnauft und intoniert leise das Ave-Maria.

Ne Rippe als Mutter, wer wolle denn so was, schimpft Opa mit einem Seitenblick auf Oma weiter, hart und nirgendwo Brüste, Mütter habe Gott am Anfang eben noch nicht draufgehabt, oder was seine Annie dazu meine.

Nirgendwo Brüste, wie schrecklich, denke ich und habe großes Mitleid mit den Evas.

Wie denn auch, verteidigt indes Oma Gott und legt eine Singpause ein, der habe ja selbst keine gehabt, der sei außerdem ganz arm dran gewesen und habe ganz schön was aus sich gemacht, da könne Opa sich ruhig mal eine Scheibe von abschneiden.

Eine Rippe klauen und was draus basteln, die frühe Schaffensphase von deinem Gott, doll war die ja wohl nicht, hält Opa lachend dagegen und duckt sich wohlweislich vor Omas schwingendem Rosenkranz.

Mama pflichtet ihm grinsend bei und ergänzt, der Schöpfer habe wohl von Biologie keine Ahnung, und genug Material zur Auswahl sei scheinbar auch nicht da gewesen, vermutlich Finanzkrise und alle Zulieferfirmen pleite, *das* habe ja gut angefangen mit der Welt, es sollte ja wohl besser laufen, wenn man sich vornähme, einen ganzen Kosmos zusammenzuklöppeln, und die Geburtsschmerzen müsse auch keiner haben, das sei ja planungsmäßig total schiefgelaufen, wahrscheinlich sei er hundemüde gewesen und beim Töpfern abgerutscht.

Das kann ich verstehen, denn ich rutsche auch ab, tatsächlich, ich kann kaum noch den Nippel im Mund behalten, so müde bin ich plötzlich.

Oma ist jetzt wirklich ärgerlich und sagt mit einem leicht drohenden Unterton, der so wirkt, als sei er über Jahrzehnte eingeübt, sie solle sich lieber um ihre Hormone kümmern und Gott Gott sein lassen, der hätte eben auch einen anspruchsvollen Job, da könne nicht alles glatt laufen, und nun sei Ruhe, sie wolle jetzt weitersingen.

Genau, dröhnt Opa, weiß man doch, dass das anspruchsvoll ist, da müsse man ganz schön Selbstbewusstsein haben, wenn man sich ne komplette Schöpfung zutraut, Jungejunge, er könne das nicht, deshalb sei er auch ganz in Ruhe Metzger geworden, das sei was Handfestes und Wurstwaren brauche man ja immer.

Ich nicht, denke ich müde, was Besseres als Hauptmilch gibt es nicht, und versuche, mir die Augen zu reiben.

Oma unterbricht Opa und schimpft empört, dass das ja seine Entscheidung gewesen sei, also wenn es nach ihr gegangen wäre, sie fände ja, wenn schon an Fleisch rumschnippeln, dann doch wenigstens als Chirurg. Aber nun sei es ja eh gelaufen, seufzt sie enttäuscht und fingert weiter an ihrem Rosenkranz herum.

Bin gespannt, ob Sören-Wotan und ich später mehr auf einer Welle schwimmen, als es Opa und Oma zu tun scheinen.

Doch Opa lässt das Ausgangsthema keine Ruhe und sagt, dass *ihr lieber Gott* noch nicht mal die Folgen durchdacht hätte, denn immer noch verteilten haufenweise Frauen, die wahrscheinlich alle Eva hießen, zumindest mit Zweitnamen, also diese Frauen verteilten auf sämtlichen Spielplätzen Deutschlands handwarme Apfelschnitze, ja, tupperdosengebräuntes Kernobst, bah, das schmecke ja schlimmer als Sushi oder wie das heiße, kalte Fische seien seine Sache nicht, die solle man besser im Wasser lassen. Er habe mal in einer Sushi-Bar sein Wurstbrot aufs Laufband gelegt und nach einer Runde sei das weg gewesen, daran könne man sehen, dass auch der Japaner Fleisch brauche.

Ich bin nicht erpicht auf neue kulinarische Perspektiven, sondern freue mich über mein akutes Unvermögen die Kaukompetenz betreffend und konzentriere mich auf das Saugen.

~

Eine Woche später kommen Wiebke und Lutz mit Levke-Fee zu Besuch.

»Levke-Fee ist übrigens exakt fünf Tage älter als Mia«, stellt Wiebke glücklich fest und ergänzt auf die fragenden Blicke meiner Eltern hin, »ach ja, und die Pickel, das ist Neugeborenen-Akne, das legt sich ruckzuck wieder, müsst ihr euch einfach wegdenken, dann ist meine Levke-Fee das süßeste Baby auf der Welt. Ach Entschuldigung, Mia ist das natürlich auch, das habe ich nicht so gemeint. Im Übrigen habe ich euch selbstbestickte Wolltücher mitgebracht mit kleinen Eisbären drauf, wegen des Schulterflecks.«

»Schulterfleck?«, fragt Papa irritiert. »Mias Schulter ist einwandfrei, das brauchen wir nicht, aber danke.«

»Das meine ich nicht«, sagt Wiebke, »guck doch mal auf deinen Pullover.«

Papa guckt auf seine Schulter und ruft überrascht: »Ach du liebe Zeit, wie sehe ich denn aus, das ist ja peinlich.«

Und tatsächlich, die ganze Schulter ist übersät mit weißem Milch-Spucki.

Das war ich, denke ich stolz, damit du immer an mich denkst, lieber Papa, aber er rennt ins Badezimmer und versucht hektisch, die Flecken mit Schwamm und Seife abzurubbeln.

Aus den fünf kleinen Flecken ist nun ein großer geworden.

»Ach so«, kommentiert Mama sein Engagement, »wenn's um dich geht, fängst du auch mal an zu putzen oder was«, und er guckt sie erstaunt an und antwortet: »Ich hab doch neulich erst die Spülmaschine ausgeräumt, ich weiß gar nicht, was du hast!«

»Vor einer Woche! Und dann auch noch von oben! Herzlichen Glückwunsch! Aber die Wäsche hast du noch nie gemacht!«

»Wie denn auch, soll ich die mit zur Arbeit nehmen oder was?« Papa ist nun beleidigt, und auch Mama zieht einen Flunsch.

Nur Wiebke triumphiert und sagt: »Siehst du, und damit ihr euch eure Klamotten nicht versaut, hab ich euch diese Tüchlein mitgebracht, die legt ihr euch einfach auf die Schulter, bevor ihr Mia auf den Arm nehmt.«

Jetzt soll ich also mit dem Kopf nicht mehr auf Wollpullis mit dem leckeren Papa-Geruch liegen, sondern auf kleinen gefilzten Eisbären, die mich angucken, als wüssten sie auch nicht so genau, warum sie mir leidenschaftslos als Spuck-Unterlage zu dienen haben, statt artgerecht über Eisberge zu tapsen.

Mama findet das Design ebenfalls gewöhnungsbedürftig, das sehe ich an ihrem Blick.

Levke-Fee und ich werden nun nebeneinander auf die Babydecke gelegt, wir sollen uns wohl anfreunden. Ihr Aussehen ist wirklich etwas sonderbar, aber wenn man sich die Pickel wegdenkt, könnte es gehen. Ermutigend strample ich ein wenig in ihre Richtung.

Sie nimmt mein Angebot dankbar an und begrüßt mich:

»Hallo, ich bin Levke-Fee, sag mal, findest du diese Spucktücher auch so süüß? Zu Hause hab ich die auch in ›Pinguin‹, toll, oder?«

Ich hatte vollkommen vergessen, dass *alle* Babys sich untereinander verständigen können, und freue mich umso mehr über ihr Gesprächsangebot, auch wenn ihre Meinung nicht direkt der meinen entspricht.

»Ich bin die Mia, einfach nur Mia«, erwidere ich, »meine Eltern sind mehr fürs Einfache, und ja, die Tücher sind praktisch, aber sie symbolisieren auch die Mauer zwischen Mensch und sabberndem Säugling – der erste Schritt zur Einsamkeit, der später in Alkoholismus und debilem Promi-Dinner-Gucken mündet.«

Levke-Fee guckt erstaunt und ein wenig beleidigt, und ich füge hastig an: »Aber das Design ist toll, da kann man nichts sagen.«

Sie überlegt angestrengt und sagt dann leise: »Ich muss sagen, so habe ich das noch gar nicht betrachtet.«

Wir lächeln uns an und spucken gemeinsam die Eisbären voll, damit sie sich im nassen Weiß etwas heimischer fühlen.

4. Ist das Kunst, oder kann das weg?

Heute ist zum ersten Mal etwas Schleimiges aus meiner Nase gefallen. Teddy sagt, das sei ein Popel. Sieht interessant aus, denke ich, und will ihn mir gleich in den Mund stecken, aber Mama ist schneller. Sie schnappt sich das Ding und hält ihn triumphierend in die Luft.

»Wer bin ich?«, ruft sie, und Papa antwortet nachdenklich: »Freiheitsstatue? Ja, du bist die Freiheitsstatue, nur mit Popel statt Fackel, aber Fackel und Popel enden ja beide auf -el, so ist die Ähnlichkeit gewährleistet, und es hat trotzdem was Eigenes – damit bist du wieder im Geschäft!«

Ich beginne ernsthaft, am Verstand meiner Eltern zu zweifeln, und schreie los, um sie zur Vernunft zu bringen. Papa bricht ab und gibt Mama ein Zeichen. Als Kind darf man noch ehrlich sein. Mamas Hand sinkt herab, sie beugt sich über mich und versucht, mich mit dem singenden Tapir aufzumuntern.

Teddy murmelt was von ›schon wieder gekifft oder was‹ und verdreht die Augen.

Mama hingegen lächelt mich liebevoll an, wirft mir eine Kusshand zu und verschwindet in unserem Gemeinschaftsraum.

Seit einer Stunde thront mein Popel jetzt in Formaldehyd konserviert im Wohnzimmer-Billy.

Als Opa und Oma nachmittags zu Besuch kommen, sind sie irritiert und kurzzeitig sprachlos. Opa fängt sich als Erster, setzt sein rheinisches Isch-toleriere-alles-Gesicht auf und sagt beschwichtigend zu Oma, so viel stünde fest, sofern das Ding eine Nasensekret-Mami habe, sei diese nun sicher sehr stolz.

Sicher stolzer, als Mutti auf sie sei, murmelt Mama, während Oma beherzt in ihr Taschentuch spuckt und mir kommentarlos den Mund abwischt. Finde das ekelhaft, will aber die Stimmung nicht eskalieren lassen und hample ablenkend in meiner Wippe rum. Doch Mama will unbedingt Anerkennung, warum, weiß der Geier, und ich gucke Teddy fragend an.

»Deiner Mama sind in der Schwangerschaft ein paar ihrer wichtigsten künstlerischen Aufträge und Vernissage-Angebote weggebrochen«, erklärt er, »das macht ihr schwer zu schaffen. Deshalb bricht sie nun in einen Kreativitätsschub aus, da kann man nichts machen, Künstlerin bleibt Künstlerin, auch wenn man Familie hat.«

Und tatsächlich, Mama zeigt Opa und Oma jetzt ihre weiteren Errungenschaften.

Ich glaube es nicht und schäme mich ein bisschen.

Neben dem kleinen Grünling liegen der abgefallene Nabelrest, die Bauchnabelklemme und luftdicht verpackt die erste Kindspech-Windel, außerdem daneben als visueller Höhepunkt getrocknetes Gekötzeltes in Öl auf Spucktuch.

Oma und Opa verlangen nach Stühlen und Riechsalz, und auch ich kann kaum glauben, dass Mama nichts Besseres zu tun hat, als sich am Sammeln von Devotionalien zu ergötzen.

»Es gibt doch schließlich Alternativen«, meint auch Teddy.

Ich pflichte ihm heftig bei und denke nach. Tapfer entschließe ich mich, sie auf Briefmarken-Sammeln aufmerksam zu machen, und kotze auf die Post. Mama aber lacht nur und sagt: »DuDuDuDuDu, du kleines Scheißerchen«, während Oma entsetzt ruft: »Nicht das jetzt auch noch«, und ihre Hände vors Gesicht schlägt.

»Scheißerchen«, grölt Teddy lauthals und kriegt sich gar nicht mehr ein vor Amüsement.

»Ja, Scheißerchen«, wiederhole ich trotzig, »Müttern ist es nun mal egal, aus welcher Körperöffnung heraus die kindlichen Speisereste die Welt verschönern, Hauptsache es ist raus, und außerdem hat sie mich lieb.«

Händeringend suche ich nach weiteren Argumenten, um meine geliebte Mama angemessen zu verteidigen, als das Telefon klingelt.

Bettina ist dran. Mama stellt den Lautsprecher an und informiert sie stolz über ihr neues Kunstprojekt mit meinen Ausscheidungsobjekten.

»Gibt's ja nicht, das hatten wir auch vor!«, kreischt Bettina durch den Hörer, »wir haben aber davon abgelassen, denn ihr wisst ja, was ihr da sammelt, ist Mias Eigentum, das ist rechtlich nicht …!«

»Ach was, Betty, ihr Körper zeigt doch dafür Verachtung und schmeißt das Zeug raus, da kann man doch …, sieht doch auch ganz hübsch aus, man müsste das nur mal richtig saubermachen«, ruft Oma und leiser zu Opa: »Die Bettina konnte ich noch nie leiden.«

Bettina erwidert, sie rufe später noch mal an, sie wolle nicht stören, es sei ja Besuch da, und Sören-Wotan habe sich gerade fast alleine hingesetzt, und das sei ja sehr früh, und sie müsse jetzt dringend mit Marlon besprechen, ob Sören-Wotan vielleicht den Kindergarten überspringen sollte und direkt in die Schule, sie würde bald wieder was von sich hören lassen.

Mama freut sich über Oma Annies Beistand und nimmt sich vor, meine Ausscheidungsobjekte von nun an jedem Besucher zu zeigen. Und sie meint wirklich *jeden*.

Onkel, Nachbar, *BoFrost*-Mann, egal, das müsse an die Öffentlichkeit, ruft sie voller Elan, und wenn Mia mal berühmt sei und sie vielleicht nicht mehr mit Papa zusammen, man wisse ja nie, jede dritte Ehe werde schließlich geschieden, und sie sei dann vielleicht in Altersarmut, weil sie ihren Kinderwunsch der Karriere vorgezogen habe, ja dann, dann ginge der Erstlings-Popel bei Sotheby's womöglich für drei Mille weg.

Papa guckt erstaunt, und ich sehe mich schon an einem Knüpfstuhl in der Kölner Bronx arbeiten, um meine altersschwache und alleinstehende Mutter durchzubringen, da fängt sie an zu lachen und sagt, alles halb so wild, zu einer Ehe gehörten nun mal auch Spannungen, sonst sei das Zusammenleben ja langweilig, wir sollten uns keine Sorgen machen, es sei alles einigermaßen in Ordnung, aber das mit Sotheby's, das sei alles andere als unrealistisch, und wir würden schon sehen.

Das gibt mir Hoffnung, ich lebe aber trotzdem lieber im Hier und Jetzt, und Teddy ärgert sich über das nun bald chronisch leere Tiefkühlfach.

»Ach was«, versucht er sich selbst zu beruhigen, »keine Sorge, *BoFrost*-Männer kann man mit so was nicht vergraulen, die sind hartnäckig, *BoFrost*-Männer sind wie Wollmäuse, die kommen immer wieder.«

Indes versucht Opa, dem Verstand meiner Mutter Würde und Respekt entgegenzubringen. Er stellt in den Raum, Mama sei womöglich künstlerische Avantgardistin oder wie das hieße und präge eine neue Stilrichtung.

»Ja genau«, ruft Mama begeistert, »›Der blaue Eiter‹ oder so was in der Art, Naturmaterialien aus Eigenproduktion! Die Idee: Kinder zu produzieren, die wiederum etwas produzieren, was Eltern fertig produzieren. Das macht die gewollt familiäre Verbundenheit sichtbar! Den Zyklus nenne ich dann ›Dickes Blut‹ oder so was, damit komme ich bestimmt ganz groß raus, oder was meint ihr?!«

»Mit Sicherheit, Heike, und das Produzieren von Naturprodukten liegt ja in der Familie«, schwadroniert Opa, »also ich als Metzger habe ja seinerzeit eine neue Fleischwurst auf den Markt …!«

»Wilhelm«, ruft Oma barsch.

»Schon gut«, brummt Opa, »jedenfalls ist Heike auf einem guten Weg.«

Papa sagt, das fände er auch und dass Mama da eh nicht mehr von abzubringen wäre, wieso sollte sie auch, sie hänge seit Tagen Muttermilchbilder auf, färbe mein Gekötzeltes und drücke es durch ein Sieb an die Wand, da käme der Popel gerade recht.

Mama flüstert ihm grimmig zu, sie bräuchte halt einen Ausgleich zu Haushalt und Kind, das ginge ja jetzt schon zwei Wochen so, und wenn er sich da weiter so rausziehen würde wie bis jetzt, vor allem in den Nächten, würde sie bald ihr ganzes Haus inklusive seines Hobbykellers umgestalten, da würde er sich aber umgucken, und das hier wäre erst der Anfang. Damit schwingt sie sich euphorisiert durch den Fund meines kleinen getrockneten Freundes in ungeahnte künstlerische Höhen auf und klebt den Nabelrest an die Zimmerdecke.

Das seien die Hormone, brummelt Papa in seinen nicht vorhandenen Bart, doch Oma fällt in Ohnmacht, und Opa sagt, das Letztere habe schon mal einer mit Butter gemacht, soweit er wisse, das sei eine ziemliche Sauerei gewesen und schlussendlich richtig in die Hose gegangen, aber sie solle ruhig, nur vielleicht nicht, wenn Oma dabei sei, aber der Weg sei das Ziel, das sei ihm beim Wursten auch immer, und sie würde ja auch was erben.

Ich begutachte mit Teddy die Vernissage, und er vermutet, das habe womöglich mit Kunst gar nichts zu tun und liefe auf »Gesammeltes Erpressungsmaterial« hinaus, nach dem

Motto: ›Entweder du machst Abi, oder wir stellen den Kötzel-Siebdruck auf Facebook.‹

Ich kann mich nicht entscheiden, was schlimmer ist, die Blamage auf Facebook oder der Streit meiner Eltern, und schlafe erst mal ein.

Punkt sechs bin ich wieder wach, als hätte ich es geplant. Habe mir vorgenommen, jetzt jeden Abend pünktlich um achtzehn Uhr in der Gegend rumzuschreien, um stimmlich in Form zu bleiben.

Ich könnte glatt Muezzin werden.

Begeistert frage ich Teddy: »Gibt es eigentlich auch Muezzininnen?«

Teddy erwidert: »Keine Ahnung«, und kratzt sich nachdenklich am Kopf. »Aber wenn, dann heißt es bestimmt Muezzinneusen.«

»Das ist aber garantiert diskriminierend«, antworte ich, »genauso wie man nicht mehr Friseuse oder Masseuse sagen darf. Man kann da heutzutage ganz schön einen in die Fresse kriegen, wenn man nicht aufpasst.«

Ich schreie weiter.

»Aber Fritteuse darf man sagen«, unterbricht mich Teddy, »oder heißt das jetzt Friteurin«, dann setzt er sich seine Kopfhörer auf.

Ich bin ihm wohl zu laut.

Da er offensichtlich an einem intellektuellen Diskurs mit mir kein Interesse hat, konzentriere ich mich lieber auf meine Stimme und hoffe, dass sie das aushält, denn ich habe mir vorgenommen, ein Exempel zu setzen und jeden Abend so lange zu schreien, bis meine Eltern sich endlich mehr Mühe geben, mich zu verstehen. Denn sich immer nur mit Kindern und Teddys zu unterhalten, macht auf Dauer einfach nicht glücklich.

Es scheint zu wirken, denn Mama und Papa knien vor mir auf dem Teppich wie gläubige Moslems. Spontan versuche ich, nach Mekka zu meckern, und hoffe, dass die Richtung stimmt.

»Sie könnten doch mitschreien«, schlägt Teddy vor.

»Wenn ich auf den weißen Teppich spucke, tun sie's«, sage ich überzeugt, »was wetten wir?«

Teddy ist kein Fan von Sauereien und schüttelt den Kopf.

Der Haken an der Sache ist nur, dass meine Eltern sehr verzweifelt wirken, denn sie schreien sich nun gegenseitig an und beschuldigen sich, der jeweilige Verursacher meines Zustandes zu sein, weil der jeweils andere mir nicht die angemessene Aufmerksamkeit zuteilwerden lässt.

Das habe ich nicht beabsichtigt, und ich versuche, das Schreien abzustellen, aber einmal angefangen, kommt es einfach aus mir raus, ohne dass ich es beeinflussen kann.

»Oma sagt immer, Glauben sei eine ernste Sache«, bemerke ich betrübt.

»Ich glaube, sie hat Recht«, meint Teddy und kramt nach der Meditations-CD.

Nach einer halben Stunde intensiven Stimmbandtrainings brülle ich Teddy zu: »Komische Nummer, dieses Schreien, ich kann das gar nicht kontrollieren.«

Er setzt seinen Kopfhörer ab und fragt: »Was?«

»Wie bitte, heißt das«, krächze ich und wiederhole, was ich gesagt habe.

»Bestimmt ein Eignungstest für Eltern«, brummt er, »halten sie das aus, läuft's auch in der Pubertät.«

»Meinst du«, plärre ich laut, »das wäre ja klasse, dann akzeptieren sie bestimmt auch eine Brust-OP.«

Teddy wirkt erstaunt: »Brust-OP, wie kommst du denn auf so was?«

»Meine sind so klein, ich hätte endlich gerne größere! Wie

in den Magazinen in Papas Nachttischschublade, da ist neulich eins rausgefallen, die haben alle Riesen-Dinger! Vielleicht traut sich Sören-Wotan dann schneller an mich ran.«

»Wie bitte?«, ruft Teddy. »Die sind doch ekelhaft, außerdem lutschen da immer Männer dran, manchmal sogar die Frauen selbst, für mich wär das nichts.«

Lautstark gebe ich zu bedenken: »Vielleicht kommt da Bier raus, das trinkt Papa doch so gerne, und deshalb die Hefte.«

Aber Teddy hält mir den Mund zu und übertönt mich verzweifelt: »Ach Quatsch, die sind sicher alle nicht gestillt worden! Ich mag dich jedenfalls so wie du bist.«

Das hat er schön gesagt, denke ich, es hat ja auch noch Zeit, und ich nehme mir vor, das erst mal hinten anzustellen.

Ich brülle noch ein Weilchen so dies und das, denn wer sich ewig bindet, muss geprüft werden, und das ist offensichtlich meine Aufgabe.

～

Auch an den nächsten Abenden prüfe ich gewissenhaft die Eignung meiner Eltern, außerdem will ich sowieso nicht so früh schlafen gehen.

Der Müller ist schließlich auch immer wach.

Bei Tag und bei Nacht.

Zumindest singt Oma das immer, die weiß alles, und ich liebe sie dafür.

»Kein Wunder, dass der immer wach ist, bei dem Geklapper und Gerausche«, mault Teddy, »klipp, klapp, klipp, klapp, da würde ich auch kein Auge zutun.«

»Ist doch toll, wenn man nachts wach ist«, versuche ich ihn zu begeistern, »da kann man nackte Frauen Badminton spielen sehen, das macht Papa auch immer. Er sagt, da kann man den Gesetzen der Schwerkraft beim Arbeiten zusehen. Das hört sich interessant an.«

»Das macht der Müller aber nicht«, antwortet Teddy, »nee, der mahlt den ganzen Tag das Korn, und dann backt der Brot wie bekloppt, Tag und Nacht, entweder hat der einen Mörder-Hunger ...«

»Oder der ist Brot-Fetischist ...«, überlege ich und übe krampfhaft zu lächeln. Meine Muskeln gehorchen mir immer noch nicht, und das macht mich ganz fuchsig.

»Oder das ist 'ne Hardcore-Desensibilisierungsmaßnahme gegen Mehlallergie«, murmelt der Stoff-Tapir.

Erstaunt gucken wir ihn an, und er verstummt.

Teddy ruft: »Vielleicht muss der diese ganzen Brötchen an deutsche SB-Ketten liefern, die sich die Leute dann mit einer Kneifzange aus lieblos gestalteten Brotregalen rausholen und damit den guten alten Einzelhandel kaputtfressen, nach dem Motto: ›Mh, ein Weltmeisterbrötchen, lecker.‹ Dabei kann man davon auch nicht besser kicken, da gibt es Untersuchungen.«

Ich gluckse vor Freude und ergänze: »Oder die werden dann in die Künstlergarderoben geliefert, davon hat Papa mal gesprochen, denn der hatte mal ne Band. Die liegen da nämlich abends pappig mit analogem Käse und einer hauchzart geschnittenen Gurkenscheibe vom Vortag und verhelfen dem Künstler zu einer ordentlichen Depression, damit der bessere Kunst machen kann. Denn ein glücklicher Künstler ist kein guter Künstler, sagt Papa immer.«

Bei dem Gedanken an das pappige Gebäck verziehe ich das Gesicht. »Ich fasse also zusammen: Der Künstler alias Müller hat se nich mehr alle.«

»Genau«, sagt Teddy, »und dann ist der irgendwann tot, weil der nie schläft, und wird wiedergeboren. Im besten Fall als Hamster. Der ist auch nachts aktiv und hat ein Rad.«

Würde jetzt gerne lachen und versuche, auch meine Mundwinkel von der Komik zu überzeugen, doch sie bleiben stur.

Trotzdem gebe ich nicht auf, und das ist so anstrengend, dass ich darüber das Schreien vergesse.

Ohne Erfolg.

So gebe ich frustriert klein bei und tröste mich mit dem Gedanken, dass der Hamster auch nicht lächeln kann.

Aber laufen.

Die Sau.

5. Mama gibt Gummi

Mama fährt mit mir zum Arzt und sagt, ich habe heute meine nächste Untersuchung, die U3, und dass sie gespannt sei, was ich jetzt alles schon könne.

Überrascht frage ich mich, wieso sie einen Arzt braucht, um das festzustellen, aber scheinbar ist sie selbst einfach zu müde dazu. Immer ist sie müde. Dabei ist das doch ganz einfach. Sie müsste die nächtlichen Schlafunterbrechungen natürlich durch mehrfache Nickerchen am Tag ausgleichen, ganz ehrlich, das weiß doch jedes Baby. Irgendwie kommt Mama da aber nicht drauf und holt sich heute lieber Hilfe.

Als wir die Praxis betreten, kommt Dr. Liebermann auf uns zu und führt uns in einen weißen Raum mit lustigen Tierbildern an den Wänden, die vermutlich von seinen fiesen Untersuchungsmethoden ablenken sollen.

Er wolle nun testen, ob ich Gegenstände mit den Augen fixieren und verfolgen könne, sagt er und wackelt mit einem Erdmännchen aus Stoff vor mir herum.

Ich fixiere lieber die bescheuerten Giraffen, die mit verknoteten Hälsen von der Wand auf mich herabglotzen. Wenn so seine medizinischen Erfolge an Patienten aussehen, dann gute Nacht.

Er verstellt seine Stimme und sagt gleichsam quäkend: »Haaallo, ich bin das Erdmännchen Rudi, ich bin dein Freund und hab dich gaaaanz lieb, schau mal, ich kann auch pupsen, hihi«, und er imitiert mit dem Mund das Geräusch einer kleinen Flatulenz.

Das kann ich besser, denke ich und mache ein ordentliches Drückerchen in die Windel.

Zu meinem Erstaunen beachtet Mama mich nicht, sondern hört gar nicht mehr auf zu lachen und hat nur noch Augen für den Arzt. Sie wischt sich eine Träne aus dem Gesicht und sagt, sie habe schon lange nicht mehr so gelacht, der Doktor sei ja ein großer Spaßvogel, und das gefiele ihr sehr gut.

Dann wird sie ernst und schweigt, und plötzlich bricht es aus ihr heraus. Dass sie zu Hause nur noch Stress hätten und dass ihr Mann Chris ja überhaupt nicht lustig sei, und gerade jetzt in dieser furchtbaren Phase des immerwährenden Schlafmangels könne man sich doch nur mit Komik über Wasser halten, und dass sie auch nicht wisse, ob die Beziehung dem standhalten könne. Schniefend wischt sie sich abermals eine Träne weg.

Ich würde ihr gerne helfen, doch Dr. Liebermann kommt mir zuvor, reicht ihr ein Taschentuch und sagt, dass so eine schöne Frau doch jederzeit einen anderen finden könne, da solle sie sich mal keine Sorgen machen, und ihr Ausbruch sei sicher hormonell bedingt, das lege sich mit der Zeit wieder.

Mama blickt dankbar auf.

Er solle bitte entschuldigen, murmelt sie, das hätte wohl mal rausgemusst, es ginge ihn ja eigentlich gar nichts an, und dass dies ja wirklich nicht der richtige Ort für solche Gespräche sei, das wisse sie auch, und er solle das mal ganz schnell wieder vergessen.

Er beruhigt sie lächelnd und klatscht plötzlich laut in die Hände.

Ich schrecke auf.

Mama ruft: »Was ist passiert?«

»Entschuldigung«, antwortet er grinsend, »ich musste Mias Reaktionsvermögen testen, und Ihnen hat das scheinbar auch ganz gutgetan, Sie sehen schon wieder ganz anders aus, sehr schön mit Ihren wunderbar großen Reh-Augen. Ablenkung ist eben alles, und wenn sie jemanden zum Reden brauchen, können Sie mich jederzeit anrufen.«

Er schiebt ihr seine Handynummer in die Hand, drückt sie länger als üblich und verlässt den Raum.

Reh-Augen. Na so was. Mama hat Stress mit Papa, und der Arzt will sie trösten, das finde ich nett von ihm. Auch wenn er ein Schnösel ist.

Und die Hormone werde ich mir zur Brust nehmen, sollten sie mir über den Weg laufen.

~

Offensichtlich ist Mamas Frust vergessen, als sie ein paar Tage später vom Einkaufen zurückkommt und hoffnungsvoll flötet, sie habe mir etwas gaaaaanz Tolles mitgebracht. Dabei steckt sie mir etwas in den Mund, während Papa mich gespannt anguckt.

Erstaunt sauge ich nun an einem Plastik-Nippel, der durchsichtig ist und einen Ring hinten dran hat.

»Hat nicht der Ochse auch so was im Gesicht?«, frage ich Teddy leise.

»Der hat das in der Nase«, korrigiert er mich, kämmt sein Fell von rechts nach links und betrachtet sich anerkennend im Spiegel.

»Meiner lugt aber aus dem Mund«, wundere ich mich.

»Kommt bestimmt ein Strick dran, und du wirst zum Pflügen eingesetzt«, sagt er grinsend, und auf meinen fragenden Blick hin: »Kinder sind teuer, da muss man schon mal mitarbeiten, das Leben ist schließlich kein Wunschkonzert.«

Ich bekomme Angst.

Mama sagt Nucki zu der Gummiwarze und stopft mir das Ding jedes Mal hurtig in die Futterluke, nachdem ich aus der Brust getrunken habe.

Bestimmt will sie, dass ich vergleiche, ihre Warze dann dem Gummi-Imitat vorziehe und sie nach oben vote. Da ich sie sehr schätze, tue ich ihr den Gefallen und sauge so gierig an dem Plastik-Nippel wie Dracula am Hals einer Jungfrau.

Bis mir schließlich auffällt: Es kommt nichts raus.

»Wahrscheinlich ein Materialfehler, die Deppen haben einfach das Loch vergessen.«, sage ich zu Teddy. »Oh Mann, wenn man nicht alles selber macht.«

Teddy grinst hintergründig und sagt: »Vielleicht macht Mama einen auf Erziehung. Thema der Woche: Bescheidenheit. Erst Brust, dann Gummi. Erst Kaviar, dann Fischstäbchen. Danach kommt Grätenlutschen. Bei der Katze ist das in umgekehrter Reihenfolge.«

Er lacht schallend und klopft sich auf die Schenkel. »Ein Scherz«, schreit er, »das ist doch normal bei den Dingern! An Schnullern soll man lullern!«

Indes hänge ich noch gedanklich an seinem Erklärungsversuch, da klingelt es an der Tür, und Bettina, Marlon und Sören-Wotan rauschen herein.

Hektisch versuche ich, den Nucki auszuspucken. Wie sieht denn das aus, meine sinnlichen Lippen unter Plastik verborgen, denke ich panisch – da sehe ich, dass Sören-Wotan auch so ein Ding im Mund hat.

Das irritiert mich. Sein Ding ist viel größer als meins, um nicht zu sagen riesig, es verdeckt die komplette untere Gesichtshälfte mit dunkelbrauner Gummimasse und dockt an die Nase an. Ein Wunder, dass er überhaupt noch Luft bekommt.

»Was ist das denn«, wiehert Mama und kriegt sich gar nicht mehr ein, »ist das ein Schnuller, oder macht ihr einen auf ›Schweigen der Lämmer‹?!«

Bettina läuft rot an. »Das ist ein echter Bio-Basic-Beruhigungssauger aus Naturkautschuk«, beginnt sie ihre Verteidigungsrede.

»Mit Ventilationslöchern für den Speichel«, ergänzt Marlon begeistert, »das macht das zugegebenermaßen nicht ganz optimale Design ja wohl mehr als wett.«

»Da sind jedenfalls keine Weichmacher drin«, doziert Bettina weiter, »und der ist garantiert Bisphenol-A-frei, das ist *der* ultimative Nuckel für verantwortungsvolle Eltern, und wenn *ihr* so weitermacht, muss Mia wahrscheinlich schon mit einem Jahr eine Zahnspange tragen.«

Mama schnappt nach Luft und flüstert Papa zu, dass Marlon den Nucki vermutlich nur in der Hoffnung gekauft habe, dass Sören-Wotans Zeugungswerkzeug später mal genau so riesig werde wie das von Marlon.

Woher sie das denn wisse, fragt Papa erstaunt, und Mama errötet leicht.

»Na ja, ihr seid ja auch privat versichert, da kann man sich eine gewisse Nachlässigkeit natürlich leisten. Aber trotzdem, was kann denn euer Nucki alles?«, fährt Marlon fort.

Papa sagt lässig: »Der hat Allradantrieb und Einparkhilfe, und wenn Mia groß ist, kann man den als Honiglöffel umfunktionieren, das finde ich enorm praktisch.«

Mama grinst überlegen in Bettinas Richtung, zischt aber Papa zu: »Als Honiglöffel, soso, damit du den auch wieder nicht saubermachen musst genau wie unseren alten oder was, das bleibt doch sowieso immer alles an mir hängen!«

Papa rollt mit den Augen und fängt an, an seinen Fingernägeln zu kauen.

Marlon überhört Mamas Bemerkung und will gerade zu einer passenden Antwort ansetzen, da spuckt Sören-Wotan seinen Schnuller aus.

Ich rufe: »Gut so! Revolution!«, und tue Selbiges mit meinem. Alle Erwachsenen bücken sich gleichzeitig.

Mama wischt den Schnuller an ihrer Hose ab und steckt ihn mir in den Mund, während Bettina eilig ins Badezimmer läuft, um das hässliche Naturkautschuk-Teil gründlich zu reinigen und desinfizieren.

Die Sache beginnt, mir Spaß zu machen, und ich spucke den Schnuller wieder aus.

Bettina kommt wieder und Mama seufzt: »Ich habe das natürlich nicht so gemeint, letztendlich sind ja beide Nuckis vorbildlich, Bisphenol-A-frei ist Mias ja auch und zudem noch brustwarzenähnlich geformt, dafür ist Sörens halt durch die Löcher an der Seite wunderbar durchlüftet.«

»Sören-Wotans«, korrigiert Bettina gewissenhaft.

»Und beide haben es ja wohl ganz gut getroffen«, redet Mama weiter, ohne Bettinas Einwand zu beachten, »in der Waldorf-Kita ist der Nucki sicher nur aus Holz, das habe ich mal irgendwo gelesen, ja, ich bin mir ganz sicher, dass das stimmt, ich muss unbedingt bei Gelegenheit mal Wiebke danach fragen.«

»Interessante Überzeugungsarbeit«, raunt Teddy mir zu, »der Holznucki ist aber sicher immerhin im Mondschein von erzgebirgischen Zuhältern geschnitzt worden.«

Er lacht.

Ich gucke ihn verständnislos an, während Mama mir den Schnuller wieder in den Mund steckt. Nachdenklich erwidere ich: »Mir kommt das langsam komisch vor, die untere Gesichtsöffnung scheint ja bei Menschen schwer gefragt zu sein. Ja tatsächlich, wenn man mal genau hinguckt, sämtliche Babys lullern an Gummipfropfen rum, Teenies sabbern durch Zahnspangen, Oma und Opa tauschen Gebisse, wenn auch nicht immer absichtlich.«

Teddy lacht noch mehr.

»Nur Mama und Papa haben nichts zum Spielen«, ergänze ich voller Mitleid und spucke Mama meinen Nucki zu.

Sie will ihn aber nicht haben, wischt ihn abermals an ihrer Jeans ab und stopft ihn mir in den Mund zurück.

Bettina und Marlon können Mamas Verhältnis zur Babyhygiene nun nicht mehr mit ansehen und verabschieden sich hastig unter dem Vorwand, sie hätten noch einen Termin beim Chinesisch-Lehrer, der sei nämlich der Meinung, es wäre allerhöchste Zeit, Sören-Wotans sprachliche Kompetenz zu erweitern, und sie wollten sich später schließlich nicht schuldig fühlen müssen, wenn dem Jungen Bildung fehle.

»Bettina nervt ganz schön«, sage ich erleichtert zu Teddy.

»Aber Sören-Wotan ist süß, da kann man nichts sagen«, erwidert er und zwinkert ihm zu, und ich pflichte ihm errötend bei.

Papa und Mama atmen auf, und Papa sagt, er wollte das ja eben nicht sagen, aber was das überhaupt für ein blödes Wort wäre, Nucki, wer sich denn so was ausgedacht habe, vermutlich eine Erfindung von Müttern mit sprachlicher Stilldemenz.

Als Mama leicht angesäuert guckt, beeilt sich Papa zu sagen, dass er damit keinesfalls Mama meine, aber mal ehrlich, das sei doch ein Spucki, das sähe man doch, das Ding wälze sich in meiner Spucke wie ein Ferkel im Schlamm.

Den Vergleich finde ich wirklich gewöhnungsbedürftig, und Mama sagt genervt, sie brauche nun mal einen Schnuller für Mia, um dieses lästige Schreien zu unterbinden.

Papa lächelt sie an.

Er brauche gar nicht so scheinheilig zu grinsen, fährt sie ihn an, er müsse sich das ja nun mal nicht den ganzen Tag anhören, sie jedenfalls könne bald nicht mehr, wenn das nicht bald aufhöre, müsste er die Betreuung übernehmen, sie bräuchte schließlich auch mal wieder Zeit für sich.

Papa sagt beschwichtigend, es sei ja schon gut, er habe ja gar nichts gegen den Schnuller, und sie würde das mit meiner Betreuung doch ganz prima machen, das könne er mit Sicherheit bei Weitem nicht so gut wie sie, sie sei einfach eine großartige Mutter.

Mama lächelt nun, und Papa zwinkert mir zu.

∼

Am nächsten Morgen kommt Gudrun-Rudolf-Steiner Wiebkötter früher als erwartet zur Nachsorge vorbei.

Papa winkt ab und verschwindet im Badezimmer, und Mama zuckt zusammen, versteckt meinen Nucki hinter dem Rücken und versucht, ihn mit ihren Fingernägeln zu zerbröseln, doch es ist zu spät.

Was sie denn da verberge, ruft die Hebamme entsetzt und wie ich finde leicht theatralisch, ob sie da etwa, das sei doch wohl nicht die Möglichkeit, das sei ja ein Schnuller! Da müsse sie jetzt aber erst mal mit Mama drüber reden, also so ginge das ja nicht, da ginge ihr ja der Hut hoch.

Mama wird rot und sagt, das sei nur ein Nucki, aber Gudrun redet sich in Rage und brüllt, *kein* Kind bräuchte Nuckis, Mama *könne* mir Nuckis geben, solle aber bitte mal überlegen, *wer* hier den Nucki brauche, das Kind oder die Eltern.

»Die Kautschuk-Industrie«, antwortet Teddy trocken.

»Und ich!«, springe ich Mama bei, doch sie hören mich nicht.

Wann hört das denn endlich auf mit meinen Artikulationsschwierigkeiten, frage ich mich entnervt, man fühlt sich ja völlig hilflos.

Mama wird wütend und ruft, Mia schreie so nun schon seit Wochen und der Schnuller beruhige sie ungemein, das sei doch ganz normal, Babys hätten eben orale Bedürfnisse.

Trotzig steckt sie mir den Nucki in den Mund.

Die Hebamme erwidert fassungslos, sie habe ihr doch schon im Krankenhaus erklärt, dass sie in solch einer Situation dem Kind ihren kleinen Finger in den Mund geben soll, das sei viel gesünder für den Kiefer und auch die Nähe zwischen Mutter und Kind würde dadurch enorm intensiviert, und was sie sich eigentlich davon verspräche, wenn sie sich ihren fachkundigen Anordnungen widersetze.

Sie könne doch nicht den ganzen Tag den Finger zur Verfügung stellen, entrüstet sich Mama, sie habe ja auch noch ein eigenes Leben, und der Haushalt mache sich auch nicht von alleine oder ob Gudrun vielleicht ihre Spülmaschine ausräumen wolle, das wäre doch sicher bei den Anthroposophen in der Betreuungsarbeit einer Hebamme mit drin.

Dann müsse der Vater eben mal ran, konstatiert die Hebamme eisern, mit der Zeugung alleine sei es nun mal nicht getan.

Mama lacht bitter und antwortet, das meine sie doch nicht ernst, der Chris, der habe doch zwei linke Hände, da würde ja beim Ausräumen mehr kaputtgehen, als sauber im richtigen Schrankfach landen, der sei nun wirklich gar keine Hilfe.

Das mit dem Finger meine sie, bellt Frau Wiebkötter, das mit der Spülmaschine würde sie ja schließlich nichts angehen.

Grimmig schaut sie auf den Schnuller in meinem Mund, und ich versuche, mich hinter meinem Schnuffeltuch zu verstecken. Die Hebamme ist aber noch nicht fertig und sagt drohend, sie solle ihm unbedingt sagen, er solle in jedem Fall vorher seine Hände waschen, man kenne das ja, diese Seifenspender auf den Herrenklos seien ja auch immer leer, das sage ja nun mal alles.

Woher sie das denn wisse, fragt Mama erstaunt.

Das täte hier nichts zur Sache, blökt die Hebamme laut, und die Geburt sei ja noch nicht sooo lange her, da könne es immer noch zur Stillverwirrung kommen, das Kind könne dann nicht mehr zwischen echter Brust und Schnuller unterscheiden und tränke dann womöglich gar nicht mehr, und dann solle sie bitte schön nicht zu ihr kommen, da könne sie dann nämlich auch nichts mehr machen, und sie hätte sie schließlich gewarnt.

Zum Glück piepst nun Gudruns Notruf-Telefon.

Das sei sicher eine Geburt, da wolle sie nicht im Weg sein, als Hebamme müsse man da sicher schnell hin, da habe sie vollstes Verständnis, ruft Mama und schiebt Gudrun zur Tür hinaus. Wir stellen die Klingel ab und atmen auf.

Ich muss zugeben, diese Nuckelei fängt langsam an, mir Spaß zu machen. Tag und Nacht lutsche ich, was das Zeug hält. Teddy will ihn auch mal haben, aber sosehr er auch bittet und bettet, ich bleibe hart, denn ich finde das unhygienisch.

Mama ist auf meiner Seite, nein, sie geht sogar noch weiter. Damit der Nucki nachts nicht rausfällt oder von Teddy geklaut wird, klebt sie ihn mir abends manchmal mit Tesa fest, die Selbstlose, die Gute, die Mama.

Danke.

6. Mütter ohne ernstzunehmende Betreuungsalternative

Mama sagt zu Papa, sie gehe jetzt mit mir zum Turnen. Erst mal laufen können, denke ich, sage aber nichts, um sie nicht zu entmutigen. Papa ist ebenfalls überrascht von ihrer Idee und lacht aus vollem Hals, woraufhin Mama trocken erklärt, dass es sich um einen Rückbildungskurs für Mütter ohne ernstzunehmende Betreuungsalternative handele.

Auf die versteckte Kritik reagiert Papa nicht, vielleicht weil er viel zu beschäftigt damit ist, sein breites Grinsen zu verbergen. Offensichtlich freut er sich, dass wir ihn alleine lassen, und zückt eifrig sein Smartphone, um *Angry Birds* zu spielen.

Mama bemerkt spöttisch, es entspanne ehemalige Zivildienstleistende eben ungemein, aus der Perspektive eines krallenamputierten roten Vogels grüne Schweine abzuschießen. Das stelle ich mir lustig vor, doch sie schüttelt genervt den Kopf, und wir fahren los.

Die ganze Fahrt über grollt sie vor sich hin, Papa würde sich ja sowieso kaum um mich kümmern, sie wisse auch nicht, wie das weitergehen solle, die ganze Beziehung sei im Eimer, weil sie nicht mehr schlafe und ansonsten nur mit Stillen und Wickeln beschäftigt sei, da würde man ja bekloppt werden. *Er* könne ja schön seinen Job machen, da sei er fein raus, und zum Dank würde er ihr noch nicht mal Blumen mitbringen, noch nicht mal eine Primel, also lange würde sie das nicht mehr aushalten. Zudem sei auch noch ihre Figur völlig aus dem Leim, und sie wolle jetzt wenigstens mal mit Sport anfangen, wer weiß, ob sie nicht bald nach einer beziehungsmäßigen Alternative suchen müsse, und da wolle sie schließlich körperlich was zu bieten haben.

Erschrocken guckt sie in den Rückspiegel, anscheinend um sich zu vergewissern, dass ich das nicht gehört habe. Ich schließe schnell die Augen und tue so, als ob ich schlafe.

Mit einem Seufzer schimpft sie weiter vor sich hin, dass sie ja auch überhaupt nicht mehr miteinander schlafen würden, und dass das doch wirklich eine Katastrophe sei.

Komisch, denke ich. Immer wenn ich nachts bei ihnen liege, schlafen sie doch miteinander, wir schlafen dann sogar alle miteinander in einem Bett, und ich finde das jedes Mal wunderschön.

Nehme mir vor, noch häufiger bei ihnen zu liegen und wach zu bleiben, um zu beobachten, ob einer der beiden womöglich nachts abhaut und warum.

Jäh werde ich aus meinen Tagträumen gerissen, als wir vor der Hebammenpraxis anhalten. Sofort bekomme ich Angst, dass Mama mich dort abgibt, damit sie endlich ungestört schlafen und arbeiten kann, und ich schaue Mama fragend an, doch sie trägt mich diensteifrig in einen Raum mit Bildern von nackten dickbäuchigen Frauen an den Wänden.

Die schämen sich auch für nichts, bemerke ich entsetzt, aber Mama scheint damit klarzukommen, denn sie nimmt sich gelassen eine Matte und legt mich in die Baby-Ecke unter ein ayurvedisches Teebeutel-Mobilé mit Klangschalenspielenden Eichelmännchen dran, die so aussehen, als hätten sie auch keinen Bock auf ihren Job.

Dann geht die Tür auf, und Gudrun-Rudolf-Steiner Wiebkötter marschiert so elegant in den Raum wie ein Yeti mit Bandscheibenvorfall.

Schweißtropfen benetzen meinen kahlen Schädel und tropfen auf die gummierten Turnmatten, die nach dem Transpirier-Ergebnis pubertierender Justin-Bieber-Fans riechen.

Wenn ich hier mitmache, werde ich schrumpfen und von der Hebamme zurück in den Mutterleib gestopft, doch ich will da nicht wieder hin und schreie, dass Edward Munch seine Freude daran gehabt hätte.

Gudrun-Rudolf-Steiner Wiebkötter teilt nun Hocker aus, die aus irgendeinem harten Material sind, und befiehlt sensibel brüllend: »Die Mütter turnen, und die Babys entspannen sich, hopphopphopp.«

Dabei lacht sie so gackernd, als wolle sie allein einen 24-Stunden-Tag auf einer Hühnerfarm synchronisieren.

Entweder hat sie ihren Eisprung, oder sie ist gerade verlassen worden, denke ich heimlich, doch Frau Wiebkötter kann Gedanken lesen, kommt auf mich zu und flüstert eindringlich: »Entspannen! Los! Komm mal her, du kleiner Scheißer!«

Nur nicht auf den Arm, denke ich, und höre augenblicklich auf zu schreien.

Interessante Pädagogik.

Zufrieden zieht sie eine selbstgebatikte Tunika von dem Flipchart und zeichnet darauf mit festem Strich detailliert und in Farbe die weiblichen Geschlechtsmerkmale.

Ich fühle mich wie im Pornokino. Man sieht alles.

Die Frauen schauen wie gebannt zu, grinsen und fragen, wo denn nun endlich der G-Punkt sei.

Gudrun-Rudolf-Steiner Wiebkötter schreit: »Ihr seid doch nicht zum Spaß hier!«, und reduziert die erotische Höhle auf ein paar Muskelstränge.

Die Männer an den Fenstern hören auf zu stöhnen und tauschen weiter Panini-Bilder.

Gudrun-Rudolf-Steiner Wiebkötter nötigt jede Mutter auf einen Hocker, sagt: »Wir machen jetzt die Tick-Tack-Übung«, und brüllt wie von der Tarantel gestochen: »Scheide, After und Harnröhre sanft in sich reinziehen, loslassen, wieder anspannen, loslassen, anspannen, loslassen, stellt euch vor, ihr seid die Obstpolizei und müsst einen überreifen Pfirsich vorm Fallen retten.«

Die Mütter stehen unter Schock und arbeiten wie Galeerensklaven. Das Verrückte daran ist: Man sieht NICHTS. Nur der verbissene Gesichtsausdruck verrät es. Die Ernte ist hart.

Aber Gudrun ist offensichtlich noch nicht zufrieden. Sie zeigt nun Bilder von Gebärmüttern, die unten aus Frauenkörpern herausragen. Anschaulich zeichnet sie ein paar sonnengelbe Tröpfchen unter das Modell und schreit drohend: »Und das ist nicht Tröpchen für Tröpchen Qualität – nein, steter Tropfen höhlt den Stein, haha.«

Die Mütter ziehen wie verrückt ihre Vaginalmuskeln zusammen und beteuern, dass sie von nun an nie mehr etwas anderes tun wollen. Nur Mama stöhnt und sagt, sie käme sich vor wie einer dieser roten Pömpel, der verstopfte Klos bearbeite.

Alle lachen, nur die Hebamme nicht.

Nach einer halben Stunde verlangen die Mütter eine Pause, doch Gudrun-Rudolf-Steiner Wiebkötter malt nun große Lachen auf den Flipchart. Daneben zeichnet sie George Clooney, malt einen roten Kreis drumherum und streicht ihn quer durch. Die Frauen kreischen entsetzt, traktieren ihre Scheidenmuskulatur, als gäbe es einen Castingwettbewerb zu gewinnen und stammeln: »Pfirsich, Pfirsich, Williams Christ.«

Gudrun-Rudolf-Steiner Wiebkötter lacht befriedigt, haut einmal kräftig auf die Klangschale und schreit: »Das war's, vielen Dank, meine Damen, bis nächste Woche macht ihr das jeden Tag fünfhundert Mal, und denkt an den Pfirsich.«

»Bis dahin ist der Mus«, erwidert Mama, während ich mich im Teebeutel-Mobilé verheddere und spontan meine Geschlechtsumwandlung plane.

Ich kann es kaum erwarten, Sören-Wotan von dem Kurs zu erzählen. Als Bettina endlich mit ihm zu Besuch kommt, bin ich so glücklich, dass ich ihn strahlend anlächle. Da ist es! Ich kann lächeln!

Sören-Wotan wird rot, bleibt aber äußerlich gelassen, denn er will offensichtlich so cool sein wie dieser doofe Spiderman, der auf seinem Strampler posiert.

Na warte, denke ich, dich kriege ich noch, und lächle weiter.

Mama und Papa sind jedenfalls hellauf begeistert und knipsen haufenweise Fotos, ja, sie gebärden sich, als ob ich der erste Mensch sei und sie vergessen hätten, dass sie ja schon vor mir da waren.

Bettina hingegen ist sauer und zischt Sören-Wotan zu, er solle sich mal ein bisschen Mühe geben, so schwer könne das doch nicht sein.

Er guckt mich hilflos an, und ich grinse ihm aufmunternd zu.

Mama ist verzückt.

Dafür könne Sören-Wotan sich schon drehen, schreit Bettina hysterisch und gibt ihm einen Schubs, so dass er unkontrolliert durch die Wohnung rollt.

Mama lacht begütigend und sagt zu Bettina, es sei ja schon gut, sie sei erstaunt, dass er das schon kann, und ob er das bei seinem Chinesen gelernt habe.

Sie sei ja nur eifersüchtig, weil Sören-Wotan Mia immer einen Schritt voraus sei, kreischt Bettina, er könne schließlich schon sein Köpfchen ganz alleine halten, davon sei Mia ja noch ganz weit entfernt.

Das lasse ich nicht auf mir sitzen.

Mama nimmt mich auf den Arm, und ich konzentriere mich auf meinen Kopf, doch was ich auch mache, er will mir nicht zuverlässig gehorchen.

Jetzt nimmt Bettina Sören-Wotan auch hoch, nimmt die Hand, die eben noch sein Köpfchen gestützt hat, mit einem Schwung weg und schreit: »Siehst du?«

Zack, knickt Sören-Wotans Kopf ab.

Genau wie meiner.

In Schieflage gucken wir uns an und prusten los.

»Ist doch lächerlich, sich darüber zu streiten, wer was zuerst kann!«, sage ich schnaufend, »Hauptsache wir können irgendwann laufen!«

»Genau, dann hauen wir zusammen ab!«, ruft der Rotschopf.

Werte das als Liebeserklärung und werde rot.

Es zuckt um seinen Mund, und er beginnt zu lächeln. Wie schön!

Hach, bin ich verliebt.

Bettina kriegt von alldem nichts mit, da sie Mama gerade von Sören-Wotans ersten Gehversuchen erzählt, die natürlich viel zu früh seien, und sie einfach nicht wisse, was sie mit einem Hochbegabten anfangen solle, während Mama kopfschüttelnd die Yucca-Palme wässert.

Mein Freund guckt mir tief in die Augen und sagt: »Meine Mama geht mir heute so auf den Sack, ich werde sie erst anlächeln, wenn sie sich mal endlich lockerer macht. Bis dahin lächele ich nur dich an, das verspreche ich dir bei meiner Spiderman-Ehre.«

Auf den Spiderman hätte ich verzichten können, trotzdem weiß ich jetzt, wie es ist, im siebten Himmel zu sein.

~

Mein Glücksgefühl hält nicht lange an, denn zu meinem Entsetzen will Mama heute wieder mit mir zum Rückbildungskurs.

Papa zückt schon mal sein Handy, zwinkert ihr zu und sagt grinsend, sie sähe ja auch schon ganz anders aus als vor der ersten Stunde, und wenn das so weitergehe, sei sie bald nur noch ein Strich in der Landschaft, dann müsse sie wirklich aufpassen, dass er sie nicht als Bohnenstange aus Versehen mit in den Kochtopf schmeißen würde.

Mama erstarrt und erwidert mit fester Stimme, seinen Zynismus könne er sich sparen, sie wisse selber, dass da noch ein paar Kilos zu viel drauf seien, und wenn ihm das nicht passe, könne er ja gehen.

Papa schaut erstaunt von seinem Display hoch, und ich hoffe inständig, dass er ihrer Aufforderung nicht nachkommt. Wegen ein bisschen Bauchspeck verlässt man doch nicht seine Familie, ganz ehrlich, schau mich doch mal an. Gucke an mir runter und überlege, das Milchtrinken einzustellen.

Außerdem handle es sich um einen Rückbildungskurs und nicht um einen Abnehmkurs, doziert Mama mit aufrechter Körperhaltung, es ginge darum, die Muskulatur untenrum wieder aufzubauen, aber damit habe er ja nichts zu tun, er hätte sich ja nicht da unten ein Kind rausquetschen müssen, und wenn, dann hätte er sich sicher von Anfang an eine Vollnarkose geben lassen, haha, wahrscheinlich sogar schon ab der Befruchtung, eine Vollnarkose für zehn Monate, haha, ja, das würde zu ihm passen.

Papa ist platt. So habe er das doch gar nicht gemeint, setzt er an, doch Mama unterbricht ihn sofort.

Und er könne doch sowieso nicht kochen, fügt sie voller Genugtuung an, und wenn er das jetzt ändern wolle, solle er doch lieber Bohnen statt Bohnenstangen kochen, Letztere seien nämlich gerade gewachsene, entrindete Jungfichtenstämme, mit denen man Bohnengewächse stütze, und die seien kulinarisch nicht ganz das, was man sich unter Haute Cuisine vorstellen würde.

Damit lässt sie Papa sitzen und rauscht mit mir zum Kurs.

Meine Eltern streiten sich, und ein Gefühl von Verlustangst steigt in mir auf. Hoffentlich wollen sie sich nicht trennen. Das wäre ja furchtbar, doch im Moment kann ich ihnen nicht helfen und nehme mir vor, positiv in die Zukunft zu blicken. Dergestalt eingenordet, bewahre ich Haltung und erwarte putzige Pornobilder und Pfirsich-Übungen, doch es kommt anders.

Gudrun-Rudolf-Steiner Wiebkötter lächelt überlegen und holt aus ihrer Tasche eine gestrickte Gebärmutter.

Als ob das nicht schon Sensation genug wäre, klettet sie ein Band dran und sagt stolz, dies sei die selbstgestricklieselte Nabelschnur, und wer jetzt lache, käme mit Sicherheit nicht in den Himmel, so viel stünde fest.

Die Mütter kichern, und Gudrun-Rudolf-Steiner Wiebkötter läuft knallrot an, stopft die Gebärmutter mit Sachkenntnis in einen halbkaputten Ball und zieht sie unten ein kleines Stück wieder heraus.

So sähe das aus, wenn keiner seine Hausaufgaben mache, brüllt sie humorlos, dann sei es vorbei mit stressfreiem Husten und Hopsen, und den anfahrenden Zug würden wir trocken auch nicht mehr erreichen.

Deshalb sei das Thema heute ›Sitzbeinhöcker‹.

Sie verteilt halbaufgeblasene Bälle, auf die sich die Mütter setzen sollen. Dann dengelt sie mit voller Wucht kleine esoterische Schellen aneinander und brüllt: »Scheide, After und Harnröhre feste in sich reinziehen, Sitzbeinhöcker begrüßen sich, Guten Tag nach links, Guten Tag nach rechts, Schambein nach vorne, Kick nach hinten, wieder grade und entspannen. Zehn Mal wiederholen, danach Ball wegnehmen und das Gleiche noch mal. Merkt ihr den Unterschied?«

Mama murmelt: »Ja, wir sitzen nicht mehr auf dem Ball.«
Sie verstummt, als sie Gudrun-Rudolf-Steiner Wiebkötters Blick trifft.

Eine andere Mutter ruft: »Ohne Ball habe ich meinen Pfirsich verloren!«, woraufhin Gudrun-Rudolf-Steiner Wiebkötter bedrohlich flüstert, sie könne auch anderes Kernobst nehmen. Man könne sogar das Obst weglassen, dann würden sie jetzt eben mit ihren Vaginas ein Veilchen pflücken.

Mama lacht verschmitzt und murmelt leise, sie habe Heuschnupfen, und besonders bei Veilchen – aber Gudrun-Rudolf-Steiner Wiebkötter hat mit Renitenz gerechnet und knallt ihr ein Antihistaminikum vor den Latz.

Nachdem pro Person circa eintausend Veilchen gepflückt worden sind, malträtiert sie den Gong wie gehabt und sagt, die Hausaufgaben könne und solle man täglich und überall machen.

Mama nimmt das ernst und pflückt Veilchen in der Küche, an der Ampel und im Aldi.

Ich nehme mir vor, heimlich einen Termin beim Therapeuten zu machen, und träume in der Nacht von gestrickten Gebärmuttern, die ganze Landstriche wegfräsen.

Tulpen, Veilchen, Raps – alles weg –, somit hat dank Gudrun-Rudolf-Steiner Wiebkötter auch die Idee des Bioethanols ein jähes und glückliches Ende gefunden.

7. Papas Einsatz

Papa sagt zu Mama, er ließe den Vorwurf nicht auf sich sitzen, dass er keine ernstzunehmende Betreuungsalternative sei, deshalb wolle er sich ab jetzt mehr um mich kümmern. Ich bin gerade mit Trinken fertig und soll nun schlafen, bin aber zu aufgeregt und gespannt, was er mit mir vorhat, weshalb ich vor Vergnügen ein bisschen rumschreie.

Mama ist ebenfalls gespannt und hat ihm vorsorglich ein buntes Tragetuch aus den peruanischen Anden besorgt, das er sich nun wie ein Sumoringer um den Leib wickelt. Er setzt mich hinein und wippt auf und ab, so dass ich mir vorkomme wie in einem unentschlossenen Fahrstuhl. So kann ich jedenfalls nicht einschlafen, das steht fest.

Teddy lacht und flüstert schelmisch: »Wenn man sich verpuppt, wird man ein Schmetterling, du wirst schon noch sehen.«

»Wow – wenn Papa mal loslegt, dann aber richtig«, staune ich und bin stolz auf ihn.

Hänge nun stundenlang im Tragetuch.

Es ist sehr warm hier drin, aber das ist egal, denn ich konzentriere mich voll auf Verwandlung. Für Teddys Erklärung bin ich ihm dankbar, denn ich rechne mir aus, dass Kafkas Schüler dann ein Buch über mich schreiben, und hoffe, dass sie nicht nur Käfer gelernt haben. Auf alle Fälle möchte ich gerne in ein Wesen verwandelt werden, das laufen und für alle hörbar sprechen kann. Also warte ich geduldig ab.

Ich vermute, wenn man einmal richtig laufen gelernt hat, kommt man da nicht mehr von runter. Ich nehme mir vor, diesen Vorgang zu überspringen, und inhaliere den Flugstaub der vorbeiziehenden Elfe, die in meinem Kinderzimmer am Mobilé hängt und gewohnheitsmäßig im Kreise herum ihre Bahnen zieht.

Ich fange an zu schwitzen.

»Bald geht's los, das spüre ich«, sage ich aufgeregt.

Teddy schnappt sich das Telefon, sagt: »Hallo? Ist dort ›Die Bunte‹? Ich kann Ihnen Vorher-Nachher-Bilder über eine Mensch-Tier-Werdung anbieten.«

Er hält inne und ergänzt: »Das wird aber teuer.«

Er lacht sich kaputt, und ich vermute, dass am anderen Ende einer einen Witz gemacht hat.

Für eine ganze Weile ist lediglich mein regelmäßiges Atmen zu hören, und ich halte ganz still, während Papa weiterwippt.

Dann macht er das Tuch auf.

Gucke ihn an. Er wirkt enttäuscht und sagt, ich sei ja noch gar nicht eingeschlafen, aber ich glaube, dass er mich nur schonen will, weil ich immer noch eine haarlose Windelpupserin bin.

»Hätt ich ne Melone, würd ich einen auf Pan Tau machen«, motze ich frustriert.

»Der konnte doch nur sich in kleiner«, erwidert Teddy verächtlich. »Und Schrumpfen ist ja wohl keine Alternative, stell dir mal vor, du tippst dir zu oft an die Melone und wirst wieder zum Fötus, dann müsstest du womöglich zurück in Mamas Bauch, undenkbar, stell dir mal vor, kein Internet und unten immer die tastende Hand von Gudrun-Rudolf-Steiner Wiebkötter.«

Gebe ihm Recht und auf.

Papa bindet das Tragetuch nun in einer neuen Variante und verheddert sich fluchend. Mama lacht und sagt, er sähe aus, wie die ›Knotenmutter‹ gerne aussähe, und dass er das doch mit Humor nehmen solle. Er würde das schon hinbekommen, tröstet sie ihn, da sei sie sicher, und wackelt schon wieder diensteifrig mit ihrer Brust vor mir rum.

»Jetzt nicht an die Brust!«, schreit Papa und zerrt das Tuch fester.

Wer will schon trinken beim Verwandeln, frage ich mich, ich jedenfalls nicht, doch Mama ist anderer Meinung und legt mich an.

Teddy guckt mich an, kichert und sagt: »Wenn man ein Schmetterling werden will, muss man viel essen.«

»Machen viele seit Jahren«, rufe ich mit vollem Mund, »Obelix, Reiner Calmund, Peter Altmaier, aber keiner von denen kann fliegen.«

Versuche, mein eigenes Versagen herunterzuspielen, und schreie: »Die Deppen haben wohl alle das Verpuppen vergessen, haha, wie doof ist das denn.«

Sogleich schöpfe ich neuen Mut und haue mir die Milch rein wie Popeye den Spinat, doch nichts passiert.

»Die Raupe Nimmersatt muss ein Einzelfall sein«, stelle ich enttäuscht fest.

»Oder fiktiv«, meint Teddy.

Papa merkt wohl, dass ich deprimiert bin, denn er lässt nichts unversucht. Er packt mich entschlossen ins Tuch, simuliert die Natur und hopst wie verrückt auf einem großen grünen Pezziball herum. Fühle mich wie ein Grashüpfer auf der LoveParade.

Mir wird ganz übel, und ich mache ein Bäuerchen. Ein großes. Das befreit, aber es ist schade um das Tuch.

Wenn das die Peruaner wüssten.

Mama kommt rein und lacht. Papa wird ärgerlich und sagt, sie werde schon sehen, es sei nur eine Sache von geeignetem Material und Sitzkomfort, er würde jetzt mal los und das richtige Equipment für mich kaufen. Behände drückt er mich Mama auf den Arm und verlässt das Haus. Sie seufzt, und ich vermute, dass sie genauso begeistert von seinem Engagement ist wie ich auch.

Am nächsten Tag erklärt er mir, das Tuch sei wohl nicht mein Ding, er habe mir jetzt einen BabyBjörn besorgt.

»Na super«, sage ich, »eine männliche Supernanny oder was.«

Teddy lacht, und Papa kommt mit einem nordseeblauen Tragesack zurück.

Das sei der Björn, schwärmt er, während Eifer sein übernächtigtes Gesicht überzieht. Er fummelt an dem Ding rum, redet ihm gut zu, versucht, ihn einzustellen, streichelt ihn zärtlich, schmeißt ihn in die Ecke, holt ihn wieder, zurrt die Gürtchen hin und her und flucht, dass die South-Park-Bewohner ihre Stenoblöcke zücken würden, könnten sie das miterleben.

Eine tolle Performance.

Schweißgebadet, aber glücklich hebt er mich hoch.

Sitze nun im Björn.

Ich strample mit den Beinen, mache ansonsten aber keinen Mucks und hoffe.

Hoffe immer noch.

Immer noch.

Kein Schmetterling.

Langsam werde ich müde, kann aber vor Aufregung nicht schlafen. Zu allem Überfluss klingelt es an der Tür, und Marlon kommt mit Sören-Wotan zu Besuch. Mir ist das peinlich, und ich will mich im BabyBjörn verstecken, da sehe ich, dass auch er in einem Tragesack sitzt und auf körperliche Veränderung hofft.

Marlon dröhnt: »Mensch Chris, was ist das denn? Ein BabyBjörn, das ist ja vorsintflutlich, hahaha!«

Papa fängt wieder an zu schwitzen.

»Das ist ja nicht alles, was ich habe«, antwortet er gequält, »da vorne liegen die Pandora-, Marsupilami- und Glücksschweinchen-Modelle, die probiere ich der Reihe nach aus.«

Marlon lacht. »Also Bettina hat für unseren Sören-Wotan den ›EGOBaby-Carry-natural‹ gekauft, der hat sogar den Neugeborenen-Einsatz und wird von Kinderärzten wärmstens empfohlen.«

Papa stöhnt und nimmt mich aus dem BabyBjörn.

»Ich nehme jetzt mal den Pandora«, sagt er mürbe lächelnd und setzt mich hinein.

»Beim Pandora musst du den Steg mit einer Windel enger binden, der ist total Vintage, finde ich«, tönt Marlon.

Sören-Wotan guckt aus einem Seitenschlitz und verdreht entschuldigend die Augen.

Ich lächele ihn an und unterdrücke einen Rülpser. Dieses Geschaukel macht mich noch ganz wahnsinnig.

Papa fühlt sich mit dem neuen Modell sichtlich unwohl, will sich aber vor Marlon keine Blöße geben und schuckert mich mit zusammengebissenen Zähnen auf und ab.

»Guck mal, da liegt viel zu viel Gewicht auf dem Hüftgurt, das ist für deine Lendenwirbelsäule gar nicht gut«, doziert Marlon, »ich sag ja die ganze Zeit, es geht eben nichts über den ›EGOBaby-Carry-natural‹.«

Papa schnauft verächtlich, und sein Ehrgeiz erklimmt ungeahnte Höhen, denn offensichtlich hat er der Tragesack-Industrie sein komplettes Jahresgehalt in den gierigen Schlund geschmissen.

»Bleibt immerhin das Weihnachtsgeld«, frotzelt Teddy.

Ich flüstere nur: »Jedenfalls weiß ich jetzt, wie sich ein Dummy fühlt.«

Inständig hoffe ich, dass Papa nicht auf die Idee kommt, mit mir Autokindersitze zu testen.

Papa versucht es mit Glücksschweinchen und Marsupilami, greift dann aber schließlich wieder auf das bunt gemusterte Tragetuch zurück.

Marlon lacht und grölt: »Das ist ja total unmännlich, kommst du dir da nicht völlig bescheuert vor?«

Papa läuft rot an und ich auch.

Marlon kriegt sich überhaupt nicht mehr ein vor Lachen und schlägt sich auf die Schenkel. Sören-Wotan übergibt sich auf den EGO und Marlons Designerpullover.

»Gut gemacht, Sören-Wotan«, rufe ich begeistert, »ich bin stolz auf dich!«

Er lächelt mir zu und grinst verschmitzt.

Ich bin verliebt.

Nun lacht Papa vor Schadenfreude und johlt vergnügt: »Das sind bestimmt die Inhaltsstoffe, ich habe nämlich den Öko-Test gelesen!«

Marlon guckt erstaunt und versucht hektisch, das Erbrochene mit Hilfe seines Stofftaschentuches wegzuwischen.

»Bei deinem EGO-Blablabla-natural haben sie bei der Prüfung der Inhaltsstoffe einen hohen Gehalt eines allergieauslösenden Farbstoffs gemessen, der den Grenzwert für Kinderspielzeug um das Sechzigfache überschreitet!«

Marlon reißt sich den Tragesack vom Leib. Sören-Wotan landet zum Glück sanft auf meiner Babydecke und sieht irgendwie erschöpft aus.

Papa kann nicht mehr aufhören: »Neben optischen Aufhellern und halogen-organischen Verbindungen hat das zur Note ›ungenügend‹ im Bereich der Inhaltsstoffe geführt, was sagst du jetzt?!«

Marlon ist zum ersten Mal sprachlos.

Voller Genugtuung lächelnd lässt Papa nun von mir ab, und ich darf wieder in meine Babywippe. Bin groggy und schlafe sofort ein.

8. Alle Wege führen nach Prag

Wiebke hat Mama zur Geburt einen PEKiP-Kurs für Babys und Mamis geschenkt.

Prager-Eltern-Kind-Programm heiße das, sagt sie, das sei ganz toll für die Kinder, das würde unheimlich Spaß machen, und sie und Levke-Fee kämen auch mit.

Mama zieht ihr Saure-Gurken-Gesicht, sagt aber, das sei ja eine tolle Sache, sie lerne immer gerne dazu, für Kinder könne man ja nie genug machen, sie habe auch schon mal drüber nachgedacht. PEKiP sei genau das Richtige, man stelle sich mal vor, sie würde das mit mir womöglich nicht machen, dann würde ich mich mit Sicherheit nicht richtig entwickeln und später als arbeitslose Schlager-Ische im Dschungelcamp landen, nee, dann doch lieber zum PEKiP-Kurs.

Nun also Prager-Eltern-Kind-Programm.
Endlich ins Ausland, denke ich.
Gute Mama.
Prag ist zwar nicht L. A., aber Rolf Zuckowski und seine Freunde sind ja auch nicht die Toten Hosen. Erst mal kleine Brötchen backen, sagt Oma immer. Und große Würste, ergänzt Opa dann meistens, doch Wurstwaren spielen für diesen Kurs vermutlich keine Rolle.

Heute ist es so weit, Wiebke und Levke-Fee holen Mama, Teddy und mich ab, und wir fahren los.

Prag liegt in einem Kölner Hinterhof. Europa ist klein, denke ich und schaue in das Stück Himmel, das die Häuserfronten frei lassen. Gott grinst von oben und pupst offensichtlich folgenschwer, denn ein Gewitter bricht sich Bahn.

Wir gehen ins Gebäudeinnere, als hinter uns eine bekannte Stimme ertönt: Betty-Bettina quetscht sich mit Sören-Wotan aufgeregt durch die ökologisch-selbstgetöpferte PEKiP-Schleuse, the thing formerly known as ›Tür‹. Teddy schüttelt den Kopf über so viel ungestrafte Kreativität, aber Sören-Wotan grinst mich an, und ich werde rot wie ein Krebs mit Sonnenbrand.

»Das giiiibt's ja nicht, ihr auch hier, wie schöööön«, kreischt Bettina, »mein Sören-Wotan braucht ja eigentlich keine Förderung, aber man kann hier sicher Gleichgesinnte kennenlernen, und euren Kindern tut das bestimmt gut hier!«

Mama und Wiebke lächeln gequält und setzen sich notgedrungen neben die beiden. Ich hingegen freue mich über die Anwesenheit meines Geliebten und will gerade mit ihm Details über unser erstes alleiniges Treffen aushandeln, da beginnt die Kursstunde, weshalb Mama mir ihren Finger auf den Mund legt und mir bedeutet, leise zu sein.

Die Kursleiterin heißt Aloe-Vera, spricht erstaunlich gut Deutsch und hat im Kursraum alle Heizkörper voll aufgedreht. Kriege das erst gar nicht mit, schwitze wie verrückt und denke, dass die Wechseljahre heute scheinbar immer früher kommen.

Auch Teddy scheint es nicht gut zu gehen, denn er flüstert mir zu: »Bei Annie und Heike musste ich so was nicht mitmachen. Abartig. Es ist ja heiß hier drin wie in einer finnischen Sauna mit kaputtem Temperaturregler, das halte ich nicht lange aus.«

»So ist das eben im Ausland«, sage ich, »wenn man

was von der Welt sehen will, muss man Kompromisse machen.«

»Scheiß Klimawandel«, flucht er und schüttelt sich die Schweißtropfen aus dem Fell.

Sieben Babys und ich werden nackig gemacht. Ich passe mich den Gegebenheiten an und mache sofort einen Aufguss.

Mama macht mit und wedelt mit dem Handtuch um mich rum.

Levke-Fee will scheinbar meine Freundin werden und puschert auf das Laminat und die ausgelegten Kirschkernkissen.

Hier lernt man wirklich ›Loslassen‹.

Mama und Wiebke gucken zerknirscht, und wir erwarten Bestrafung, irgend so was wie Nach-Liegen oder eine Strafarbeit an der Motorik-Schleife, aber Aloe-Vera bringt ihre Gliedmaßen in Feng-Shui-Stellung und lächelt gütiger als Maria Schell nach zwanzig Eierlikör. Fröhlich nimmt sie einen bei Vollmond gebatikten Baumwolllappen, auf dem gestickte Yin und Yangs auf Friedenstauben durch Tschechien flattern und wischt Levke-Fees Ursuppe auf, als wäre es der letzte Fußschweiß von Maria Montessori oder die Salbengrundlage eines neuen Weleda-Produkts.

Sören-Wotan grinst und flüstert: »Babypipi freut den Hippie.«

Wir lachen, staunen und stellen fest, dass man in Osteuropa scheinbar noch was fürs Geld kriegt.

So viel Hingabe beeindruckt uns, und wir pieseln nun alle.

Aloe-Vera verliert kurz die Contenance.

»Sie ist sicher noch in der Ausbildung«, sage ich zu Sören-Wotan, »das wird schon, es gibt schlechtere Berufe.«

Er pflichtet mir bei und erwidert: »Fischfabrik zum Beispiel.«

»Oder Hebamme«, ergänze ich, und wir kichern einvernehmlich.

Und tatsächlich, Aloe-Vera ist nun wieder ganz bei sich und nach wie vor von ihrer Pädagogik überzeugt, denn sie fängt jetzt an zu singen, ganz lieb und ganz hoch, und das klingt wie eine Mischung aus Miss Piggy, einer schlecht entlüfteten Heizung und Til Schweiger, der eine Tonne Helium inhaliert hat.

»Man könnte genauso gut am Rand eines Glases mit sehr sehr wenig Wasser reiben«, flüstert Teddy schwitzend und versucht verzweifelt, sich das Fell über die Ohren zu ziehen.

Die sieben Mütter passen sich gesanglich an, und auch Wiebke schraubt sich immer höher.

»Fürchterlich, ehrlich, dagegen war Heintje Punkrocker«, ruft Teddy mir zu, während er zwei Marder zu engagieren versucht, um die Stromkabel durchzubeißen.

Alle singen hoch, nur meine Mutter brummt wie eine dicke Fliege, die unter der Heizung auf dem Rücken liegt. Sie blinzelt mir zu und lacht, woraufhin ich denke: Eltern kann man sich nicht aussuchen. Trotzdem bin ich stolz, dass sie nicht mitmacht.

Sie singen das Lied aller Kinderlieder: »Hoch am Himmel, tief auf der Erde, überall ist Sonnenschein. Wenn ich nicht der *Sören* wäre, würd ich gern ein *Schweinchen* sein.«

Und alle intonieren illustrativ: »Oink, oink, oink, oink, oink, oink, oink, oink, oink, oink, oink, oink, oink, oink, oink.«

Ich bin fassungslos.

Sören auch.

Nur Levke-Fee kichert begeistert.

»Garantierte Textsicherheit auch bei Stilldemenz«, konstatiere ich trocken.

Indes sucht Teddy nach Kühlung, schmeißt den Wischmopp beiseite und springt in den vollen Putzeimer.

Reihum gibt es jetzt Verwandlungswünsche als Hasen, Bären und Hunde.

Gleich bin ich dran.

Ich schwitze wie verrückt, meine Schweißdrüsen schreiben »Feuchtgebiete II«, und meine Hände sind so nass wie es die Ente von Dr. Klöbner gern wäre.

Ich höre nur: »... würd ich gern ...«

Mama fühlt sich zoologisch kompetent und singt: »... eine *Milbe* sein.« –

Das musst du erst mal bringen.

Alle Übermutti-Augen sind schnurstracks auf sie gerichtet, während Mama offensichtlich im biologisch abbaubaren Rattanläufer nach einem Exemplar sucht, um ihre Idee für die Babys plastisch zu untermauern.

Meine Mama. Milbe.

Aloe-Vera stutzt einen Moment und singt dann souverän: »Möff, möff, möff, möff, muffel, muffel, möff, möff, müffel, müf-fel, möff, möff, möff.«

Bin jetzt bekannt in Prag und beweise Aloe-Vera zum Abschluss, dass man mit unverdauter Rohkost wunderbar Mandalas legen kann.

Mama murmelt noch, PEKiP, das sei ja wohl Ballermann für frisch Geschlüpfte ohne Schlüpfer, und Wiebke sei ja pädagogisch mit allen Wassern gewaschen, mitunter vielleicht auch mit trüben, aber jetzt sei ja wohl erst mal Schluss, und ich bin stolz auf sie wie noch niemand vor ihr.

Wir verlassen die überhitzte Brutstätte, und ich flüstere Sören-Wotan zu: »Ich hoffe inständig, dass Küken nachts ihren Weg hier hinein finden, um mollig warm zu gesunden und freilaufenden Hühnern heranzureifen.«

Er pflichtet mir bei: »Du hast recht, dann wäre die Energieverschwendung wenigstens für was gut.« Dann hält er inne und schaut mich an. »Du hast immer so gute Ideen, das mag ich an dir.«

Ich werde rot und rutsche tiefer in meinen Kinderwagen hinein.

Das Leben ist schön.

∼

Trotz erster PEKiP-Erfahrung bin ich abends problemlos eingeschlafen, wache aber nachts auf und fühle mich alleine.

Teddy ist nicht da, er ist mal wieder in der Kneipe und versucht, einen passenden Teddy für sich zu finden.

»Oder wenigstens einen One-Night-Stand«, hat er gesagt, bevor er sich verabschiedet hat.

»Du kannst mich doch nicht hier alleine lassen«, hatte ich entrüstet erwidert, aber er sagte nur: »Ich muss tun, was ein Mann tun muss, zumindest ab und zu, und morgen früh bin ich wieder da, versprochen, liebe Mia, ich lass dich nicht hängen. Und? Wie sehe ich aus?«

Und er zog von dannen, ohne meine Antwort abzuwarten.

Im Nu fühle ich mich verlassen und schreie so lange, bis Mama kommt und mich auf den Arm nimmt. Ich will, dass wir alle zusammen schlafen, damit ich nicht so alleine bin und Mama und Papa sich wohl fühlen und nicht mehr so oft streiten.

Mama scheint das zu spüren und honoriert mein familiäres Engagement, indem sie mich seufzend zum Ehebett trägt.

Wo denn mein Teddy sei, sagt sie mehr zu sich als zu mir, der sei ja nie an seinem Platz, vermutlich habe Papa den wieder bei Oma und Opa vergessen, wenn sie sich nicht um alles kümmere, dann wäre bald nur noch Chaos in der Bude.

Nun liege ich zwischen meinem schnarchenden Papa und meiner müden Mama und strample hellwach hin und her. Mama reicht mir ihre Brust, doch ich will nicht und strample weiter.

Mama ruckelt an Papas Arm und sagt, so ginge das nicht, mit seiner Schnarcherei könne hier keiner schlafen, und er könne sich ruhig auch mal um Mia kümmern, sie müsse jetzt jedenfalls schlafen.

Papa murrt, was denn jetzt schon wieder los sei, und warum sie denn Mia nun schon wieder in ihr Ehebett geholt habe, und wer denn bitteschön morgen früh zur Arbeit müsse, er oder Mama, und wenn er jetzt nicht augenblicklich seine Ruhe habe, könne er bald für den Lebensunterhalt nicht mehr garantieren, so viel stünde fest.

Was das denn jetzt wieder solle, entrüstet sich Mama, sie hätten doch abgemacht, dass sie sich die Kindererziehung teilten, das sei doch heute völlig normal, und dazu gehörten nun mal auch die Nächte, und sie hätte eh schon beruflich zurückgesteckt, indem sie ein Kind geboren hätte, das hätte sie eine Menge gekostet, und er könne trotzdem problemlos weiter als Tontechniker arbeiten, da hätte er es ja ganz schön gut.

Ob sie jetzt mitten in der Nacht schon wieder damit anfangen wolle, stöhnt Papa, das hätten sie doch schon hundert Mal durchgekaut.

Ihm seien ja nicht die Aufträge weggebrochen, weil er schwanger geworden sei, ruft Mama verzweifelt, da könne er natürlich beruhigt schlafen, aber was mal aus *ihrem* Leben werden solle, wenn sie weiter diesen Schlafmangel hätte, ihre ganze Kreativität würde den Bach runtergehen, und Sex hätten sie auch keinen mehr.

Ich fühle mich unwohl und schreie, um abzulenken.

Wie das denn auch vonstattengehen solle, brüllt Papa nun verzweifelt, immer hinge Mia an ihrer Brust, und dann täten ihr die Brustwarzen weh und die Milch laufe heraus, das sei – nun ja – nicht gerade das, wovon Männer nachts träumten, und dann sei sie zu müde, und wann sie denn schon mal alleine seien, ob sie ihm das mal sagen könne.

Nun weint Mama und sagt, sie wolle das nicht vor dem Kind mit ihm besprechen.

Das kann ich gar nicht gut sehen.

Ich gucke Mama an und lächle mein schönstes Lächeln, um sie aufzumuntern.

Es funktioniert.

Sie lächelt zurück und sagt, dass sie sich eben ein bisschen mehr Mühe geben müssten, sonst ginge ihre Partnerschaft den Bach runter, und dass sie ihre Mia jedenfalls gegen keine Vernissage der Welt eintauschen würde, so viel stünde fest, das Kind sei das Beste, was sie in ihrem Leben bis jetzt erlebt habe.

Papa ist nun ein bisschen beleidigt, streicht mir aber trotzdem liebevoll über den Kopf und gibt Mama einen Kuss. Nun kann ich endlich beruhigt einschlafen.

Nehme mir vor, von nun an häufiger abends direkt im Elternbett einzuschlafen, damit sie sich nicht mehr darum streiten müssen, wer nachts aufsteht, um mich zu holen.

∽

Tatsächlich ist Teddy am nächsten Morgen wieder da, und ich bin rundum glücklich.

Schlafend liegt er in meinem Bett, und Mama wundert sich.

Teddys Ausflüge müsste sie doch eigentlich noch aus ihrer Kindheit kennen, denke ich und ahne langsam, dass das ganze Programm der Beziehung zwischen Teddy und Kind mit zunehmendem Alter gelöscht wird.

Verdrücke eine Träne und kuschele mich ganz fest an Teddy. Nehme mir vor, ihn nie mehr loszulassen.

∼

Doch es kommt anders. Eine Woche später ist wieder PE-KiP-Kurs. Teddy weigert sich hartnäckig, mitzukommen. Er schiebt die zu erwartende Hitze vor und klammert sich an die Stäbe unseres Gitterbettchens. Schweren Herzens lasse ich ihn zurück.

Mama hat ein wichtiges Gespräch mit einem Kurator, und Bettina ist krank, deshalb sind diesmal neben Wiebke auch Papa und Marlon dabei.

Nichtsahnend ziehen sie uns auf Aufforderung von Aloe-Vera aus und machen es sich gemütlich.

Wir pieseln los.

Papa springt auf und will sich entschuldigen, aber Aloe-Vera reicht ihm behände den Eimer mit Wasser und Schrubber, und bei der Übergabe berühren sich ihre Hände.

Papa lächelt Aloe-Vera dankbar an, und sie säuselt, das sei gar kein Problem, und wenn irgendetwas mit seiner Mia wäre, sie hätte immer ein offenes Ohr, er könne sie jederzeit ansprechen.

Ihr Tonfall kommt mir ungewöhnlich vor, und ich beschließe, sie im Auge zu behalten.

Aloe-Vera packt nun alte, vermutlich von anderen Babys angesabberte Smartiesrollen aus, die sie mit Reiskörnern gefüllt und an den Enden mit Kreppband zugeklebt hat.

Ich bin entsetzt.

Mama sagt immer ›Mit Lebensmitteln spielt man nicht‹, und zum ersten Mal bin ich froh, dass sie nicht da ist. Mit Sicherheit hätte sie jetzt einen Vortrag darüber gehalten, dass arme chinesische Reisbauern diese Körner nur mit

Hilfe von Wasserbüffeln in mühevoller Schwerstarbeit ernten und sich vermutlich umbringen würden, wüssten sie, dass ihre kostbare Ernte auf einem anderen Kontinent in durchweichten Bonbonrollen ein trübes Dasein fristen, um nackige Akademikerbabys zu bespaßen.

Sören-Wotan ekelt sich gleichermaßen vor den feuchten Rollen und sucht nach Erklärungen: »Sicher hat die grundgütige Aloe-Vera die bunten Schokolinsen in allabendlicher Verzweiflung unter Selbstaufopferung in sich reingestopft, um uns unsere ersten postnatalen Musikinstrumente zu basteln.«

Ich gebe ihm Recht und beginne, mich nach dem Stofftapir zu sehnen.

Alle singen nun gemeinsam: »Zehn kleine Zappelmänner zappeln hin und her, zehn kleinen Zappelmännern fällt das gar nicht schwer.«

Fühle mich diskriminiert und schweige verbittert.

Papa scheint die unangebrachte männliche Dominanz in dem Lied nicht aufzufallen, denn er spielt engagiert Luftgitarre dazu. Während ich noch darauf warte, dass Aloe-Vera ihn zurechtweist, beginnt sie, ausgelassen zu lachen und ihn mit ausgestrecktem Daumen zum Weiterspielen zu ermuntern, und ich frage mich, ob das zielgerichtet oder einfach nur mühsam antrainierte Lebenseinstellung ist.

Kurz darauf sagt sie, dass nun Zeit für Gespräche zwischen den Eltern sei und dass dies hier auf jeden Fall der richtige Raum sei, um sich über die Probleme des Alltags mit Kindern zu unterhalten, sei es über Stillprobleme oder den Umgang mit der Veränderung des Unterleibs oder was auch immer sie wollten.

Marlon guckt einen Moment lang irritiert auf seinen Unterleib, doch dann fragt er Papa, für welchen Kinderwagen er sich eigentlich entschieden habe.

Papa antwortet, sie hätten den Sitter-Alu-Cross gebraucht gekauft, das sei ein echtes Schnäppchen gewesen.

Marlon ist entsetzt, doch Wiebke ruft begeistert, dass sei ja wirklich pfiffig von Chris und Heike gedacht, da seien ja dann nämlich alle Schadstoffe schon längst ausgedünstet.

»Das sind ja mal gute Nachrichten«, sage ich zu Sören-Wotan, »aber das beige-braune Kack-Design finde ich eher gewöhnungsbedürftig, du nicht?«

Sören-Wotan grinst und lacht.

Um Gottes willen, ruft Marlon, der habe aber bei Stiftung Warentest gaaanz schlecht abgeschnitten, ob sie das nicht gelesen hätten, also er habe ja den Dubadoo S1.

Stolz überprüft er den Sitz seines gegelten Haares.

Nun ist Papa wiederum überrascht und bemerkt, soweit er wisse, koste der Dubadoo S1 doch neunhundert Euro, in Worten neunhundert, und dass Marlon das schöne Geld doch viel besser in die Ausbildung des Kindes hätte investieren können, Sörens Chinesischlehrer brauche doch schließlich auch was zwischen die Kiemen, und immer nur Hund sei ja auch keine Lösung.

Er zwinkert Wiebke zu, aber Marlon tut so, als hätte er Papas Provokation nicht gehört und nestelt überlegen an seiner Gucci-Krawatte herum.

Levke-Fee habe natürlich den alten Kinderwagen bekommen, in dem *sie* schon gelegen habe, schaltet sich Wiebke ein, das sei doch süß, woraufhin Marlon geschockt ist und sagt, das sei ja entsetzlich, der sei doch gar nicht anständig gefedert.

Aber geteert sei der, kontert Papa flink.

Sören-Wotan kichert, und ich habe das Gefühl, dass er sich mit seinem Schwiegervater gut verstehen wird.

Jetzt aber ist Marlon in seinem Element und doziert, sie seien ja verrückt, sie sollten mal an die Wirbelsäule denken, was da alles passieren könne, also an so was sollte man nicht sparen, da wäre er ganz sicher, und er würde finanziell für seinen Sören-Wotan keine Mühe scheuen.

»Aber mein Sitter-Alu-Cross ist auf Waldboden sehr gut«, begründet Papa den Kauf meiner Karre.

»Genau, da passt er sich auch farblich gut an«, flüstere ich Sören-Wotan zu, und er rollt zustimmend mit den Augen.

Marlon hingegen ist sprachlos.

Waldboden, krächzt er heiser, in der Stadt, wo gäbe es denn so was.

Überall, kommt Wiebke Papa zu Hilfe. Gereizt über so viel snobistische Arroganz kontert sie, der Dubadoo S1 sei doch nur was für reiche Latte-Macchiato-Mamis mit Manufaktum-Abo.

Marlon schnappt nach Luft, doch bevor er etwas erwidern kann, fordert Aloe-Vera ihn nun auf, mit ihr zusammen die feuchten Smartiesrollen einzusammeln, was er widerstrebend, aber doch erstaunlich folgsam und behände tut.

Alle singen noch mal ›Zehn kleine Zappelmänner‹ und wackeln debil mit ihren Händen vor unseren Köpfen hin und her.

Levke-Fee schläft bereits, während Sören-Wotan und ich das alberne Fingerspiel notgedrungen geschehen lassen.

»Sieht aus wie Arthrose-Gymnastik«, brüllt mir Sören-Wotan zu, um das begeisterte Singen der Erwachsenen zu übertönen. Ich gebe ihm Recht und denke, dass es vermutlich das Schicksal der Kinder von Spätgebärenden ist, derartige Situationen gelassen hinnehmen zu müssen.

Gegen Ende der Stunde habe ich nun das Gefühl, dass diese gemeinsame Erfahrung das zarte Band um Sören-Wotan und mich nur noch fester zusammenschweißt.

9. Mama will ihr Ding machen

Mama sucht mit mir gerade meine Füße, als das Telefon klingelt. Ein Kurator ist dran, das erkenne ich an Mamas hoher und aufgeregter Stimmlage. Sofort macht sie hektische Zeichen in meine Richtung und verschwindet mit dem Telefon in der Küche.

Ich fühle mich verlassen und schreie.

Mama kommt mit zugehaltenem Smartphone zurück, stopft mir in Windeseile den Schnuller in den Mund und rennt wieder zurück.

Also so geht das nicht, denke ich entrüstet. Entweder er oder ich.

Ich spucke den Schnuller aus und schreie so laut, dass jeden Moment mit dem von besorgten Nachbarn informierten Jugendamt zu rechnen ist.

Augenblicklich kommt Mama herein, nimmt mich auf den Arm und hopst mit mir auf dem grünen Pezziball auf und ab, was mich augenblicklich beruhigt.

Teddy beobachtet mich.

»Das ist ja fast wie auf der Kirmes«, grinst er neidisch und erklärt mir, was es mit Kirmes auf sich hat.

Lausche erstaunt seinen Ausführungen. So positiv habe ich das Gehopse noch gar nicht betrachtet und rechne es Mama hoch an, dass sie mir so was freiwillig und unentgeltlich bietet. Aus Dankbarkeit über das unerwartete Freizeitprogramm will ich mit dem Herrn am anderen Ende umgehend Freundschaft schließen und brabbele engagiert ins Telefon hinein, doch er zeigt kein Interesse, sondern sagt zu

Mama, er würde dann bei Gelegenheit einfach noch mal anrufen, vielleicht könne er das mit der Vernissage ja realisieren, aber jetzt sei wohl offensichtlich ein ungünstiger Zeitpunkt für ein kreatives Gespräch.

Mama ruft, nein, das sei kein Problem, das Nachbarkind sei bloß gerade zu Besuch, sie könne aber trotzdem alles in Ruhe mit ihm besprechen, doch er wirkt genervt und beendet das Telefonat.

Ich bin sprachlos. Mama erkennt mich nicht mehr.

Sie kann ihren Frust kaum verbergen, ich meinen aber auch nicht, weshalb ich mir wütend die Seele aus dem Leib schreie und anfange zu weinen.

Sofort scheint sie wieder zu wissen, wer ich bin, und fragt mich hilflos: »Mia-Schätzchen, was hast du denn bloß?«

Ich brülle weiter und gucke sie vorwurfsvoll an.

Mama erschrickt: »Ach Gott, Mia, du hast das verstanden?! Du bist aber sensibel! Ich habe das nicht so gemeint, der Typ kann halt nicht mit Kindern, der hat nur seine Kunst und die Kohle und Frauen im Kopf, da musste ich mir was einfallen lassen! Es ist nun mal nicht so einfach in meiner Branche, mit Kindern weiter als Künstlerin zu arbeiten, aber wir zwei, wir schaffen das schon, du bist doch mein Ein und Alles!«

Sie schnieft und fängt fast an zu weinen: »Und die Devotionalien-Ausstellung, die machen wir zusammen, ja, da hilfst du mir, oder? Das kann ich doch gar nicht ohne dich, meine Süße!«

Und sie küsst und herzt mich, dass es eine Freude ist.

Scheinbar eine Sekunden-Demenz, denke ich. Ich verzeihe Mama und schreie noch mal extra laut und lange, damit sie mit ihrer Innigkeit nicht aufhört.

Ich hab sie einfach lieb und will, dass sie zufrieden ist. Meine Mama. Manchmal weiß ich wirklich nicht, ob Mama glücklich ist. Heute zum Beispiel sagt sie, dass sie ihre Ruhe braucht. Das hätte ich auch gerne, aber immer ist einer um mich rum. Ich bin tatsächlich nie alleine, vermutlich werde ich später entweder Eremitin oder Schäferin werden müssen oder noch extremer: Dauergast im ICE.

»Ein Leben in vollen Zügen, haha«, kalauert Teddy und sucht sich ein Versteck, denn er ahnt, wo es gleich hingehen wird.

Jedenfalls will Mama partout zu Hause bleiben, um ihr Geburtserlebnis mittels eines farbintensiven Aquarells zu verewigen, so dass Papa abermals mit mir zum PEKiP-Kurs geht.

Mehr rhetorisch fragt Mama noch, ob es Papa denn auch wirklich nichts ausmache, er habe doch genau wie sie wegen Mia die halbe Nacht nicht geschlafen.

Nein, nein, ruft er beschwingt und packt mich in meinen gebrauchten Sitter-Alu-Cross.

»Ich habe auch die halbe Nacht nicht geschlafen, und mir macht es durchaus was aus, zum PEKiP-Kurs zu gehen«, bemerke ich erzürnt, aber Papa lacht nur und steckt mir den Nucki in den Mund. Engagiert stopft er Teddy mit in meinen Kinderwagen, der sich seufzend seinem Schicksal fügt.

Also treffen wir wieder meinen Geliebten, Levke-Fee, Bettina und Wiebke beim Strullern, Kullern und Lullern.

Aloe-Vera ist wie immer ganz in ihrem Element und fordert die Eltern auf, uns über den Rand eines leeren Plastik-Schwimmbeckens zu legen, in dem eine Menge bunter Bällchen ein trostloses Dasein fristen.

Gucke Teddy ratlos an, und er erklärt schwitzend, dass uns das schonend auf lange Aufenthalte im Spieleparadies schwedischer Möbelhäuser vorbereiten soll.

Verstehe das nicht, genieße aber die Berührungen Sören-Wotans, der neben mir über dem Plastikring liegend mit der Schwerkraft kämpft.

Nach einer halben Stunde erzwungenen Abhängens dürfen wir runter, denn Aloe-Vera verkündet, es sei schon spät, und sie habe heute noch zwei ganz besondere Lieder für uns vorbereitet.

Sie bedeutet den Eltern, uns auf den Schoß zu nehmen und ihr nachzumachen, was sie mit Hilfe einer Puppe demonstriert. Sie hält ihr die Kulleraugen zu und singt: »Meine Augen sind verschwunden. Ich habe keine Augen mehr.«

Spitzbübisch grinsend nimmt sie ihre Hände wieder weg und singt weiter: »Ei, da sind die Augen wieder. Tralalala-lalala.«

Bevor ich protestieren kann, geht es weiter mit ›Meine Hände sind verschwunden, ich habe keine Hände mehr‹.

Ich hab's doch gewusst. Sofort informiere ich Sören-Wotan und Levke-Fee, dass sich meine Vermutung nun bestätigt hat und der ganze Kurs eine subtile Vorbereitung auf unseren Kriegseinsatz ist.

Levke-Fee guckt mich fragend an, und ich erkläre ihr, dass wir vermutlich später zur Bundeswehr gehen und uns bei Auslandseinsätzen aktiv einbringen sollen und dieses Lied uns frühzeitig, prophylaktisch und freundlich auf die Akzeptanz eventuell fehlender Gliedmaßen einstimmen will.

Levke-Fee macht vor Aufregung ein Drückerchen auf Wiebkes Schoß.

Alle Erwachsenen lachen bei dem Spiel, doch die Lage scheint ernst, denn selbst Papa als ehemaliger Zivildienstleistender macht munter beim Singen mit.

Entsetzt entschließe ich mich, Pazifistin zu werden, und schlafe aus Protest ein.

Kurze Zeit später wache ich erschreckt von lautem Gegröle auf.

Die anderen Babys hängen auf dem Schoß der Erwachsenen und strecken passend zum Lied mit deren Hilfe die

Arme nach oben und seitwärts wie Marionetten in einem Land ohne Bindfäden, während die Erwachsenen mit Verve in der Stimme singen: »Alle Leut, alle Leut geh'n jetzt nach Haus.«

Sehr witzig. ›Gehen.‹ Hallo! Wir sind Babys.

Wir können nicht gehen. Oder sind wir keine ›Leut‹? Oder soll das Lied uns darauf vorbereiten, dass die Erwachsenen gehen und uns hierlassen? Keiner klärt uns auf, statt dessen wird munter weitergesungen.

»Alle Leut, alle Leut geh'n jetzt nach Haus.

Große Leut, kleine Leut, dicke Leut, dünne Leut. Alle Leut, alle Leut geh'n jetzt nach Haus.

Spielen ist aus.«

Und was ist mit den normal großen Leuten, den stämmigen Leuten und den Obdachlosen? Finde das diskriminierend und nehme mir vor, die ganze Sache sofort auf Facebook zu veröffentlichen. Das wird ein Shitstorm, der sich gewaschen hat.

Wir kriegen nun endlich unsere Strampler an, und ich bin froh, dass Sören-Wotan mich jetzt wieder mit Blicken ausziehen kann, denn das empfinde ich als wesentlich erotischer als die unmittelbare Präsentation nackter Tatsachen.

Aloe-Vera macht nun einen auf Französin und verabschiedet Papa mit einem Küsschen rechts und links. Papa scheint das zu gefallen, denn er errötet augenblicklich.

Scheinbar hat Aloe von seinem Schlafmangel gehört und will ihm durch Zuneigung Gutes tun, doch irgendwas daran stört mich, und ich beschließe, meine Eltern die ganze Woche durchschlafen zu lassen.

~

Nicht nur Papa ist nach den PEKiP-Kursen immer gut gelaunt, sondern auch Mama. Jedes Mal, wenn wir nach Hause kommen, strahlt sie über das ganze Gesicht, und im Hintergrund läuft Musik: Mama liebt Schuppe, Frédéric Schuppe.

Teddy ist genervt und stänkert: »Klavier, Klavier, Klavier, was anderes hat der offensichtlich nicht drauf, oh Mann.«

Ich habe das Bedürfnis, sowohl Herrn Schuppe als auch den Musikgeschmack meiner Mama in Schutz zu nehmen, und erkläre ihm: »Der konnte wahrscheinlich nicht singen, der arme Mann.«

Teddy wirkt wenig überzeugt, also versuche ich es anders: »Bestimmt war der romantisch veranlagt, hatte dann aber eine chronische Stimmbandentzündung oder eine gefährliche Koloratur-Allergie und zack, war's mit der Vielseitigkeit aber so was von aus.«

Mein Lebensabschnittsbegleiter fasst sich nun gequält an den Kopf, und ich versuche, ihn mit einem Scherz aufzumuntern.

»Manchmal hört Mama auch Gewerkschaftsmucke. – Verdi.«

Er guckt mich an und verdreht die Augen.

»Ein Kalauer«, kichere ich, »ich weiß, und ich schäme mich dafür.«

Aber nur kurz, denke ich, und sage: »Mo ist jedenfalls mehr mein Ding.«

Mo Zart hieße der, sagt Mama immer, aber wir duzen uns. Außerdem – zart ist wirklich was anderes.

»Bei dem geht's dermaßen zur Sache«, begeistere ich mich laut, »Mann, Mann, Mann, da fidelt's im Busch, und übermächtige Väter klammern wie zehn Monchichis an ihren Söhnen.«

»Und Vogelfänger suchen was zum Poppen«, erwidert Teddy und kriegt glänzende Augen.

Das muss also was Schönes sein.

Mir ist das egal, es strampelt sich jedenfalls eins a dazu.

10. Sankt Martin und der stinkende Dschinn

Mama will heute erst mit mir raus, wenn es dunkel ist.

Es ist so weit. Ich werde ausgesetzt.

Mama will sicher ein zweites Kind und braucht mein Zimmer.

Vermutlich soll ich mich im Wald verirren und im Knusperhäuschen als Vierhundertfünfzig-Euro-Kraft schuften. Nur ohne vierhundertfünfzig Euro. Prophylaktisch bitte ich Teddy, mir Dinkel-Amaranth-Kekse zum Krümeln einzupacken, an die gehen die Vögel garantiert nicht dran.

Aber Teddy ist mit Fellpflege beschäftigt und reagiert nicht, und schon gehen wir los.

Andere Mütter hatten die gleiche Idee und haben offensichtlich per Internet eine Sammelstelle eingerichtet. Zu der ziehen wir jetzt mit unseren Kinderwagen durch die Hauptstraße wie die Lemminge. Es herrscht der totale Ausnahmezustand.

Levke-Fee und Sören-Wotan sind zum Glück auch dabei, und Levke-Fee sagt aufgeregt: »So was Verrücktes, Mia, ich habe die gleiche Vermutung wie du und mir deshalb extra meinen Hello-Kitty-Schlafanzug anziehen lassen, der schreckt bestimmt jede Hexe ab.«

Sören-Wotan guckt sie anerkennend an, und ich frage ihn schnell: »Du weißt doch bestimmt, was das alles soll, du bist doch so schlau und immer gut informiert.«

Meine Strategie geht auf, denn er fühlt sich geschmeichelt.

»Das ist Karneval für Arme«, erwidert er souverän, »auch

der Gesang, dieses ›Bum-Bum-Bumbumbum‹ weist darauf hin.«

Dankbar lächele ich ihn an und beobachte das Geschehen.

Die Mütter singen monoton das gleiche Lied wie die Sklaven, und ich suche die Baumwollplantagen. Vermutlich liegen sie irgendwo hinter den naturnah gestalteten Schaufenstern, die dafür werben, gefilzte Körnerkissen zu kaufen, die mit wiederausgekotzten Körnern von freilaufenden Wellensittichen befüllt worden sind.

»Für neunundvierzig Euro neunzig ist das ja ein echtes Schnäppchen«, kommentiert Sören-Wotan die Auslage.

Ich hingegen finde das Angebot irgendwie interessant.

»Schade, dass ich kein Geld dabeihabe«, seufze ich betrübt.

»Das hat man nie beim Ausgesetzt-Werden«, betont Sören-Wotan. »Man könnte sich ja sonst einfach ein Taxi nehmen und zurückfahren.«

Der Zug zieht weiter.

»Sicher will Frau Merkel alle Erstgeborenen aus der Stadt jagen«, vermute ich laut.

Sören-Wotan greift meine Idee auf. »Das würde auf jeden Fall eine Menge Kindergeld sparen.«

Wir gucken uns an und sind ratlos.

Derweil grölen unsere Mütter das ultimative Abschiedslied.

Als Erstes ist irgendein Martin dran.

»Immerhin darf er vorher nochmal reiten«, sage ich tröstend zu meinem Freund.

Sankt Maaaartin, Sahankt Maaaartin.

»Ja, aber der hat es gleich hinter sich, und als Nächstes kommt dann wohl Sankt Mia«, murmelt Sören-Wotan traurig.

Levke-Fee hingegen niest mir ins Gesicht und sagt entschuldigend: »Ich habe eine Pferdehaarallergie.«

Vermute Gründe der Eifersucht hinter diesem Anfall und schaue ignorant an ihr vorbei, um nun endlich das herannahende Pferd genauer unter die Lupe zu nehmen.

Ich bin erstaunt und ziehe aufgeregt an Sören-Wotans Ärmel.

»Auf dem Ross sitzt gar kein kleiner Martin, sondern ein erwachsener Mann mit einem roten Besen auf dem Kopf«, berichte ich irritiert, doch bevor mein Freund etwas antworten kann, beugt sich Mama zu mir runter und erklärt uns mit salbungsvoller Stimme, der Mann sei sehr gütig und teile gleich seinen Mantel mit einem schwervermittelbaren mutig riechenden Liebhaber von preiswertem Alkohol.

Wiebke und Bettina lachen, und Mama wundert sich.

Ich hingegen warte auf die Performance.

Nichts passiert.

»Der Depp hat wahrscheinlich die Schere vergessen«, flüstert Sören-Wotan mir zu, doch die Dunkelheit macht mich müde, und ich nicke ein.

Eine Weile später wache ich erstaunlicherweise in meinem Bettchen auf. War das alles nur ein Traum? Verwirrt gucke ich mich um und werde eines Besseren belehrt, denn in meinem Bett liegt ein brauner Weckmann.

Ratlos frage ich Teddy: »Was ist hier los? Habe ich was verpasst?«

Er antwortet schmunzelnd: »Du hattest laut mitgesungen.«

Gucke ihn verständnislos an.

»Gregorianisch«, ergänzt er grinsend, »Mama ist sofort mit dir in einer hohlen Gasse verschwunden.«

Großartig. Was für eine Information.

Offensichtlich ist Mama im Widerstand. Bin stolz auf sie und denke nach.

»Meine Mutter ist vermutlich Jeanne d'Arc«, sage ich zu Teddy.

Er findet den Gedanken scheinbar witzig, denn er lacht und ergänzt: »Oder sie ist die Wiedergeburt von Marianne, diesem Nackedei aus der französischen Revolution.«

»Das kann nicht sein, Mamas Brüste hängen tiefer«, antworte ich mit Kennerblick.

Der Weckmann blinzelt mir zu und lacht.

Finde das unverschämt und beschwere mich bei Teddy.

»Der hat's die ganze Zeit gewusst, die Sau, und nichts gesagt.«

»Wahrscheinlich Westfale«, erklärt Teddy trocken und blättert weiter in der Men's Health.

Schnappe mir den Weckmann und kitzele ihn überall durch. Stelle fest, dass er keinen Piephahn hat, woraufhin ich lache und brülle: »Intellekt ist auch nicht alles.«

Teddy schaut erstaunt von seiner Zeitschrift auf.

Voller Genugtuung zucke ich mit den Achseln und schlafe erschöpft wieder ein.

~

Bin froh, dass ich wider Erwarten wieder zu Hause bin, obwohl hier durchaus auch merkwürdige Dinge passieren. Mama hat nämlich einen Raum, da nimmt sie nur mich mit hin. Dort setzt sie sich eilig auf ein festinstalliertes Loch mit weißem Porzellan drum herum.

Ohne Hose.

Das muss doch untenrum ziehen wie Hechtsuppe, denke ich irritiert, keine Ahnung, was das soll.

Interessiert schaukele ich vor ihr in meiner Wippe rum und werde nicht enttäuscht. Es dauert lediglich ein paar Sekunden, und ihre gerunzelte Stirn glättet sich wie nach dem Gebrauch von dreißig Botox-Spritzen. Man könnte sagen, eine Mutation von Catweazle zu Uschi Glas in frühen Jahren.

Das Ding scheint was mit Mama zu machen, und ich will auf den Arm und gucken. Sie will das nicht, und ich schreie.

Daraufhin seufzt sie und klagt, sie habe ja nirgendwo mehr ihre Ruhe und dass es ihr langsam wirklich reiche, aber ich finde, dass man für's Leben nie genug lernen kann und schreie weiter. Es sei ja schon gut, stöhnt sie und nimmt mich hoch.

Tatsächlich.

In dem Loch hockt ein stinkender Dschinn.

Mama guckt ihn einen Moment lang an, wünscht sich vermutlich was und stopft ihn mit einer Bürste und viel Wasser wieder in sein Loch zurück.

Die Existenz des Dschinns soll wohl geheim bleiben, das verstehe ich, und wer kann ein Geheimnis bewahren, wenn nicht ich. Dennoch würde ich gern näher ran und ihn nach der Sache mit der Verwandlung im Tragetuch fragen. Der geheimnisvolle Kerl ist aber schon weg, und meine Nasenschleimhaut verabschiedet sich auch gerade.

Mama sagt, der Typ hieße Aa.

Was für ein Angeber, muss ja wirklich wichtig sein, der feine Herr. Nicht einfach nur A, neihein, ›Ich bin der Herr Aa und möchte auch so angeredet werden‹, oho.

Wenn ich so röche, lenkte ich auch ab, denke ich und hoffe, dass wir uns nicht mehr so schnell begegnen, zumal er offensichtlich nicht gewillt ist, meine Frage zu beantworten.

Möchte aber nun doch zu gerne wissen, was Mama sich gewünscht hat. Sie hat so grimmig geguckt und den Dschinn nicht gerade sanft zurückgestoßen. Bin gespannt, ob der nochmal kommt, ich an seiner Stelle würde mir so was jedenfalls nicht gefallen lassen.

Bestimmt hat sie sich gewünscht, dass Papa mehr Zeit für sie und mich hat. In dem Punkt bin ich auf jeden Fall auf ihrer Seite und nehme mir vor, die Schlüssel von seinem Tonstudio zu verstecken, wenn er nach Hause kommt. Das Greifen klappt jetzt nämlich schon viel besser, und ich danke der Stabrassel ›Schaf‹.

~

Mama wirkt jetzt doppelt erleichtert, denn es hat sich nun eingespielt, dass nur noch Papa mit mir zum PEKiP-Kurs geht und Mama die freie Zeit für ihre Kunst nutzen kann.

Die anderen Mütter scheinen ihn für sein väterliches Engagement zu bewundern, und auch Aloe-Vera zeigt immer mehr Anerkennung durch tiefe Blicke. Mir geht das langsam zu weit, und ich zeige ihr meine intellektuelle Überlegenheit, indem ich Mamas Namen auf das Laminat drücke.

Nackt zu sein, hat also doch Vorteile.

Papa runzelt die Stirn und ruft: »Nicht, Mia!«

Ich gebe zu, dass die Ausführung mit der Intention nicht hundertprozentig harmoniert. Aber dass Papa keinerlei Interpretationsspielraum zulässt und mein Werk umgehend entsorgt, nehme ich ihm wirklich krumm.

Die Kursleiterin nestelt nun in ihrem riesigen blau-gelben Sack herum und holt Spielgeräte für uns heraus. Damit könnten die Kinder ihrem Spieltrieb freien Lauf lassen, teilt sie uns begeistert mit, das sollten die Eltern ruhig auch einmal selbst basteln, es handele sich um alte Nylonstrümpfe, die hätte sie mit Erbsen befüllt und an den Enden zugeknotet.

Wann ist dieser Kurs bloß zu Ende?

Bin weiterhin sauer auf Papa und nehme mir vor, ihn später für meine Therapiestunden ordentlich blechen zu lassen. Trotzig verweigere ich mich dem Kitzel- und Streichellied

»Eine Schnecke krabbelt hoch« durch angestrengte Reglosigkeit und warte grummelnd darauf, nach Hause gefahren zu werden.

~

Mittlerweile sind einige Tage vergangen. Ich habe ein neues Hobby und produziere den ganzen Tag Spuckebläschen. Sie sehen aus wie Seifenblasen, nur dass sie nicht wegfliegen, wenn man pustet. Mama hängt mir ein Lätzchen um, und ich protestiere entrüstet, doch aus meinem Mund kommt nur ›bum‹ und ›ga‹. Sie lacht über das ganze Gesicht und antwortet auch ›bum‹ und ›ga‹.

Ich bin begeistert über die schnelle Auffassungsgabe meiner Mutter und versuche, das Spektrum meiner sprachlichen Fähigkeiten Erwachsenen gegenüber rapide zu erweitern.

Es klappt.

Mache ›brumm‹ und fahre die Route des jungen Che Guevara durch Südamerika nach. Papa findet das toll und macht auch ›brumm‹.

»Endlich reagieren sie auf mich«, juble ich, »ein Anfang ist gemacht!«

Doch Teddy lacht nur und sagt:

»Damit kriegst du auf jeden Fall einen Job als Synchronstimme eines Pupses.«

Finde das unverschämt und pupse nun richtig und laut.

Nun lachen auch Mama und Papa und machen Pupsgeräusche mit dem Mund. Teddy schüttelt fassungslos den Kopf und sucht das Weite.

Ich lasse ihn gewähren, denn manchmal braucht man auch mal ein bisschen Abstand von Freunden, das sagt jedenfalls Mama immer.

11. Gebiss und Flasche – alles für mich

Schon wieder wache ich nachts auf, diesmal aber nicht, weil ich trinken will, sondern aufgrund von Schmerzen. In meinem Unterkiefer ist etwas Hartes, und das tut weh.

Sehr weh. Ich schreie mir die Seele aus dem Hals. Mama kommt sofort angelaufen, schaut nach und flippt komplett aus:

»Chris, komm mal schnell! Mia kriegt ein Zähnchen!«

Ich schreie lauter.

Papa kommt mit zerstrubbelten Haaren angerannt und ruft aufgeregt:

»Das ist ja toll – wo isses denn?«

Mama kreischt begeistert: »Mitte unten«, und fummelt mit ihren Fingern in meinem Mund herum.

Nun hab ich endgültig die Nase voll und schreie so heftig wie Mama bei meiner Geburt – in der Hoffnung, dass das Ding dann endlich rauskommt und wir es zur Adoption freigeben können.

Papa ruft verzweifelt: »So hilf ihr doch, das muss ja sauwehtun«, und zu mir gewandt: »Aber liebe Mia, Zähnchen brauchst du, dann kannst du später ordentlich Fleisch zerkauen, mh, lecker Bockwürstchen oder ein ordentliches Steak oder einen Doppel-Whopper.«

Mama lacht hysterisch. Ich hingegen beschließe, Vegetarierin zu werden, und schreie weiter.

Mama holt ein schmales längliches Döschen und sagt, das sei ein homöopathisches Mittel gegen das Zahnen. Sie gibt mir ein paar Kügelchen davon. Mhhh, lecker. Es schmeckt wieder wunderbar süß, und der Schmerz wird weniger.

Engagiert schreie ich noch ein bisschen, um noch mehr von dem zuckrigen Zeug zu kriegen, aber Mama durchschaut mich und stellt das Döschen weg.

»Hoffentlich beißt Mia mir beim Stillen demnächst nicht in die Brustwarze«, murmelt sie ängstlich.

Interessante Idee, finde ich, und befühle mit meiner Zunge mein Zähnchen.

Papa erwidert: »Ach was, die sind doch mittlerweile so abgehärtet wie ein Panzer.«

»Was soll das denn heißen?«, flippt Mama aus. »Du findest sie also nicht mehr schön, oder was?«

»Das habe ich doch gar nicht gesagt«, sagt Papa genervt.

»Aber gedacht!«, ergänzt Mama beleidigt.

Ich kann mir beim besten Willen nicht vorstellen, dass Papa sie nicht mag, denn ich finde, das sind die schönsten Nippel der Welt. Gut, mir fehlt der Vergleich, aber was soll daran noch schöner werden, frage ich mich und schlage in Vorfreude meinen Zahn gegen den Oberkiefer.

»Ich sage doch nur, dass du keine Angst davor haben musst, dass Mia dich beißt«, sagt Papa müde.

»Du musst ja nicht stillen«, ruft Mama frustriert, »da bist du ja fein raus und kannst große Sprüche klopfen, na toll.«

Na so was.

Bis jetzt hatte ich immer gedacht, es mache ihr genauso viel Spaß wie mir, ihre Brust mit mir zu teilen, und ich weiß nicht, was ich davon halten soll.

»Alles kann ich dir nun mal nicht abnehmen«, sagt Papa nun seinerseits frustriert.

»Was heißt denn ›alles‹?« schreit Mama. »Haha, guter Witz, wer hat denn auf seine Karriere verzichtet und jetzt keine Zeit mehr zum Malen und nie mehr die Chance auf eine Vernissage? Ich bin raus aus der Nummer, komplett raus, und du, du kannst jeden Tag schön ins Tonstudio gehen, und wer kümmert sich um die ganze Schreierei und das Füttern und die Wäsche? Ich!«

Ich wusste gar nicht, dass ich so viel Arbeit mache und überlege, nicht mehr so oft zu trinken, damit Mama mehr Zeit fürs Malen hat.

Je länger ich aber darüber nachdenke, desto mehr muss ich zugeben, dass mir der Gedanke der partiellen Abstinenz nicht gefällt. Entschieden suche ich nach Alternativen und beschließe, meine künstlerischen Ambitionen in Zukunft selbstlos in ihren Dienst zu stellen und Mama intensiv beim Malen zu helfen, denn ich habe sie sehr lieb.

Sammle sofort meine Spucke und lasse sie langsam aus dem Mund auf Papas iPhone laufen, um daraus ein modernes Tropfbild als Weiterführung von Jackson Pollocks Drip-Paintings zu produzieren.

»Ich gehe doch auch bald in Elternzeit«, wendet Papa indes ein, schnappt sich mit spitzen Fingern sein Mobiltelefon und wischt mir mit der anderen Hand angewidert den Mund ab.

So wird das nichts mit der Vernissage, denke ich entrüstet und tröste mich mit dem Gedanken, dass er vielleicht vorbeugend gehandelt hat, weil er nicht will, dass ich genau wie Pollock anfange zu saufen und früh sterbe.

»Ha! Zwei Monate! Sehr lustig! Das reicht doch hinten und vorne nicht«, ruft Mama.

»Und in den Nächten bin ich doch auch schon oft wegen Mia aufgestanden!«

»Ja, am Wochenende vielleicht mal!«

Verstehe gar nichts mehr. Wieso stehen sie wegen mir auf? Ich liege doch zwischen ihnen. Vermutlich merken sie das nicht und suchen mich panisch, während ich schlafe.

Entschlossen nehme ich mir vor, mich in Zukunft nachts

noch doller an sie zu schmiegen, damit sie meine Anwesenheit auch wirklich spüren. So kann ich sie sicher ganz wunderbar beruhigen, und dann können sie bis auf die Trink-Unterbrechungen zwischendurch endlich durchschlafen.

»Ich kann nun mal nicht stillen, was soll ich denn machen?!«, bricht es indes aus Papa raus.

»Ich doch auch nicht«, rufe ich tröstend, »was macht das schon, es reicht doch, wenn Mama das kann.«

Doch keiner hört mich, und beide schweigen beleidigt, während ich überlege, ob ich auch ohne Zahnschmerzen mit dem Schreien anfangen soll, damit sie auf andere Gedanken kommen.

Es macht mich ganz verrückt, dass sie sich dauernd streiten. Und immer geht es darum, wer ›Kinderdienst‹ hat und wer arbeiten ›darf‹. Wenn Arbeiten so was Tolles ist, dann sollen sie doch beide gehen – ich komme schon klar, und außerdem habe ich ja noch Teddy.

Pah.

Wie immer lenkt Papa als Erstes ein: »Dann lass es uns demnächst mal mit Pre-Milch versuchen, dann gebe ich Mia nachts mal die Flasche, was hältst du davon?«

Viel, denke ich, zwar liebe ich Mamas Milch über alles, aber ich mag auch die Abwechslung und fühle mich so erwachsen wie Papa, der ebenfalls dauernd aus Flaschen trinkt und davon immer ganz fröhlich wird.

»Ja«, murmelt Mama, »das ist vielleicht eine Lösung. Wenn ich nicht bald durchschlafen kann, werde ich noch ganz verrückt.«

Langsam finde ich, sie stellt sich ganz schön an. Ich schlafe ja auch nie durch. Außerdem ist sie doch eh schon ziemlich bekloppt, und genau das mag ich ja an ihr.

Doch weil sie ganz angestrengt aussieht, lächle ich sie mitleidig an. Sie nimmt mich auf den Arm, und ich spüre ihren Herzschlag.

Hoffentlich geht es ihr bald besser. Meine Mama.

~

Ein paar Tage später habe ich wieder höllische Schmerzen im Kiefer. Mama versucht, mir zu helfen, und schenkt mir eine Bernsteinkette.

Offensichtlich hat sich irgendjemand einen Spaß draus gemacht und Schmucksteine aus fossilem Harz in langen Winternächten munter auf einen Faden aufgereiht. Vermutlich brauchte der arme Mann Geld und behauptete deshalb, dass von nun an alle Babys, die was auf sich halten, die Kette tragen müssen, um ihre Zahnungsschmerzen zu lindern.

Von der Wirkung ist nichts zu spüren, doch ich akzeptiere die Kette, denn ich finde, dass sie meine weibliche Optik um einiges aufwertet.

Bin gespannt, was Sören-Wotan dazu sagt, jetzt wird er sicher nicht mehr zu bremsen sein.

Endlich!

~

Trage die Kette nun Tag und Nacht, wache aber trotzdem noch weit vor dem Morgengrauen auf und habe Hunger. Wecke Mama, denn ich will umgehend an die Brust, aber sie springt auf und rüttelt Papa mit den Worten wach, es sei jetzt so weit und er solle mal voranmachen, die Mia wäre schon da. Gerade frage ich mich, ob Papa jetzt das Stillen übernimmt, doch statt sich auszuziehen, verlässt er behände das Zimmer.

Kurze Zeit später klopft es an der Tür, und Mama ruft fröhlich: »Herein, wenn's kein Schneider ist, es ihist ohoffen!«

Papa betritt das Zimmer. Ihm war wohl kalt, denn er hat jetzt eine rote Mütze auf, trägt einen langen weißen Wattebart und Mamas roten Bademantel über seinem Schlafanzug.

Solcherart originell gewandet, sagt er mit tiefer Stimme: »Hallo Mia, ich bin der Nikolaus, und ich habe Geschenke für dich mitgebracht, mhhh, was gaaaanz Leckeres zum Trinken.«

Dabei nimmt er Mamas Brüste in die Hände und wedelt mit ihnen vor meinem Mund herum, doch Mama lacht abwehrend und gibt ihm einen Jutesack in die Hand.

Jetzt sind sie völlig durchgeknallt. Überlege gerade, ob ich sie von heute an nicht doch ab und zu mal durchschlafen lassen sollte. Das hatte ich mir ja schon mal vorgenommen, damals hat es aber irgendwie nicht geklappt; nicht zuletzt ist das aber auch Teddys Schuld, weil der mich nachts immer wieder alleine lässt, um in die Bar zu gehen.

Plötzlich öffnet Papa den Sack, holt eine Milchflasche heraus und dröhnt mit Spannung in der Stimme: »So, liebe Mia, und weil du immer brav warst, darfst du nun mal etwas Neues probieren, das ist hypoallergene Anfangsnahrung, das schmeckt gaaaaaanz lecker, das trinken gaaanz viele Babys, die können gar nicht genug davon bekommen, und weil doch heute Nikolaustag ist, darfst du das jetzt auch mal haben, ja, nun nimm das in den Mund, priiima, guck mal, sie trinkt!«

Mama ist ebenfalls voller Hoffnung und guckt mich erwartungsvoll an.

Ich lasse den Geschmack in Ruhe auf mich wirken und analysiere die Situation.

Erstens: Der Sauger ist nicht warm und die Flasche hart, kein Vergleich zu Mamas runder warmer Brust.

Zweitens schmeckt das Zeug nicht annähernd so gut wie

Mamas Milch. Ich möchte wirklich wissen, von welcher Mutter diese Plörre stammen soll, vielleicht von der Mutter eines brasilianischen Faultiers, von meiner jedenfalls nicht, so viel steht fest.

Drittens will Mama mich nicht mehr an sich ranlassen und hat mich nicht mehr lieb.

Und außerdem scheint Papa zu frieren, weshalb er sich an Mama kuscheln will und ich von der Brust wegsoll, um meine Nächte mit gefühllosen Plastikflaschen zu verbringen.

Was für unzumutbare Zustände, denke ich, wenn das das Jugendamt wüsste. Auf jeden Fall muss das Zeug sofort und ohne Diskussion wieder raus, und ich speie im hohen Bogen auf den Wattebart, Mamas Bademantel und den Jutesack.

»Ich hab dir doch gesagt, dass das nicht klappt!«, schreit Papa Mama an, und sie schreit zurück: »Ach, jetzt bin ich schuld oder was, war doch deine Idee mit der Verkleidung!«

»Aber deine Idee war das mit der Ersatzmilch«, versucht sich Papa zu verteidigen und reißt sich den Bart vom Gesicht.

»Ja, weil ich auch mal wieder Zeit für mich brauche, alle zwei Stunden stillen, das hält doch kein Schwein auf Dauer aus, ich komme mir vor wie eine Melkmaschine! Außerdem habe ich seit Ewigkeiten nichts mehr gemalt, wie denn auch, ich habe die totale Kreativitätsblockade wegen des Schlafmangels!«

»Da kann ich doch nichts für!«

»*Du* kannst deinen Job ja machen!«, schimpft sie lauthals weiter und fasst sich an den Kopf.

»Ich hab doch auch zurückgesteckt als Musiker«, wehrt sich Papa vehement, »warum bin ich denn jetzt Tontechniker, doch nur wegen der Kohle, ich hätte doch auch viel lieber weitergemacht als Gitarrist von ›The magic Soul Fuckers‹, das weißt du ganz genau, jetzt schrei doch nicht mich deswegen an!«

Er setzt sich aufs Bett und fügt nach einem Moment leise hinzu: »Aber mal ehrlich, es ist doch nicht mehr für lange, und wenn Mia das Zeug nun mal nicht mag, also ich würde das auch nicht trinken, hast du das mal probiert, das schmeckt wie Froschlaich oder noch schlimmer.«

Jawohl, denke ich, ich weiß zwar nicht, was das ist, es hört sich aber genauso widerlich an, wie die Plörre schmeckt, und ich will es niemals kennenlernen.

Mama muss ungewollt lächeln und fragt grummelnd: »Woher weißt du denn, wie Froschlaich schmeckt, lass mal probieren«, und nimmt einen großen Schluck aus der Flasche.

»Na ja, du hast recht«, sagt sie angewidert, »ein ordentlicher Kaffee ist was anderes.«

Sie probiert nochmal und ergänzt: »Ich finde, es schmeckt eher wie geschredderte Mehlwürmer in Salzlake nur ohne Salz«, und beide lachen.

»Aber der Sören-Wotan trinkt das auch neuerdings«, drängt Mama weiter, »das ist die angesagte und hyperallergene Folgemilch, und die Bettina kann jetzt auch mal weg zu ihren Pilateskursen, und das ganz ohne Zeitdruck, das will ich auch.«

»Das verstehe ich ja«, murmelt Papa zerknirscht.

»Vielleicht sollten wir in ein paar Tagen mal eine andere Sorte probieren, was meinst du?!«, fragt sie, und er nimmt sie in die Arme, streicht ihr eine Strähne hinter das Ohr und antwortet: »Natürlich, einen Versuch ist es allemal wert, Heike.«

Ich bin entsetzt.

»Plötzlich soll ich diese widerliche Brühe trinken, damit Mama Zeit für sich hat«, flüstere ich Teddy frustriert zu, und auch er schüttelt den Kopf und ergänzt: »Und nur, damit sie zu irgendwelchen Kursen über den Mörder von Jesus Christus gehen kann, ganz ehrlich, wenn das deine Oma wüsste.«

Das verstehe ich auch nicht, aber wirklich, ekeliges Zeug trinken wegen Pilateskursen kommt für mich nicht in Frage, und ich frage mich, warum Sören-Wotan das bei Bettina fraglos mitmacht. Enttäuscht werte ich das als eindeutiges Zeichen von Schwäche und fehlender Willensstärke, was sich ja letztlich auch daran zeigt, dass er sich körperlich noch nicht voll und ganz an mich rantraut.

Offensichtlich muss ich mich diesbezüglich in Geduld üben – mal gucken, was die Bernsteinkette bringt.

Ersatzmilch, igitt. Vielleicht will aber auch nicht nur Bettina, sondern ebenfalls Sören-Wotan seine Ruhe haben, bei Bettina könnte ich das jedenfalls verstehen. Meine Mama aber ist ganz anders, denn ich mag es, wenn sie bei mir ist.

Jedenfalls bin ich nun gewappnet und werde Sören-Wotan beim nächsten PEKiP-Kurs zur Rede stellen.

Männer sind wirklich anders, da hat Mama Recht.

∼

Ein paar Tage später ist es dann so weit. Zum ersten Mal denke ich, dass PEKiP einen Sinn hat, und bin gespannt, was der Rotschopf zu seiner Verteidigung zu sagen hat.

Mama besteht diesmal darauf, dass *sie* heute mit mir zum PEKiP-Kurs geht.

Papa sagt, es würde ihm wirklich nichts ausmachen, mich dorthin zu begleiten, er fände das im Gegensatz zu Marlon auch gar nicht unmännlich, aber Mama erwidert, sie sei schließlich die Mama, und der Kurs sei ja bald zu Ende, und es sei vielleicht noch einmal eine ganz gute Möglichkeit, Kontakt zu anderen Müttern zu knüpfen.

Er habe sich aber extra freigenommen, murrt Papa.

Das sei doch wunderbar, antwortet Mama, dann könne er ja in aller Ruhe die Wäsche machen und die Spülmaschine ausräumen. Das sei nämlich eh immer schwierig, wenn Mia dabei sei, der Knirps greife dann immer aus dem Tuch heraus nach den Latte-Macchiato-Gläsern, fünf seien schon kaputt, und sie habe keine Lust, schon wieder gläsermäßig aufrüsten zu müssen.

Papa protestiert, doch Mama bleibt hart. Fröhlich ruft sie ihm noch zu: »Aber von unten anfangen, Chri-his«, und verschwindet mit mir aus dem Haus.

Die anderen Mütter und Levke-Fees Tante Wiebke wollen kurz vor Kursende scheinbar ebenfalls nochmal Präsenz zeigen, und so sitzen Mama, Bettina, Wiebke und fünf andere Spätgebärende hochmotiviert im Kursraum zusammen und schwitzen.

Aloe-Vera schaut die ausschließlich weiblichen Teilnehmer missmutig an und fragt, wie die Mütter und ihre Babys die letzte Woche verlebt hätten.

Mama erzählt sofort bereitwillig von meinem Erstkontakt mit der allergenarmen Folgemilch, gibt die Anekdote mit dem Froschlaich- und Mehlwurm-Vergleich zum Besten und lacht so befreit wie ein Ex-Vegetarier nach seiner ersten Bratwurst – zumindest würde Opa das so formulieren und sich dabei vergnügt auf seine breiten Schenkel schlagen.

Die ganze Runde starrt nun Mama an und schweigt. Daraufhin wird sie wieder ernst und fragt, ob jemand einen Tipp habe, wie sie mich an die Ersatzmilch gewöhnen könne. Alle schweigen weiter.

Aloe-Vera fasst sich als Erste und sagt mit sanfter, aber fester Stimme, ob sie denn nicht wisse, dass man als Mutter doch wohl mindestens sechs Monate lang stillen solle, sonst würde das Kind nicht robust genug gegen Krankheiten werden, und vor allem habe es keinen Schutz vor möglichen Allergien und Nahrungsunverträglichkeiten, und ob sie sich denn gar nicht mit Literatur zu dem Thema beschäftigen würde.

Jetzt ist Mama baff. Aber nur kurz. Dann erwidert sie schnippisch, dass sie sich schon mit Literatur beschäftigen würde, aber doch eher mit Thomas Mann und Konsorten, und ihr wäre neu, dass Thomas Mann eine Abhandlung über das Stillen geschrieben hätte. Zumal er zwar Kinder gehabt habe, aber eben doch schwul gewesen sei und somit sicher anderen Interessen den Vorrang gegeben hätte, was man ja am ›Tod in Venedig‹ unmittelbar spüren könne, und ob Aloe-Vera diese Novelle etwa nicht gelesen habe, die gehöre schließlich zur Allgemeinbildung. Teddy horcht auf, Bettina kichert, und wir Babys sind gespannt, wie die Sache weitergeht.

Das Dumme ist nur, dass ich Aloe-Vera ausnahmsweise Recht geben muss, denke ich zahnknirschend, denn Stillen finde ich auch sehr wichtig. Ein Leben ohne Mamas Brüste kann ich mir gar nicht vorstellen, aber ganze Bücher über das Thema zu lesen, ist nun wirklich übertrieben, und ich finde, Thomas Mann hat gut daran getan, darüber nicht zu schreiben.

Mittlerweile schaukeln wir in großen bunten Baumwolltüchern, die so aussehen, als hätten sie kokablattkauende Andenbewohner im Delirium zusammengehäkelt. Je zwei Mütter halten die Enden fest und schwingen uns hin und her.

Mir wird schlecht, und während ich noch darüber nachdenke, welches Ende des Tuches ich gleich mit geronnener Muttermilch verschönern werde, höre ich, wie Mama hinzufügt, dass natürlich erstaunlicherweise sogar *sie* jetzt mitbekommen habe, dass es ganz neue Studien zum Thema Stillen gäbe und ob Aloe-Vera das denn nicht wisse, es sei mittlerweile angeraten, nur noch vier Monate zu stillen.

Die PEKiP-Trulla wird puterrot, und ich bin sicher, dass das diesmal nicht der Hitze geschuldet ist.

Auch ich schwitze bei diesem Streit, denn ich bin hin- und hergerissen zwischen Person und Inhalt – das war jetzt auf jeden Fall ein Punkt für Mama, mit dem ich in der Positionierung allerdings nicht einverstanden bin.

Ungehalten raunze ich Sören-Wotan an: »Sag mal, wieso trinkst du diese Ersatz-Plörre – bist du eigentlich vor gar nichts fies?«

Er guckt mich erstaunt an. »Wieso, ist doch klasse, wenn Papa auch mal nachts ranmuss. Echt, Mia, wer ist denn hier der Emanzipiertere von uns beiden?«

Oje, unser erster Streit.

»Ja, aber ich finde, Aloe-Vera hat recht«, mischt sich Wiebke nun ein, »da soll man doch lieber vorsichtshalber auf Nummer sicher gehen, und sechs Monate sind ja nun wirklich keine lange Zeit.«

»Genau«, sage ich zu Sören-Wotan, »das schafft doch wohl jede Mama. Dein Papa kann ja stattdessen das Wickeln übernehmen.«

»So was macht der nicht«, antwortet er stolz.

»Du hast gut reden«, sagt Mama indes zu Wiebke, »du stillst ja nicht.«

»Wie denn auch als Tante«, antwortet Wiebke gekränkt, »aber ich habe immer abgepumpte Milch von Levke-Fees Mutter dabei. Falls ich doch mal etwas länger mit ihr unterwegs sein sollte, bin ich dadurch komplett flexibel, das solltest du auch mal probieren. Milchpumpen sind heute übrigens auch gar nicht mehr so teuer.«

Sie redet sich in Rage.

»Da gibt es elektrische sogar auf Rezept, oder kauf dir direkt eine Doppelpumpe, dann kannst du beide Brüste auf einmal abpumpen, oder du nimmst eine Handpumpe, da hast du gleich noch ein Armtraining mit dabei, also du *musst* einfach pumpen, das Kind braucht Muttermilch!«

Schweigend guckt Mama erst Wiebke und dann die von Neurodermitis geplagte Levke-Fee an.

»Wogegen soll die Muttermilch nochmal gut sein?«, fragt sie flüsternd und zieht ihre Augenbrauen hoch.

Jetzt ist Wiebke entrüstet: »Brauchst gar nicht so zu gucken, Levke-Fees Neurodermitis ist vererbt, da kann man nichts machen. – Also wenn ich nochmal Mutter wäre, würde ich richtig lange stillen.«

Ich überlege, mich von ihr adoptieren zu lassen.

»Stillen bis der Schulbus kommt, oder was«, kichert Bettina.

»Warum nicht?«, antwortet Wiebke. »Wenn es hilft? Ist außerdem viel billiger.«

Jetzt sind Bettina und Mama sprachlos.

»Genau«, kommt Aloe-Vera Wiebke eifrig zu Hilfe, »das ist die richtige Einstellung. Ich bin im Übrigen seit vielen Jahren engagiertes Mitglied im Verband freier Stillgruppen.«

»Im Verband freier waaas?«, ruft Mama ungläubig.

»Im Verband freier Stillgruppen. Die klären darüber auf, dass es in anderen Kulturen ganz normal ist, ein paar Jahre zu stillen, wie das Volk der Dogon in Afrika oder der Stamm der Kung in der Kalahari.«

Wieso sagt einem das keiner. Da muss ich unbedingt hin. Sören-Wotan und Levke-Fee signalisieren mir begeistert, dass sie gewillt sind, mitzukommen.

»Um Gottes willen«, ruft Bettina, »bei denen habe ich mal vor Jahren einen juristischen Vortrag gehalten, da hatten die alle ihre Kinder dabei, das war furchtbar.«

»Bei den Kung?«, fragt Aloe-Vera interessiert.

»Nein, in Köln-Porz. Beim Verband.«

»Ach so. – Warum war das furchtbar?«, fragt Aloe-Vera irritiert und geht in Verteidigungshaltung.

»Grauenhaft! Die Kinder sind doch tatsächlich zwischendurch zu den Müttern gerannt, haben deren T-Shirt hochgeschoben und ›sich selbst angelegt‹. Und dann haben die in aller Öffentlichkeit an den Brüsten genuckelt wie ein Ferkel an der Muttersau, und alle fanden das NORMAL!«

»Klasse«, rufe ich Sören-Wotan und Levke-Fee zu und vergesse darüber meine Übelkeit, »das geht also auch hier, und die können sogar schon laufen! Das will ich auch. Laufen können und bis zum Abitur gestillt werden. Oder zumindest bis zur mittleren Reife.«

Sören-Wotan stimmt mir begeistert zu: »Genau, dann müssen in der Schule alle Mütter auf dem Pausenhof strammstehen.«

Levke-Fee kichert und sagt: »Die packen wir dann in riesige Tupperdosen, und ab und an wird auch mal getauscht.«

Wir lachen und freuen uns über die diesmal wirklich unterhaltsame PEKiP-Stunde. Muttermilch ist einfach das Beste, was es gibt, da sind wir uns einig.

»Und um die kleinen Babys nicht aufzuwecken«, fährt Bettina indes fort, »haben sie nach meinem Vortrag nicht geklatscht, sondern ihre Hände in die Höhe gehalten und sie exstatisch hin- und herbewegt, als hätten sie Parkinson im Endstadium.«

»Dann stammt von denen sicher das Lied *Wie ein Fähnchen auf dem Turme*, bei denen die Erwachsenen immer die Hand so bescheuert hin- und herdrehen«, flüstere ich Sören-Wotan zu, und er grinst zustimmend.

Mama kann sich nicht mehr halten und wiehert wie ein Pferd mit vorgetäuschter Bronchitis, doch Aloe-Vera findet das gar nicht witzig und sagt, es müsse ja jeder selber wissen, und sie habe ja schließlich keine Kinder, aber sechs Monate, das sollte man sich doch nun wirklich die Gesundheit der Kinder kosten lassen.

»Keine Kinder, Gott sei Dank«, sage ich.

Sören-Wotan wirft mir einen Blick zu und brummelt: »Dann muss man auch nicht wickeln.«

Nun dürfen wir aus dem Tuch, und ich hoffe inständig, dass er unseren Streit schnellstens vergisst.

Beim Rausgehen murmelt Mama noch: »Danke für die Hilfe, hat mir echt was gebracht, die Stunde«, und ich stimme ihr zu.

Ich lächle Sören-Wotan verschmitzt an, doch er hat die Übelkeit scheinbar nicht im Griff und übernimmt nun souverän die Verschönerung des PEKiP-Equipments.

12. Endlich kommt Bewegung ins Spiel

Ich habe Schmerzen. Versuche es mit einem Kopfstand, in der Hoffnung, dass der Zahn einfach aus dem Unterkiefer rausfällt. Gelänge mir das, hätte ich endlich meine Ruhe, aber leider bin ich motorisch immer noch eine echte Niete, und das frustriert mich.

Mama sitzt an der Staffelei und versucht, mich mit stumpfen Bleistiften auf Papier weichzuzeichnen. Ich bin froh, dass ich Windel und Strampler anhabe, denn zum Nacktmodell fühle ich mich nicht berufen – um ehrlich zu sein, wäre ich lieber auf der anderen Seite des Zeichenblocks.

Vermutlich hatten alle Aktmodelle von Georg Baselitz Zahnschmerzen im Unterkiefer. Mama hat mir die Bilder mal gezeigt, die stehen alle auf dem Kopf.

Es muss wahnsinnig anstrengend gewesen sein, so lange unbeweglich auf dem Kopf stehend auszuharren. Da kann man nur hoffen, dass er sie für ihre akrobatische Beharrlichkeit gut bezahlt hat. Der Schmerz wird schlimmer, doch ich gebe nicht auf, so ein Kopfstand kann doch nicht so schwer sein.

Nachmittags gehen Mama und ich zum letzten Mal zum Rückbildungskurs. Endlich! Mama sagt, danach könnten wir dann endgültig den Kontakt zu Gudrun-Rudolf-Steiner Wiebkötter abbrechen, wir müssten nur noch ein Mal die Zähne zusammenbeißen.

Sehr witzig, wie soll das gehen, mit nur einem Zahn.

Papa zückt sein Smartphone, verkneift sich ein Grinsen und wünscht uns viel Spaß.

Mama guckt säuerlich und sagt, mit Spaß habe das nichts zu tun, aber diese Kurse seien nun mal sehr wichtig, ›da unten‹ sei ja alles anders als vorher.

Papa seufzt zustimmend.

Bei mir ist unten auch alles anders als vorher, denn meine Windel ist voll.

Was für eine Sauerei, zum Glück muss ich das nicht wegmachen, sondern Papa, und ich bin froh, dass *er* mein Papa ist und nicht dieser schnöselige Marlon – Sören-Wotan tut mir echt leid.

Einige Zeit später liege ich wieder unter meinem Teebeutel-Mobilé, und die Eichelmännchen freuen sich, mich noch ein letztes Mal zu sehen.

Wie befürchtet, stapft nun Frau Rudolf-Steiner Wiebkötter in den Raum und befiehlt den Müttern sogleich, ihr Becken rhythmisch nach vorn und nach hinten zu kippen, dabei aber nicht zu weit rauszuschwimmen.

Keiner lacht über ihren Scherz, und der Gesichtsausdruck der Hebamme wird noch grimmiger, woraufhin alle Mütter verzweifelt ihre Becken trainieren, um bloß nicht aufzufallen.

Ich kann die hochroten Gesichter nicht mehr mit ansehen und drehe mich um. Daraufhin flippt Mama komplett aus.

»Ich werd verrückt, Mia hat sich zum ersten Mal gedreht!«, schreit sie wie von Sinnen.

Gudrun-Rudolf-Steiner Wiebkötter eilt herbei und sagt trocken: »Irgendwann musste das ja passieren.«

Mama ignoriert die Bemerkung und versammelt alle anderen Mütter um mich herum, die wiederum froh über die Ablenkung sind und begeistert applaudieren.

Die Hebamme schreit: »So besonders ist das ja nun nicht, Kinder drehen sich alle irgendwann, also hopphopphopp, alle wieder an ihre Plätze, wir machen jetzt die Baumstamm-Camembert-Übung.«

Ich empfinde die Aussage als verletzend, ist es doch schließlich mein erstes Mal, und da kann ein oller Käse doch wahrlich nicht gegen anstinken.

Mama lächelt mich an und wirbelt mich durch die Luft, bevor sie mich wieder unter dem Teebeutel-Mobilé ablegt. Ich bin stolz wie Oskar und mache souverän eine Drehung zurück in Richtung Mamas Matte. Wenn das so weitergeht, kann ich bald laufen.

Sie tätschelt mir die Beine, legt sich dann aber auf den Bauch, und ich denke noch, dass sie sich jetzt zusammen mit mir durch die Gegend drehen will, doch sie schlingt die Beine umeinander und presst sie auf Anweisung von Gudrun-Rudolf-Steiner Wiebkötter zusammen, als seien sie zu einem Baumstamm zusammengewachsen.

Ich finde das sehr interessant und warte darauf, dass an ihren Armen nun Äpfel wachsen, doch bevor das passieren kann, lässt sie auf Befehl der Hebamme ihre Beine plötzlich wieder locker.

»Seht ihr, jetzt könnt ihr zerfließen wie ein Camembert«, sagt sie mit ernster Miene, »bevor ihr wieder zum festen, starken und dicken Baumstamm werdet.«

Das finde ich nun wirklich albern. Nutze meine neuen Fähigkeiten, um mich zur Seite zu drehen, und schlafe ein.

～

Auch der PEKiP-Kurs geht nun zu Ende, sagt Papa. Heute gehen wir zum letzten Mal!

Ich atme auf und strample ein wenig vor Freude.

Dann sagt Papa entschuldigend, dass die anderen heute leider keine Zeit hätten und wir somit die letzte Stunde ohne meine kleinen Freunde ›genießen‹ dürften.

Papa wird auch immer zynischer.

Umso mehr freue ich mich, dass wenigstens Teddy dabei ist, denn Papa hat ihn in seinem Versteck unter meinem Bett gefunden und ihn zu mir in den Kinderwagen gelegt. Heiter grinse ich ihn an, doch er verdreht genervt die Augen.

Kurze Zeit später betreten wir den Kursraum und staunen. Aloe-Vera hat mit circa einhundert angezündeten Kerzen auf den Fensterbänken für ein – wie sie sagt – behagliches Ambiente gesorgt.

Sicher sind die Heizungen ausgefallen, denke ich zuerst, doch es ist dermaßen heiß hier, dass selbst Papa nach ein paar Minuten völlig hemmungslos mit nacktem Oberkörper in der Runde sitzt.

»Ausziehen – das würde ich auch gerne können«, jammert Teddy und sucht mit Blicken nach dem Wassereimer.

Man könnte meinen, die Kerzen rüsteten mit den aufgedrehten Heizungen wärmetechnisch um die Wette. Auch Aloe-Vera lässt das nicht unbeeindruckt und sitzt nun in einem durchsichtigen Top in unserem Spielkreis.

Oh – mein – Gott.

In der letzten Stunde legt sie tatsächlich in puncto Geschmacklosigkeit nochmal einen drauf.

Sie lächelt Papa an und sagt, dass heute ja nun die letzte Stunde sei und sie deshalb für alle Erwachsenen Prosecco mitgebracht habe und für die Kinder zum Betasten tolle Gefrierbeutel mit gefärbtem Wasser, die habe sie selbst gebastelt.

»Na dann herzlichen Glückwunsch«, sagt Teddy trocken und schüttelt verständnislos den Kopf.

Finde die Dinger ebenfalls lächerlich und suche meine Hände nach einem spitzen Fingernagel ab. Leider hat Mama sie mir gestern alle geschnitten.

Manchmal habe ich das Gefühl, dass sie in die Zukunft sehen kann.

Teddy wirkt enttäuscht und guckt sich nach einer Alternative um. Er sieht Papas Schlüsselbund aus dessen Hosentasche herauslugen und gibt mir ein Zeichen.

Perfekt.

Ich drehe mich zur Seite und schnappe nach dem Ding. Papa unterhält sich glücklicherweise angeregt mit Aloe-Vera und merkt nicht, was um ihn herum vor sich geht.

Das ist meine Chance.

Ich rolle mitsamt Schlüssel zurück und steche das Ding in den Gefrierbeutel.

»Jawoll!«, ruft Teddy begeistert und bringt sich hinter Papa in Sicherheit. Aloe-Vera schreit auf, mit einem Seitenblick auf Papa fasst sie sich aber schnell wieder und holt behände Eimer und Lappen.

»Ich mach das schon«, sagt Papa lächelnd und streckt die Hand aus. Bei der Lappenübergabe lässt er ihre Hand ein wenig zu spät los, und ich hoffe, dass sie einfach noch klebrig von der ganzen PEKiP-Bastelei ist.

Trotzdem merkwürdig.

Teddy hat es auch bemerkt und guckt mich an: Papa mag die PEKiP-Bitch!

Ich bin aufrichtig entsetzt und nehme mir vor, sie nicht mehr aus den Augen zu lassen.

Aloe packt nun zahlreiche Deckel von Baby-Gläschen aus, in die sie Löcher gestanzt und dann mit einer Schnur dergestalt aneinandergeklöppelt hat, dass sie störend aneinanderscheppern.

Ich fasse es nicht.

»Die Frau scheint keinen Fernseher, keine Freunde und keine Bügelwäsche zu haben«, sage ich bestürzt zu Teddy.

Er ergänzt grinsend: »Und kein Youporn.«

Damit kann ich nichts anfangen, stelle mir aber vor, wie sie abends in ihrem kleinen altrosafarbenen Zimmerchen an einem Tisch mit abgerundeten Feng-Shui-Ecken sitzt, salzarme Baby-Gläschen leer löffelt und weinend wegen der partout nicht recycelbaren Deckel wiederverwertbares PEKiP-Spielzeug für Babys bastelt, die sich nicht wehren können.

Erschüttert erzähle ich das Teddy, und er ergänzt schwitzend: »Wahrscheinlich hört sie auch Schlagermucke und stellt sich vor, wie Florian Silbereisen halbnackt und nur mit Gläschendeckeln auf den Brustwarzen bekleidet ihren Namen auf tschechisch-slowakisch mit einem Hauch oberschlesisch auf ihrem Sitzsack tanzt.«

Weiß nicht, wer Florian Silbereisen ist, muss aber trotzdem lachen und rolle mich vergnügt durch den Raum.

Papa ahnt von alldem nichts, lobt die Deckel und sagt, Aloe-Vera sei ja so kreativ, das fände er toll, also wie sie aus einfachen Dingen solch tolles Spielmaterial für die Kleinen basteln würde, das würde ihr so schnell keiner nachmachen.

Aloe-Vera wird rot wie ein Pavianhintern.

Er selbst könne ja nur jonglieren, erklärt er mit Understatement und beweist das behände unter Zuhilfenahme von drei der buntbewässerten Gefrierbeutel.

Seine Darbietung verfehlt ihre Wirkung nicht, denn die PEKiP-Trulla klatscht begeistert und schenkt ihm noch ein weiteres Glas Prosecco ein.

»Ich hätte auch gerne eins, dann könnte ich schneller vergessen«, brummelt Teddy neidisch.

Jedes Baby kriegt nun eine von den Deckel-Schlangen in die Hand. Wir gucken uns an, verdrehen die Augen, zucken die Achseln, ergeben uns unserem Schicksal und scheppern und rasseln, was das Zeug hält. Aloe-Vera freut sich sichtlich und ruft den Eltern zu, sie müsse nochmal kurz im Vorratsraum nach eine weiteren Flasche Prosecco suchen. Sofort springt mein halbnackter Papa auf und bietet ihr an, ihr bei der Suche zu helfen, die anderen Mütter sollten doch bitte mal eben ein Auge auf seine Mia haben.

»Merkwürdig«, sage ich zu Teddy, »zu Hause hasst er es, bei der Getränkebeschaffung zu helfen.«

Mein Busenfreund hört das nicht, denn er hält sich immer noch die Ohren zu.

Die Mütter nicken und quatschen weiter über wunde Brustwarzen, das Abstillen und die erste Beikost, was auch immer das ist.

Vor Aufregung puschere ich erst mal auf die Deckel, die ab jetzt wenigstens nicht mehr nach alten Lebensmittelresten riechen.

Nach eine Weile kommen Papa und Aloe mit der Sektflasche wieder, die in einem Raum gelagert worden sein muss, in dem es noch heißer ist als in unserem Kursraum, denn Aloe-Veras Top hängt nun aus ihrer Pumphose raus, die ihrerseits um einiges tiefer hängt als kurz zuvor. Papa ist ganz rot im Gesicht, und ich mache mir langsam Sorgen.

Hoffentlich kriegt er kein Fieber.

Die versammelten Mütter bemerken nichts und sind mit Jammern über den andauernden Schlafmangel beschäftigt.

Zum Schluss singen alle etwas von einer Schlange, die früh am Morgen wach wird, sich räkelt und streckt und mich begrüßt. Teddy winkt gelassen ab, doch ich kriege Angst vor Reptilien und bin froh, dass der Kurs nun vorbei ist und Papa und Aloe-Vera sich unter dem Blick meiner Argusaugen nicht mehr getraut haben, sich über Gebühr hinaus miteinander zu beschäftigen.

Endlich.

13. Nussknackerpopo

Draußen wird es jetzt immer sehr früh dunkel, und Mama macht in den letzten Wochen viel mehr Kerzen an als sonst. Vermutlich hat Papa ihr von Aloe-Veras Gefühl für Stimmung erzählt, und nun will sie mit ihr wetteifern. Erstaunt sage ich zu Teddy: »Ich bin froh, dass wir im Wohnzimmer nur *eine* Heizung haben«, und er nickt zustimmend mit dem Kopf.

Oma stellt einen kleinen Stall auf den Boden und ein paar bemalte Holzfiguren dazu.

Mit großem Ernst erklärt sie mir, die Frau, das sei die Maria, und deren Mann hieße Josef, und das seien die Eltern vom Jesuskindchen, das würde an Weihnachten geboren und sei deshalb noch nicht in seinem Bettchen, und außerdem hieße das in dem Fall Krippe.

Aha.

Opa streut eine Handvoll Stroh hinein und sagt, so würde die ganze Sache authentischer.

Verstehe nun gar nichts mehr. Wenn ich so was mache, wird das als Sauerei abgetan und sofort weggefegt.

Als ob das noch nicht genug wäre, stellt Mama nun Männer mit Stäben dazu, die sehr, sehr missmutig dreinblicken, sowie glitzernde Turban-Träger in hübschen Gewändern. Einer davon muss Schornsteinfeger sein, denn er ist sehr schwarz im Gesicht.

Mama sagt, das seien Caspar, Melchior und Balthasar, und der Melchior, der sei ein stark pigmentierter Mensch mit Migrationshintergrund, der von weit her gereist sei.

Aha.

Sie ergänzt das urbane Weihnachts-Geschwader mit Ochsen, Eseln und einer Holzgiraffe.

Sofort meckert Papa, was das denn mit der Giraffe solle, die gehöre doch gar nicht dazu.

Mama antwortet, er solle mal ein bisschen toleranter werden, die hätte sich eben verlaufen und würde dem Ganzen eine besondere und individuelle Note verleihen.

Ein Schaf, das sei in Ordnung, beharrt Papa auf seiner Meinung.

Giraffe, sagt Mama.

Schaf. Papa bleibt hartnäckig.

Giraffe, insistiert Mama.

Dann solle sie ihr wenigstens ein Fell drankleben, fordert Papa.

Aber Mama lässt sich nicht umstimmen, und Papa gibt auf und seufzt, sie mache ja eh immer, was sie wolle.

Mama ignoriert die Bemerkung und dekoriert weiter.

In der Tat ist sie schwer beschäftigt mit dem Aufstellen der kleinen Holzfigürchen und sagt zu Papa, es sei wirklich gut, Kinder zu haben, da habe man keine Zeit mehr für Depressionen.

Papa nickt zustimmend.

Sie habe aber erstaunlicherweise trotzdem welche, fügt sie an. Tröstend erwidert er, das sei sicher nur der Schlafmangel, und alle zwei Stunden zu stillen hinterließe eben seine Spuren.

Wie er das meine, horcht Mama auf, was für Spuren das denn seien, ob er sie nicht mehr attraktiv fände, oder was.

Natürlich fände er sie noch attraktiv, sagt Papa und verdreht die Augen, und wenn er ehrlich sei, ihre Brüste wären momentan wirklich schön prall, das fände er also wow.

Ach so, vorher seien sie ihm also zu klein gewesen, oder was, ruft sie entrüstet.

Nein, antwortet er, aber er könne ja jetzt wirklich sagen,

was er wolle, es wäre ja eh immer das Falsche, eine klassische Lose-Lose-Situation, und er würde jetzt losfahren, um einen Tannenbaum zu kaufen.

Gerade frage ich mich noch, was ein Tannenbaum mit Mamas Brüsten zu tun hat, da schlafe ich ein. Träume davon, dass Papa aus den Ästen eines kleinen Tannenbäumchens eine Konstruktion zum Halten von Mamas Brüsten als Vorbeugemaßnahme für den offensichtlich zu erwartenden abgeschlafften Zustand nach dem Abstillen zimmern will und dass das Mama gefällt und sie die ganze Idee künstlerisch verarbeitet, indem sie sich in einer Ausstellung nackt mit genannter Konstruktion unter ihren sogenannten sekundären Geschlechtsmerkmalen als eine Art Hommage an Salvador Dalí präsentiert.

Träume weiter, dass ihre Brüste sich langsam in Uhren verwandeln, die immer schlaffer und schlaffer werden, ja, die sich am Ende sogar schmelzend über die Astgabeln hängen, und dass das Kunstpublikum diese Performance beklatscht und bebuht, wie es sonst nur bei Auftritten von Joseph Beuys der Fall ist, und Damien Hirst sich über die Konkurrenz ärgert, und Mama inständig bittet, ihre Brüste mit Brillanten tätowieren zu dürfen.

Schweißgebadet wache ich von einem lauten Hämmern auf. Papa ist wieder da und hackt auf dem Balkon an dem Stiel eines riesigen Tannenbaums herum. Späne tanzen durch die Luft, und er schwitzt und flucht wie ein Droschkenkutscher aus einem Charles-Dickens-Roman.

Papa macht wirklich ernst, er will Mamas Giraffe toppen.

Offensichtlich scheint es sich um eine echte Ehekrise zu handeln, und ich mache mir Sorgen.

Zu allem Überfluss kommt auch noch Nachbar Lutz rüber und gibt Tipps.

»Du musst hier noch ein bisschen schräger, sag mal, ist das eigentlich Nordmann? Ich hab ja diesmal Blaufichte gekauft, die geht besser in den Ständer rein.«

Ich horche auf.

Die haben auch einen Baum.

Bei Lutz und Wiebke kriselt es also auch.

Papa geht nicht darauf ein und hievt das Ding ins Wohnzimmer. Offensichtlich zieht er das eiskalt durch, und ich bin fast ein bisschen stolz auf ihn.

Das Blöde ist nur: unser Gemeinschaftsraum ist jetzt halb voll mit einem BAUM.

Lutz unkt: »Da kriegt der Begriff Zimmerpflanze eine ganz andere Bedeutung.« Er zwinkert Papa zu und verlässt uns mit den Worten, er wolle jetzt seine dichte Fichte auch mal einstielen, er könne aber in fünf Minuten wieder da sein, falls Papa noch Hilfe benötigen sollte, haha.

Papa grunzt etwas Unverständliches und begutachtet sein Werk.

Eine ausgewachsene Tanne als Zimmerpflanze, denke ich und sage entschuldigend zu Teddy: »Meine Eltern suchen eben in allem was Besonderes, da kann man nichts machen.«

Teddy guckt dem Nussknacker auf den Popo und antwortet nicht.

Indes lässt sich Mama von Papas Attacke nicht unterkriegen und beweist Humor. Sie täuscht Begeisterung vor und lobt ihn in höchsten Tönen.

So ein ausgebufftes Luder, denke ich, und beobachte gespannt, wie die Sache weitergeht.

Ich werde nicht enttäuscht, denn Mama setzt in ihrer Extravaganz noch einen drauf und behängt den Baum mit roten Kugeln und Strohsternen. An den unteren Ästen befestigt sie kleine Figuren und freut sich wie ein überengagierter Lachsack.

In Augenhöhe glotzen mich jetzt Nussknacker mit riesigen Gebissen an, Nüsse-Zermalmer, die ihre Zahnreihen blecken, als wollten sie dem Dentagard-Biber Karies-und-Baktus-mäßig ein Schnippchen schlagen.

Selbstbewusst glotze ich zurück und zeige ihnen meinen Zahn.

Erstaunlicherweise reagieren sie nicht und gucken weiterhin bedrohlich und aggressiv, denn sie sind die Chefs, das merke ich sofort, und das imponiert scheinbar allen.

Neben ihnen erhängen sich Engel, die Saiteninstrumente spielen. Kleine Zwerge mit roten Filzmützen und langen Bärten schaukeln dazu demütig und resignierend im Takt.

Das alles verbreitet eine morbide Stimmung, völlig unangemessen wie ich finde, denn es geht dabei doch um die Ankunft von Gottes Sohn, und der muss eine ganz große Nummer sein, zumindest behauptet Oma das immer.

Entschlossen raune ich Teddy zu: »Ich würde den Kerl gerne anrufen und ihn bitten, ein paar Tage früher zu kommen, wenn es geht am besten sogar noch heute, was hältst du davon?«

Teddy antwortet: »Den kann man nicht anrufen, der ist noch nicht geboren.«

»?«

»Nimm es einfach hin, Mia.«

»Haha«, erwidere ich, »der kommt doch angeblich jedes Jahr aufs Neue, das hat Oma gesagt, und alle kennen den und freuen sich auf seine Ankunft, da muss er doch schon groß sein und auch schon was erlebt haben.«

»Der kommt eben immer wieder«, erklärt Teddy gelangweilt, »das ist der Sohn von Maria«, und er zeigt auf die Krippe, die Mama aufgestellt hat.

»Und Josef«, betone ich.

»Nicht direkt«, wiegelt Teddy ab.

»Was soll das heißen?«, frage ich verständnislos und fühle mich veräppelt.

»Jesus ist das Kind von Gott, und Josef ist sein Vater.«

»?«

»Ach so, man kann zwei Väter haben wie die Kinder von Elton John und David Furnish und so ...«

»Nein, so meine ich das nicht.«

Ich überlege fieberhaft: »Dann ist Maria fremdgegangen? Wow! Da ist der Josef aber tolerant – oder ahnt der nichts oder was? Also ich käme damit jedenfalls nicht so ohne weiteres klar.«

»Gott ist zu ihr gekommen und hat gesagt, dass sie ein Kind von ihm kriegt und dass das der Erlöser sei«, sagt Teddy ungerührt.

»Das kann ja jeder behaupten«, antworte ich entrüstet, »also mich würde der mit so was nicht rumkriegen.«

Nehme mir vor, genauestens auf Sören-Wotans Wortwahl zu achten, wenn es so weit ist. Diese Erlöser-Geschichte ist mir alles andere als geheuer.

Indes klatscht Papa in die Hände und versucht nun seinerseits, das Ganze noch zu überbieten. Er schnappt sich die Lichterkette, die ich mir während des Gesprächs mit Teddy um den Leib gewickelt habe, um auch mich zum Kunstobjekt zu erhöhen und Mama in ihrer Performance beizustehen.

Er lacht mich an, rollt mich aus und versucht, die Kette um den Baum zu schwingen, doch sie gleitet immer wieder ab. Kann mir ein überlegenes Grinsen nicht verkneifen, denn ich bin es leid, dass meine Kunst immer den Ideen der Erwachsenen weichen muss.

Mama lacht und ruft Papa zu: »Guck mal, Mia gefällt es!«, doch Papa grunzt und kämpft weiter mit dem Licht und dem Baum. Mama kommt ihm nun zu Hilfe und schlussendlich haben die Nussknacker in der Aufmerksamkeit gesiegt, werden sie doch von nun an auch noch lichterhell angestrahlt.

Opa und Oma lächeln zufrieden, und meine Eltern liegen sich in den Armen und wirken ganz beseelt. Der Streit scheint beigelegt zu sein, und darüber bin ich so glücklich, dass ich bereit bin, mit den Nussknackern Frieden zu schließen.

Wenn sie dabei helfen, dass Mama und Papa sich als Paar wieder finden, dürfen sie ausnahmsweise gerne ein Weilchen bei uns wohnen.

Unterdrücke meine Rührung und greife mir lieber den Josef, um ihn mit mehreren Drehbewegungen vor der offensichtlich nymphomanen Maria in meiner Wippe in Sicherheit zu bringen.

~

Ein paar Tage später liegen unter dem Tannenbaum plötzlich Geschenke mit kleinen Weihnachtsmännern drauf.

Oma sagt zu mir: »Den Weihnachtsmann gibt es gar nicht, sondern nur das Christkind.«

Opa kontert entrüstet: »Natürlich gibt es den Weihnachtsmann, erzähl doch dem Kind nicht solch einen Quatsch.«

Oma bleibt beharrlich.

»Nein, das ist ein religiöses Fest, und in der Bibel kommt der Weihnachtsmann nicht vor.«

Opa rollt mit den Augen.

Oma kontert: »Den gibt es nicht, da bin ich ganz sicher, das ist eine Erfindung von Coca-Cola.«

Mir ist das egal, der Weihnachtsmann benutzt jedenfalls das gleiche Geschenkpapier wie Mama.

Mh.

Vielleicht gibt's ja Mama nicht.

Ein absurder Gedanke, den ich sofort wieder verwerfe.

Aber zurück zum Anfang.

»Heute ist Heiligabend«, sagt Mama, als ich sie morgens wecke.

Heiligabend.

Am Morgen.

Jetzt ist sie endgültig durchgeknallt.

Oma und Opa sind zu Besuch, und Oma sagt aufgeregt, dass heute der Herr Jesus geboren werde und dass das ein ganz besonderer Tag sei.

Aha, nun ist es so weit, denke ich und warte drauf, dass wir ins Krankenhaus fahren, um das Kind von Maria und dem Typen mit der Erlöser-Anmache aus Marias Bauch zu holen. Gucke Josef mitleidig an und suche die Ohrenstöpsel, die Papa neulich neben dem Bett liegen hatte.

Dann betrachte ich Maria aufmerksam und frage mich, wie sie es geschafft hat, bis zur Geburt so gleichbleibend schlank und anmutig zu bleiben.

Während ich noch darauf warte, meinen Ganzkörper-Schneeanzug angezogen zu bekommen, sagt Mama, sie wolle jetzt erst mal Hausmusik machen, und sie packt lächelnd ihre Blockflöte aus.

Ich glaube, ich höre nicht recht.

Maria ist in den Wehen, denke ich geschockt, und ihr fangt an, auf pädagogischem Nutzholz zu tröten und zu trommeln, wie lieblos!

Mir schwant, dass sie sich vor meiner Geburt womöglich auch erst mal in aller Ruhe musikalisch selbstverwirklicht hat, das würde jedenfalls einiges erklären.

Papa guckt Mama ebenfalls entsetzt an und raunt ihr zu: »Das meinst du doch wohl nicht ernst, Heike.«

»Doch«, antwortet sie stur, »meine Mutter hat auch immer für mich an Weihnachten Blockflöte gespielt, und diese Tradition möchte ich aufrechterhalten. Wo wir doch schon keine Religion haben! Da braucht man doch wenigstens Rituale«, und sie wirft ihm behände eine zweite Flöte zu. »Hier, du Musiker, dann zeig mal, was du kannst.«

Papa schnappt die Flöte reflexartig auf und spielt erst mal Luftgitarre damit.

Ich quietsche vor Vergnügen.

Der Rest der Familie schweigt.

Mit einem Seitenblick auf Oma sagt er entschuldigend: »Ich kann nun mal keine Flöte spielen.«

Nun wird auch Mama sauer, und er setzt sich flugs ans Klavier, um den familiären Frieden nicht zu gefährden.

»›Alle Jahre wieder‹!«, befiehlt Oma.

Opa dröhnt: »Nein, ›Ihr Kinderlein kommet‹! Ich will endlich eine Großfamilie.«

Er lacht begeistert und schlägt sich auf die Schenkel. Nach einiger Diskussion einigen sich alle auf das unverfängliche ›Kling, Glöckchen, klingelingeling‹.

Opa ergänzt augenzwinkernd »... hier kommt der Eiermann.«

Oma haut ihm ihren Ellenbogen in die Rippen, und er brummt ernüchtert: »Einen Spaß wird man ja wohl noch machen dürfen.«

Nach dem Singen von gefühlten dreiundneunzig deutschen Weihnachtsliedern, in denen haufenweise Tannen, Hirten und Schneeflocken vorkommen, aber nie realistische Sachen wie Regen, Familienzwist und Stau, fragt Oma leise: »Kennt ihr eigentlich auch ›Jingle Bells‹?«

Opa, Papa und Mama drehen sich zu Oma um und verharren in Schockstarre.

»Ich hab's doch gesagt«, raunt Papa Mama leise zu, als er sich wieder gefasst hat, »deine Mutter ist gar nicht so engstirnig, wie du immer sagst.«

»Woher kennst du denn ›Jingle Bell‹s«, fragt Mama verwundert, »mir hast du das jedenfalls nie vorgesungen, und du kannst doch gar kein Englisch, oder hab ich da was verpasst.«

»Wir müssen ja auch nicht, war ja nur eine Idee …«, sagt Oma leise und auf Opas fragenden Blick: »Das hab ich mal gehört, als die Besatzer damals da waren ….«

»Das singen wir nicht!«, poltert Opa plötzlich los, doch Papa und Mama haben schon mit dem Vorspiel angefangen, und Oma singt leise mit.

»Dschingel Bälz, dschingel Bälz, Dschingel ohl se wäi.«

Sie wird lauter.

»Oh wott fann, it is tu reid, in a wann hoß opän släi«, und beim »Hey!« geht es mit ihr durch, und sie macht ein paar Tanzschritte nach rechts und links.

Opa verlässt den Raum.

So habe ich sie noch nie gesehen und die anderen scheinbar auch nicht.

Mama und Papa hören auf zu spielen, und Oma ist ihr sportlicher Exkurs jetzt peinlich, denn sie ruft atemlos: »So, jetzt wollen wir mal gucken, ob das Jesuskindchen schon da ist, eigentlich kommt das ja erst am fünfundzwanzigsten Dezember morgens, aber wir wollen ja nicht die ganze Nacht aufbleiben, nicht, Mia, und Maria und Josef sind ja auch schon ganz müde, schau mal, Mialein.«

Sie hebt mich hoch und lässt dabei unauffällig irgendetwas aus ihrer Hand in den Stall fallen, das sehe ich genau.

Tatsächlich. In der Krippe liegt nun ein Baby aus Holz, das nur mit einer Windel bekleidet ist und ansonsten nackig mitten im Winter vor sich hin chillt.

Mir deucht, ich bekomme Konkurrenz.

Nun ist plötzlich ein zweites Kind im Haus.

Gut, es ist aus Holz, aber wer die Geschichte von Pinocchio kennt, weiß, dass es möglich ist, Holzfiguren zum Leben zu erwecken, wenn es sich die Eltern nur stark genug wünschen.

Gucke Mama und Papa an und bemerke, dass sie bereits die Augen geschlossen haben und sich ihre Hände im Gebetsmodus befinden, den ich sonst nur von Oma kenne.

Das muss ich verhindern.

Haue gegen die Krippe, aber Oma zieht mich weg, nimmt mich wieder auf den Arm und sagt: »Ich gehe jetzt in die Küche und mache Würstchen und Kartoffelsalat, das Weihnachtsfest ist schließlich ein Familienfest, und da will ich gerne meinen Teil zu beisteuern.«

Familienfest, aha. Und da reicht ein Kind nicht, oder was. Mit Teddy sind wir doch sechs Leute, das ist doch wohl dicke genug, wer braucht denn da noch so ein hilfloses Ding, das sich noch nicht mal drehen kann.

»Nein, Mutter«, ruft Mama indes gereizt und rennt uns hinterher, »das haben wir doch schon tausendmal durchgekaut. Chris und ich machen Sushi, das ist gesünder und, ja, auch moderner, nichts für ungut, Mutter, setz dich mal hin und ruh dich aus.«

»Wovon soll ich mich denn ausruhen«, ruft Oma entrüstet, »ich bin wohl für nichts mehr nutze, das willst du doch sagen, oder?!«

Opa betritt nun ebenfalls die Küche und riecht komisch aus dem Mund. Lallend dröhnt er: »Klar musst du dich ausruhen, von deinem heißen Schwoof gerade eben, du hast doch wieder an Johnny gedacht, ha, als ob ich das nicht merken würde, aber dein Johnny ist abgehauen, merk dir das ein für alle Mal, und jetzt will ich nichts mehr hören und nur noch vergessen! Prost Gemeinde, der Pfarrer säuft.«

Er kippt sich eine klare Flüssigkeit in den Hals, die ganz anders riecht als Wasser, und lässt sich krachend auf einen Stuhl fallen.

»Und liebe Heike, Sushi, das ist doch roher Fisch, so was essen wir nicht, das kannst du dir abschminken.«

Heike guckt von Opa zu Oma und wieder zurück.

»Wer ist Johnny?«

»Ich mach mal die Würstchen«, beeilt sich Oma zu sagen, legt mich auf die Krabbeldecke und rennt hinaus, um das Essen aus der Vorratskammer im Keller zu holen.

»Mit dem hatte deine Mutter was, bevor ich sie mir geangelt hab«, sagt Opa nicht ohne Stolz in der Stimme. »Ich, ein angehender Metzgermeister hat einen attraktiven Besatzungsjungen ausgestochen, der auf der Mundharmonika Elvis-Lieder blasen konnte.«

Und Richtung Keller: »Mich hat se genommen, wegen der Si-cher-heit, tja, ein ordentliches Handwerk hat noch niemandem geschadet!«

Oma kommt mit den Würstchen herein und murmelt mir ins Ohr: »Mach du es mal besser, Mia, nimm den, den du wirklich liebst, und wenn der abhauen will, reise ihm hinterher und nagle ihn fest, versprich mir das!«, und ich denke an Sören-Wotan und werde knallrot.

»Mia hat Fieber«, ruft Mama besorgt.

Oma nimmt den Themenwechsel erleichtert auf und sagt: »Ich hole Thermometer und Zäpfchen, bin gleich wieder da.«

Alles nur nicht das, denke ich panisch, und bevor sie mir das Thermometer an seinen Bestimmungsort schieben kann, schlafe ich ein.

Mama hat sich heute das Jesuskindchen sowie alle anderen Holzfiguren geschnappt, sie in einer Kiste verstaut und in den Keller gebracht.

Ich bin wieder Einzelkind.

Endlich.

Papa scheint ebenfalls begeistert und erzählt mir, dass es abends eine große Party gebe. Finde das ein wenig übertrieben, lächele aber dennoch still vor mich hin.

Weil morgen ein neues Jahr anfange, ergänzt er fröhlich.

Das wiederum macht mir Angst.

Befürchte spontan, dass alles wieder auf Null gestellt wird und ich mich nochmal aus Mamas Bauch quetschen muss, und dass es dann wieder von vorne losgeht mit erstem Mekonium-Häufchen, Abendschreien und PEKiP-Kurs. Das will ich nicht nochmal erleben und schreie los, doch keiner kümmert sich um mich, denn es klingelt an der Tür.

Herein stürmen Wiebke, Lutz, Bettina und Marlon und packen Wein, Käse und Sören-Wotan aus.

Flugs teile ich meinem Freund meine Befürchtung mit, doch er beschwichtigt mich: »Papa sagt, Silvester gibt es jedes Jahr, und am Leben ändert sich dadurch überhaupt nichts. Das ist wohl nur ein Anlass, zu feiern und sich einen hinter die Binde kippen zu dürfen.«

Ich lächele meinen rothaarigen Freund dankbar an und spucke meinen Nucki in seine Richtung, um mich erkenntlich zu zeigen. Er freut sich sichtlich, und ich begebe mich auf die Suche nach Marlons Binde, stelle aber nach kurzer Zeit fest, dass er sie scheinbar vergessen hat, und bin gespannt, wie er das Problem meistern wird.

Die Erwachsenen setzen sich an den Tisch und beginnen, mit aufgespießten Brotstücken in einem heißen Topf mit zerflossenem Käse herumzustochern.

Eine seltsame Art zu feiern, denke ich, außerdem riecht es

abscheulich hier, und ich versuche, durch Drehbewegungen Sören-Wotan in mein Kinderzimmer zu lotsen, damit wir uns ungestört näherkommen können.

Entgegen meiner Erwartungen entschließt er sich aber erst mal zu einem kleinen Nickerchen; vermutlich, um danach bei unserem Stelldichein mit voller Energie und Aufmerksamkeit meine Annäherungsversuche gebührend erwidern zu können, denn endlich sind wir mal zu zweit und ohne Levke-Fee.

Guter Sören-Wotan. Der ist der Richtige, da bin ich sicher.

Ich jedoch bin viel zu aufgeregt zum Schlafen, zupfe an Teddys Fell herum und höre den Erwachsenen zu, man weiß ja schließlich nie, was man sich bei denen alles abgucken kann.

Papa öffnet gerade eine Flasche mit roter Flüssigkeit und teilt sie unter ihnen auf. Alle stoßen ihre Gläser aneinander und trinken sie leer. Das übelriechende Essen macht scheinbar extrem durstig, vielleicht wollen sie aber auch zum Jahreswechsel ihre roten Blutkörpcherchen auf Vordermann bringen, denn sie öffnen die zweite Flasche, und das gleiche Spiel geht von vorne los.

Ich bekomme nichts ab und bin enttäuscht.

Teddy beruhigt mich: »Warte mal ab, beim nächsten Stillen wirst du schon merken, was da drin ist, hehe!«, doch ich weiß nicht, was er meint, und überlege mir schon mal, wie ich Sören-Wotan gegenüber vorgehen werde, wenn er wieder aufwacht.

Bettina fragt Wiebke nun mit etwas geschmeidigerer Stimme als sonst: »Wo ist denn Levke-Fee jetzt? Ach ja, sicher bei ihrer richtigen Mutter, an Silvester hat die ja scheinbar endlich mal Zeit für Levke, was?!«

Sie lacht scheppernd. »Warum hast du denn eigentlich keine eigenen Kinder, das würde doch gut zu dir passen!«

Wiebke bekommt feuchte Augen und erwidert tonlos: »Ich habe doch Horst-Michael, aber der ist ja schon achtzehn, und ich würde schon gerne nochmal ein kleines Kind haben, na ja, wir arbeiten dran, aber das ist nicht so einfach.«

Bettina gießt ihr abermals von der roten Flüssigkeit ein und sagt gelöst: »Ach, ist doch heute kein Problem mehr, wenn es nicht klappt. Das ist ja oft psychisch bedingt, für so was gibt es doch Seminare, da lernt man durch Reiki und bewusstes Atmen die Gedanken positiv zu beeinflussen und den Stress rauszunehmen, das hilft bei allem.«

»Mach doch mal nach dem Poppen 'nen Kopfstand«, dröhnt Marlon lachend, »das hat Bettina auch ….«

»Scht!«, ruft Bettina scharf, »wir sind hier nicht zu Hause, Marlon«, und sie trinkt ihr Glas ärgerlich in einem Zug leer.

Aufgeregt flüstere ich Sören-Wotan zu, dass ich wisse, wie schwer es sei, einen Kopfstand zu machen, und dass ich die Bemerkung ebenfalls für deplatziert halte, doch er schläft immer noch.

»Und das klappt?«, hakt Wiebke ungläubig nach. In ihren Augen erglimmt ein Hoffnungsschimmer.

»Na ja«, antwortet Bettina, bevor Marlon zur Antwort ansetzt, »es schadet zumindest nicht, sagt man.«

Mama unterbricht sie und sagt grinsend: »Wenn man nach dem Sex liegen bleiben müsste, um schwanger zu werden, dann bräuchte ja keiner mehr Verhütungsmittel, dann kann man sich einfach nach dem Sex hinstellen und zack, ist es aus mit der Zeugung.«

Alle lachen, nur Bettina nimmt die Sache ernst und redet weiter auf Wiebke ein: »Ansonsten würde ich an deiner Stelle auf jeden Fall alle Handys und kabellosen Verbindungen im Haus eliminieren, das kann sich schwingungsmäßig ganz ungünstig auf den Befruchtungsvorgang auswirken.«

»Genau. Und wieder mit trommeln anfangen, wenn du telefonieren willst, afrikanisch trommeln können Pädagogen doch besonders gut«, poltert Marlon los und verstummt, als Mama ihm unter dem Tisch einen Tritt gibt.

Wiebke guckt gekränkt und trinkt in großen Zügen aus der Flasche, um auf andere Gedanken zu kommen.

Ich hingegen finde die Idee gar nicht so schlecht, probiere das gleich aus und trommle mit meinen Füßen auf dem Telefon rum, das wie immer von Mamas selbstgetischlertem Couchtisch mit den drei schiefen Ebenen runtergefallen ist.

»Und im allergrößten Notfall gibt es doch auch die Möglichkeit einer Samenspende«, flüstert Bettina Wiebke zu, »also falls es an Lutz liegen sollte.«

»Darüber habe ich auch schon mal nachgedacht«, sagt Wiebke leise, »ich hätte gerne eine von Rudolf Steiner, aber der ist ja leider schon tot.«

Bettina lacht.

»Das meine ich ernst«, entgegnet Wiebke. »Das wäre doch der ideale Spender, findest du nicht?«

Ich verstehe nicht alles und drehe mich zu Sören-Wotan, doch der schläft immer noch. Mein Gott, der hat aber Großes vor. Bin aufgeregt und versuche, meine drei Haare auf attraktiv zu stylen.

Nun schaltet sich Lutz ein und brummt genervt: »Geht es schon wieder um deinen Rudolf Steiner und meine langsamen Sperma-Freunde? Dann nimm doch eine Spende von Frédérick Leboyer, der ist zwar schon über neunzig, aber der lebt immerhin noch.«

Alle lachen, nur Lutz bleibt ernst und sagt: »Mir ist das egal, ich habe das Thema langsam satt.«

Mir ist nicht klar, was eine Spende von Samen mit einem Baby zu tun hat. Samen kenne ich nur von Mamas Küchenkresse, die schüttet man auf feuchte Watte, und dann wachsen da kleine grüne Pflanzen raus, die man essen kann. Neulich habe ich mal eine probiert, die war total scharf, und ich glaube nicht, dass Wiebke so was haben will.

Bettina betont noch: »Ich will ja keins mehr, mir reicht eins, da kann man sich wunderbar auf das Kind konzentrieren und ihm die beste Ausbildung ermöglichen, und außerdem will ich auch wieder arbeiten gehen, und mein Job würde eine zweite Schwangerschaft nicht verkraften.«

Sie macht eine Pause und nimmt Sören-Wotan an die Brust, der nun endlich wieder aufgewacht ist und rumkrakeelt, weil er mit mir in mein Zimmer will. Er guckt mich entschuldigend an und trinkt so schnell er kann.

»Außerdem habe ich jetzt keine Lust mehr, über das Thema zu diskutieren. Sag mal, Chris, ich habe dich gestern im Café gesehen, war das etwa Aloe-Vera, die da mit dir am Tisch gesessen hat?«

Alle schauen erstaunt von ihren Tellern auf, und Papa wird rot.

Mama guckt Papa mit einem fragenden Blick an.

»Ich bin mir natürlich nicht ganz sicher«, fährt Bettina fort, »aber deine Gesprächspartnerin hatte zumindest genau die gleichen roten langen Haare und außerdem diesen Yin-und-Yang-Pullover an, den Aloe-Vera beim PEKiP auch immer trägt.«

Ach du Scheiße.

Papa trifft sich mit der PEKiP-Tussi.

Ich hoffe inständig, dass ihr Stil nicht auf ihn abfärbt und Papa demnächst ebenfalls mit selbstgestrickten esoterischen Pullundern herumläuft oder Spielzeug aus Baby-Gläschen bastelt, denn das wäre mir vor Sören-Wotan einfach peinlich.

Papa antwortet mit einem Seitenblick auf Mama: »Ja, das stimmt.«

Sie zieht erstaunt ihre Augenbrauen hoch.

»Ich wollte doch von Aloe-Vera noch das Rezept haben«, murmelt er, »ihr wisst doch, das Rezept, mit dem man Knete selbst herstellen kann, diese Wunderknete, die man sogar essen kann, die aus Mehl, Salz, Öl und Weinsteinsäure besteht, das ist doch eine großartige Erfindung, da seid ihr doch mit mir einer Meinung, oder?«

Mama hustet unnatürlich und sagt schnell: »Ja genau, das mit dem Rezept habe ich auch die ganze Zeit im Blick gehabt! Es ist ja phantastisch, dass du das jetzt besorgt hast, dann können wir ja gleich morgen endlich loslegen!«

Die anderen gucken ungläubig, und auch ich kann es nicht fassen.

Meine Eltern wollen selbst Geld herstellen.

Tatsächlich haben sie schon häufiger mal erwähnt, dass sie zu wenig Knete haben, weil Mama nicht zum Arbeiten kommt. Aber ist das nicht illegal? Gleich morgen werde ich mich an das nächste Bild für unsere Vernissage setzen. Oma spricht dauernd davon, dass Mama doch endlich mal was Religiöses malen solle, und unterweist uns neuerdings permanent in christlicher Ikonografie.

Werde ihr den Gefallen tun und auf die Klorolle Blatt für Blatt mit allem, was ich finden kann, den Leidensweg Jesu dokumentieren.

Papa will noch etwas sagen, doch Mama guckt ihn warnend an und wechselt schnell das Thema: »Ach, Marlon, wie läuft es eigentlich in der Firma?«

Doch Marlon reagiert nicht, denn er steckt Bettina gerade seine Zunge ins Ohr und säuselt: »Chris ist echt ein Weichei, findest du nicht auch?«

Bettina zuckt angewidert zusammen und dreht ihren Kopf zur Seite.

»Was hast du denn, es stimmt doch«, ruft Marlon mit seltsam rauer Stimme, »ich bin ja gaaaanz anders, und du magst es doch auch lieber hart, mein Engel, oder?!«

Das wusste ich nicht.

Nehme einen Bauklotz in die Hand und gebe ihn ihr. Der ist auf jeden Fall hart.

Teddy sagt entrüstet: »Die lässt Chris ins offene Messer laufen, und du schenkst ihr deine Spielsachen?«

»Ich kann eh nichts damit anfangen, der ist ja noch nicht mal bunt«, beruhige ich ihn gelassen.

Bettina nimmt den Klotz dankend an und schüttet den Inhalt einer Merci-Praline samt Piemont-Kirsche in ihr leeres Sektglas.

Mama beobachtet das und erinnert sich an ihre Pflichten als Gastgeberin: »Ich hole euch noch einen Se-hekt.«

Marlon zwinkert ihr schelmisch zu, und Mama wird rot.

»'n Aperol-Spritz wär mir lieber«, lallt Bettina.

»So was ham wir nicht«, erwidert Papa.

»Nee, Aperol ham wir nicht, Aperol, weißt du überhaupt, was das ist, Betty?«, fragt Mama beschwingt, »das ist der Morgen-Urin von Onkel Dittmeyer.«

Sie kichert wie ein Schulmädchen beim ersten Rock-Hochheben gegen Geld, und Marlon schlägt sich auf die Schenkel.

Jetzt wird es aber wirklich ekelig. Mama thematisiert gerne solche Sachen. Sie liest mir sogar manchmal aus einem Buch vor, da heißt die Protagonistin mit Vornamen so wie das, was unten aus mir rausläuft. Abartig.

»... Aperol-Spritz, das ist doch schwul. Und Onkel Dittmeyer auch«, ergänzt Lutz mit schwerer Zunge.

Wiebke sagt entschuldigend: »Lutz wird immer so vulgär, wenn er getrunken hat«, und zu ihrem Mann: »Du hast jetzt wirklich genug, mein Schatz, und ich will jetzt mal rüber und schlafen gehen, und du doch sicher auch.«

Sie zieht an seinem Arm, und die beiden trotten zur Tür hinaus, nicht ohne vorher noch kurz zum Abschied pantomimisch den Silvester-Retro-TV-Knaller ›Dinner for One‹ nachzuspielen.

»The same procedure as every year?«, fragt Lutz lallend und hüpft über einen fiktiven Tigerkopf.

»Yes, the same procedure as every year!«, bestätigt Wiebke und hakt sich bei ihm ein, und man will gar nicht so genau wissen, was sie damit meinen.

Sören-Wotan ist nun endlich mit Trinken fertig und sagt:

»Das heißt also, dass wir uns jetzt jedes Jahr zum Jahreswechsel treffen.«

Er lächelt verlegen und flüstert: »Mia, hast du was dagegen, wenn ich dir ein bisschen am Ohr rumlullere?«

Ich werde rot.

Glücklicherweise lässt er nicht locker: »Das gehört ja scheinbar zu Silvester dazu, wenn man sich mag, und ich will mal ausprobieren, ob meine Gefühle für dich Bestand haben.« Es ist mir zwar ein bisschen peinlich, das vor meinen Eltern und Schwiegereltern zu machen, aber ich bin für alles offen und nicke begeistert.

Er schiebt mir seine Zunge ins Ohr, und ich kichere. Dann schläft er wieder ein.

»Das wird später immer so sein, da kannst du dich schon mal dran gewöhnen«, konstatiert Teddy trocken.

Weiß nicht, was ich davon halten soll, habe aber das Gefühl, in der Liebe etwas zu kurz zu kommen. Werde das beim nächsten Mal beobachten.

Frohes neues Jahr.

14. Es geht immer nur um Knete im Leben

Am nächsten Morgen bin ich schon früh wach. Mama und Papa schlafen noch.

Ich liege zwischen ihnen und krakeele ein wenig. Mama setzt sich auf, und ihr Blick fällt auf die Handcreme, die auf ihrem Nachttisch steht.

Mit einem Schlag ist sie hellwach und fragt Papa: »Sag mal, Chris, was war das denn gestern?«

»Was meinst du?«, erwidert Papa verschlafen und versucht, sich den Sand aus den Augen zu reiben.

»Na das mit Aloe-Vera.«

Papa setzt sich nun auch auf und sagt leise: »Darüber wollte ich schon die ganze Zeit mit dir reden, aber du hast ja nur deine Kuratoren im Kopf, oder es dreht sich alles um Mia, da kommt man ja gar nicht dazwischen.«

»Chri-his, lenk nicht ab. Warum triffst du dich heimlich mit der Handcreme-Tussi?«

Papa schweigt.

Mamas Augen weiten sich. »Hast du etwa was mit der? Ich glaube es nicht!« Sie fasst sich ungläubig an den Kopf.

»So kann man das nicht sagen«, murmelt Chris, »und ich finde das keine schöne Bezeichnung für Aloe-Vera, das hat sie wirklich nicht verdient.«

»Hast du oder hast du nicht!«, ruft Mama laut.

»Ja, hatte ich, Herrgott noch mal«, bricht es aus Papa heraus, »einmal, und das aus Versehen, und auch nur ganz kurz, es tut mir wirklich leid, ich habe mir schon das Hirn zermartert, wie ich es dir sagen soll, es war ein einmaliger Ausrutscher, ich mein, bei uns läuft ja nun wirklich gar nichts mehr, und dann dieser Schlafmangel, ich werde noch verrückt, und da ist es eben passiert, es tut mir so leid, ich hab so was doch noch nie …!«

»Starker Tobak«, sagt Teddy. »Papa knetet mit Aloe-Vera.«

Kann daran nichts Anstößiges finden und will an die Brust.

Mama sagt: »Jetzt nicht, Mia, die Milch ist sauer.«

»Es tut mir wirklich leid«, entschuldigt sich Papa händeringend, »du weißt, dass das gar nicht meine Art ist, ich hätte nie gedacht, dass ich so was mal mache, aber nun ist es eben passiert, was soll ich denn machen?!«

Ich weiß wirklich nicht, was an Kneten so schlimm ist, aber diese Aloe-Vera ist wirklich eine unangenehme Tussi, da gebe ich Mama Recht. Will nun endlich Muttermilch, habe aber das Gefühl, dass der Zeitpunkt äußerst unpassend ist, und lullere stattdessen am Zipfel von Mamas Kopfkissen herum.

»Hast du aber«, schreit Mama, »und dann noch mit dieser PEKiP-Schlampe, ich hätte dir wenigstens ein bisschen mehr Geschmack zugetraut. Unglaublich!«

»Ach so, mit Kate Moss hättest du keine Probleme, oder was?!«, ruft Papa, nun seinerseits erbost über ihre Bemerkung, und dann leiser: »Heike, es tut mir so leid, es ist einfach passiert, so schnell konnte ich gar nicht gucken, und dann noch der Alkohol, es war auch nur ganz kurz, und ich erwarte auch nicht, dass du das verstehst, aber ich verspreche dir, dass es nie wieder vorkommen wird, deshalb habe ich mich auch noch einmal mit Aloe in diesem Café getroffen und die Sache ein für alle Mal klargestellt. Ich liebe dich und nur dich – du bist doch meine Frau!«

Er will sie in den Arm nehmen, doch Heike wehrt sich und sagt, sie müsse mich nun stillen, und außerdem bräuchte sie jetzt erst mal etwas Zeit, um sich über die Beziehung zu ihm klarzuwerden.

Papa ist geschockt. »Was soll das heißen, Heike?«, fragt er erschrocken.

Das möchte ich auch mal wissen. Erwachsene sind kompliziert.

›Über die Beziehung klarwerden‹. Ist doch ganz einfach. Entweder ist man zusammen oder nicht. Fertig.

Mama guckt ganz traurig, und ich habe plötzlich Angst, dass es eventuell auf ein ›nicht‹ hinauslaufen könnte. Trinke nun ganz behutsam, damit ihr nicht auch noch die Brustwarzen wehtun und überlege, was ich tun kann, um die Beziehung zu kitten.

Vielleicht schläft Papa einfach zu wenig, ich habe den Eindruck, er kann gar nicht mehr klar denken, sonst würde er sich doch nicht freiwillig mit der PEKiP-Tante treffen, wozu auch immer.

»Du willst dich doch wohl nicht wegen so einer Lappalie trennen?«, insistiert Papa ängstlich.

»Lappalie, ha, das nennst du Lappalie? Du hast mein Vertrauen missbraucht, während ich hier Tag und Nacht kein Auge zumache, um deine Tochter zu versorgen! Und in meine Klamotten passe ich auch nicht mehr! Du findest mich nicht mehr attraktiv, sag das doch gleich! Ich hab halt ein paar Kilo mehr als vorher, na und? Wie soll ich denn abnehmen, wenn ich stille? Das ist doch total schlecht für das Kind!«

»Heike, ich finde dich nicht unattraktiv, das weißt du doch!«

»Aber attraktiv findest du mich auch nicht, ha!«

»Doch. Ich mag es sogar, wenn ich es nicht nur mit Haut und Knochen zu tun habe, sondern alles etwas handfester ist.«

Er grinst nun und will ihre Hand nehmen, doch sie stößt ihn weg.

»Aha! Vorher war ich dir also zu dünn, oder was?«

Papa seufzt.

»Nein, Heike, ich mag dich so, wie du bist.«

Sie schweigen, und ich trinke vor Aufregung mehr, als mir vermutlich guttut.

Papa sagt nun leise: »Na ja, und was ist mit dir?«

»Was soll denn mit mir sein?«, fragt Mama ungläubig.

»Meinst du, ich hätte nicht bemerkt, wie du dich immer aufbrezelst, wenn Marlon kommt?«

»MARLON?« Mama lacht. »Du bist eifersüchtig auf Marlon?«

»Ist doch nicht zu übersehen, sobald er in der Tür steht, wird deine Stimme höher, und du fährst dir auf eine bestimmte Art durchs Haar, genauso, wie du es gemacht hast, als wir uns kennengelernt haben!«

»Chris, du hast ja neuerdings einen erstaunlich guten Blick, es stimmt tatsächlich, Marlon und ich hatten mal eine Affäre«, sagt Mama und packt entschlossen ihre Brust wieder ein.

»Siehst du! Ich hab's doch gewusst!«

»Das war vor zwanzig Jahren«, ergänzt Mama und guckt ihn schadenfroh an.

»Vor zwanzig …? Das hast du mir aber nie erzählt.«

»Du hast nicht gefragt«, antwortet Mama trocken.

»Und, äh, ich meine, wie war er?«

Mama verschluckt sich fast.

»Wie er war? Wie war denn deine Aloe?«

»Das tut doch hier nichts zur Sache.«

»Ich möchte jetzt nicht mehr darüber reden«, erklärt Mama, doch ich sehe bei der Erinnerung an ihr Tête-à-Tête mit Marlon ein kleines Leuchten in ihren Augen.

»Ich muss mir jetzt jedenfalls erst mal klarwerden, wie das mit uns weitergeht. Ich hätte nie gedacht dass ... ja, es stimmt, bei uns ist nichts mehr los im Bett, aber ....«

Wie, nichts los im Bett, denke ich. Dabei gebe ich mir doch so viel Mühe, dass wir mindestens immer zu dritt zusammen schlafen und vor allem bis auf die Trinkunterbrechungen durchschlafen. Andauernd jammern sie über Schlafmangel, und jetzt wollen sie plötzlich, dass was los ist im Bett.

Kein Problem. Dann werde ich von nun an jede Nacht eine amtliche Baby-Performance aufführen. Ich werde sie aufmischen und zum Lachen und Weinen bringen, damit sie ganz im aristotelischen Sinne durch eine Katharsis geläutert werden und sich wieder vertragen und zufrieden sind.

Bin froh über die Entscheidung und übergebe mich aufs Kopfkissen.

War wohl doch zu viel Milch.

~

Meine Idee mit der Performance ist gescheitert.

Papa schläft nun auf dem Sofa, und Mama kann froh sein, dass wenigstens ich bei ihr bin.

Habe nachgedacht, und mittlerweile glaube ich, dass sie sich wegen mir gestritten haben. Offensichtlich bin ich ihnen zu anstrengend, denn das betonen sie ja häufig genug, und außerdem haben sie sich ein neues Baby zum Vergleich oder womöglich sogar als Ersatz ins Haus geholt.

Habe es schon gesehen, es wohnt im Schlafzimmerschrank. Wenn ich auf die Tür gucke, guckt es mich an. Immer in die Augen. *Immer*. Der Horror hat ein Gesicht.

Schlage ihm den Augentrick vor: Wer zuerst blinzelt, hat verloren, und ich verliere erstaunlicherweise jedes Mal. Um nicht aufzufallen, macht es alles, was ich auch mache. Unangenehmerweise habe ich das dumpfe Gefühl, beobachtet zu werden, und kann nicht verstehen, was Leute gegen Nacktscanner haben. Ich hab einen Kackpenner im Dauerbetrieb.

Mama guckt auch in den Schrank und informiert den Knirps mit den Worten: »Das bist ›DU‹.«

Aha. Das Baby heißt ›DU‹. ›DU‹ ist so wichtig, da wird nicht mal mehr anständig konjugiert.

›DU‹ wohnt bei uns.

Im Schrank.

Wo auch sonst, sind ja alle Zimmer besetzt, das ist wohl bei Babys wie bei Schnecken. Manche haben ein Haus, manche nicht. »Warum das so ist, weiß kein Mensch, oder?«, frage ich Teddy.

»Wahrscheinlich Bausparvertrag«, vermutet er ungehalten, denn ich habe ihn aus seinem Mittagsschlaf geholt.

»›DU‹ hat einen Schrank und ich ein Bett«, sage ich verwundert zu Teddy.

»Im Urlaub hatten wir mal ein Schrankbett«, sagt Teddy trocken und räkelt sich, »der Holländer macht wohl immer Kompromisse, nicht nur beim Essen.«

Habe diesbezüglich keine Erfahrung und beobachte den Feind.

Mama sagt, das Baby sähe aus wie ich.

Scheiße, ich dachte, ich hätte Haare.

Ein Zwilling also.

Mama sagt zu mir aber immer ›mein einziger Schatz‹.

Warum wird ›DU‹ verstoßen? Gibt es ein dunkles Geheimnis? Hat es was Böses gemacht? Schubladen ausgeräumt? Mütze nicht anziehen lassen? Auf die Wickelkommode genässt? Ein Drückerchen auf den Flokati gemacht? Oder werde ich veräppelt?

Obwohl ich es nicht gutheiße, dass ›DU‹ da ist, tut es mir

langsam leid. Ich würde jedenfalls nicht im Schrank wohnen wollen. Entschlossen beschließe ich, ein liebes Kind zu werden, und räume flink die Spülmaschine aus.

Mama schreit. »Niiicht, Mia!«

Doch zu spät – die Spülmaschine ist leer, und ich bin mir sicher, das mit dem Porzellan wird irgendwann auch noch klappen.

~

Mama putzt mir nun meine Zähne, und ich habe das Gefühl, dass sie sich wehren, denn sie haben sich vermehrt.

»Wahrscheinlich sind das Klonkrieger«, nuschle ich Teddy zu, »mein Vater hat jedenfalls Darth Vader im Mund.«

Teddy lacht, doch ich lasse mich nicht aus der Ruhe bringen. »Nee, ehrlich. Der war früher mal gut und hieß Amalgam. Jetzt steht er aber auf der dunklen Seite der Macht, und Papa will ihn loswerden.«

Teddy steigt drauf ein und ergänzt: »Genau, es gibt nämlich Menschen in weißen Kitteln, die reißen den ganzen Tag Darth Vaders raus.«

Ich erschaudere.

»Sie kommunizieren undeutlich hinter grünen Mundschutzen, um die Darth Vaders in Sicherheit zu wiegen.«

»Vielleicht haben sie aber auch nur Mundgeruch«, sinniere ich nachdenklich.

Teddy grölt: »Haha! Und aus den Lautsprechern rieselt ununterbrochen WDR 4. Eine furchtbare Musik. Schönes bleibt. Verborgen. John Williams, wo bist du, wenn man dich mal braucht.«

Mama ist fertig mit Zähneputzen und fährt mit mir zur U5.

Im Wartezimmer von Dr. Liebermann treffen wir Bettina und zu meiner Freude auch Sören-Wotan, und ich bin nun doch froh über die gründliche Zahnreinigung, man weiß ja schließlich nie, wofür es gut ist.

Bettina begrüßt uns: »Ach, seid ihr auch bei Dr. Liebermann, der hat ja einen guten Ruf, aber ich finde, der ist so ein aufgemotzter Schnösel, immer so schick und Gucci-Schuhe, der ist doch bestimmt schwul.«

Schnösel ja, aber schwul sicher nicht, denke ich in Erinnerung an den letzten Arztbesuch und hoffe, dass er bei seinen Komplimenten für Mama keine Hintergedanken hat. Vorsichtshalber entwerfe ich einen Plan. Werde mich seinen Anordnungen strikt widersetzen, und wenn gar nichts mehr hilft, Sören-Wotan auf ihn hetzen.

Mama erwidert amüsiert: »Was du nur immer hast, ich finde ihn großartig, und er sieht nun mal sehr gut aus, und ich glaube nicht, dass er schwul ist. Und wenn, wäre das auch kein Problem für mich. Ganz im Gegenteil.«

Und sie lächelt leicht wehmütig in Richtung Himmel, der sich hinter dem Fenster in einer Mischung aus hellblauer Farbe und Schäfchenwolken für diese Jahreszeit ungewöhnlich variantenreich gibt.

»Mein Teddy ist auch schwul«, flüstere ich Sören-Wotan zu, doch er guckt mich nur an und leckt sich über die Lippen. Das geht mir jetzt doch ein bisschen zu schnell, denke ich und erröte. Als er merkt, dass seine Avancen bei mir ankommen, grinst er über das ganze Gesicht.

»Wieso ›im Gegenteil‹?«, wundert sich Bettina. »Ich überlege immer, ob wir nicht zu Frau Dr. Lebeweis wechseln sollen, die ist zwar recht burschikos, aber ich mag das irgendwie. Und ich bin einfach für klare Verhältnisse.«

»Ich auch«, seufzt Mama.

Ich bin das ebenfalls und lächle Sören-Wotan besitzergreifend an. Doch mein Freund scheint seine Freiheit vor der Ehe zu schätzen und schielt auf die Modelleisenbahn, die in einer Nische des Wartezimmers aufgebaut ist.

Ich rümpfe die Nase.

»Na ja, und Sören-Wotan hat neulich fast schon seinen ersten Schritt getan, da muss er jetzt doch dringend gefördert werden, und die Frau Dr. Lebeweis hat von Motorik richtig viel Ahnung, die hat nämlich in Kenia studiert, und da kommen ja die ganzen Langstreckenläufer her.«

Bevor Mama etwas Unpassendes antworten kann, werden wir aufgerufen und verabschieden uns von Frühförder-Betty und meinem Geliebten.

Dr. Liebermann hält uns die Türe auf und begrüßt uns mit einem strahlenden Lächeln, zu dem die Bleaching-Industrie sicher ihren Teil beigetragen hat.

Gelassen staunt er über meine neuen Zähne und sagt zu Mama, dass sie heute ja ganz besonders gut aussähe.

Schleimer.

Sie errötet leicht und sagt, sie habe heute Nacht zum ersten Mal durchgeschlafen.

Dr. Liebermann erwidert, dass man das gleich sähe, aber sie wäre ja sowieso eine Naturschönheit, wenn er sich erlauben dürfe, das zu sagen, ihr könne ja selbst Schlafmangel nichts anhaben, das habe er gleich bemerkt.

Mama ist nun sehr verlegen, nestelt an ihrem Mantelknopf herum und murmelt leise: »Von wegen schwul, soso.«

Frage mich, wer hier die Hauptperson ist, und mache mich durch einen lauten Pups bemerkbar.

Nun lachen sie beide herzlich und wenden sich mir zu.

Der Doktor fordert mich auf, ich solle mich auf den Bauch drehen und mit den Händen abstützen. Tue ihm den Gefallen, damit wir hier schnell wieder raus sind.

Überrascht simuliert er Begeisterung und macht Mama gleichzeitig auf die Kunstwerke an seinen Wänden aufmerksam, er sei eben auch kreativ, und wie ihr seine abstrakte Kunst gefiele, und wenn sie wolle, könne sie ihm ihre Meinung darüber auch bei einem kleinen Kaffee am Samstagnachmittag kundtun, ein Expertenrat würde ihn sicherlich künstlerisch weiterbringen.

Mama fühlt sich sichtlich geschmeichelt und erwidert lächelnd, das habe er aber schön formuliert, ihr Mann würde ihr nie solche Komplimente machen.

Ich fasse es nicht. Eins muss man ihm lassen, der Doc weiß, wie man die Frauen rumkriegt, und schwul ist er sicher nicht oder zumindest nicht nur. Na warte, mein lieber Liebermann, da kannst du noch so gut aussehen, gegen Papa kannst du nicht anstinken. Gucke mich um und suche nach Gegenständen, die ich kaputtmachen kann.

Offensichtlich meint er es ernst, denn er lässt nicht locker und zwinkert ihr zu, ob sie denn auf das Angebot eingehen wolle, er würde sie selbstverständlich einladen.

Sie werde drüber nachdenken, sagt sie lächelnd und gibt mir verlegen einen Kuss.

Der Arzt lächelt siegessicher und gibt mir nun eine Gummi-Giraffe in die Hand. Die sei aus Kautschuk, sagt er beflissen, und mit Lebensmittelfarbe bemalt, die hieße Sophie und sei in Frankreich der Renner, und ob ich ihm jetzt die Sophie wiedergeben könne. Was soll das denn, denke ich, geschenkt ist geschenkt, das ist ja wohl der Gipfel an Dreistigkeit. Sich bei Mama lieb Kind machen, indem er mir was schenkt, und sobald sie nicht guckt, das Ding wiederhaben wollen, wo gibt es denn so was.

Ich verweigere mich und lullere die Giraffe voll.

Geduldig sagt er, es sei schön, dass ich Sophie so gern habe, aber jetzt solle ich sie ihm zurückgeben, und ob ich das denn schon könne?

Und wiederholen ist gestohlen.

Wieso sollte ich das nicht können. Pah.

Biege der Giraffe den Hals um und knabbere die Lebensmittelfarbe ab. Zum ersten Mal freue ich mich über meine neuen Zähne.

Er reißt sich sichtlich zusammen und erklärt Mama, er wolle nun erst mal gucken, ob ich schon drauflos brabbeln könne, das sei nämlich ebenfalls Bestandteil der U5. Engagiert nimmt er mich auf den Arm, stellt sich mit mir vor sein selbstgemaltes Bild und sagt: »Ja, Mia, guck dir das mal an, hat das der Doktor gut gemacht, ja feini, ja priiima, ja guck mal da, ja sag mal, was ist das denn, ja feini!«

Höre solche Laute sonst immer nur beim Spazierengehen im Hundepark und belle »wö, wö, wö«, um artgerecht zu antworten, denn ich möchte gerne so schnell wie möglich seinem aufdringlichen Männerparfüm entfliehen.

Leider habe ich ihn aber unterschätzt, denn sobald ich den Mund öffne, schnappt er sich die Giraffe und triumphiert:

»Ja prima kannst du sprechen, die Sophie findet das auch!«

Fühle mich verarscht und fange an zu schreien.

»Sehen Sie, sie will sicher wieder zu Ihnen, Heike, das ist ganz normal, sie ist jetzt in der Fremdelphase«, erklärt sich Dr. Liebermann meine Abneigung und sagt, dass er jetzt leider zu seinem nächsten Patienten müsse. Er zwinkert Mama noch ein letztes Mal zu und rauscht hinaus.

Fremdelphase. Aha.

Im Flur raune ich Sören-Wotan noch schnell zu, ich hätte erfahren, dass er jetzt in der Fremdelphase sei, und er könne ruhig die ganze Zeit im Behandlungszimmer schreien, das sei ganz normal und sogar erwünscht.

Er ist dankbar für den Tipp und gibt sein Bestes.

Es ist gut, einen festen Freund zu haben, auf den man sich verlassen kann.

15. Fuck the Möhrchen und fuck the Pastinake

Mama wird alt.

Es ist mittag, High Noon, Zeit für meine Milch.

Doch heute ist alles anders.

Mama vergisst, dass sie Brüste hat, und stopft mir einen gefüllten Plastiklöffel in den Mund.

Ich würge und spucke was Schleimiges aus.

Mama lacht und sagt: »Dududu.«

Ich murmele: »Selber dududu«, und haue gegen den Löffel.

Es spritzt, und die sonnengelbe Küchenwand ist wollweiß gesprenkelt wie fünfzig Hühnereier der Güteklasse C. Das Zeug riecht modrig und läuft in krummen Linien die Wand runter. Mama will etwas sagen, ich aber schreie: »Nein, das ist noch nicht fertig!«

Zwecks Dokumentation schnappe ich mir behände Mamas Fotohandy, doch Mama sagt entrüstet, ich solle mit dem ›fff‹ und ›pssss‹ aufhören, reißt mir das Handy aus der Hand und gibt mir lautstark zu verstehen, dass sie minderjährige Künstler nicht ernst nimmt, zumindest nicht in ihrer Küche. Sie drückt es etwas anders aus, aber im Kern ist das ihre Aussage.

Dann sucht sie einen Lappen und murmelt was von Kinderarbeit oder Kinder und Arbeit oder so was, und dass das so nicht ginge und dass sie ihr altes Leben wieder haben wolle oder zumindest eine Putzfrau, Putzmann wär auch o. k., aber nur wenn der knackig wäre, sie lebe schließlich nur einmal, und da müsse man die Feste feiern, wie sie fielen.

Währenddessen gestikuliere ich wild Richtung Wand und ringe um Anerkennung. Schreiend versuche ich, ihr meine künstlerische Kritik an der uniformen Symmetrie von Barcodes zu vermitteln, sie aber wischt das Millionenobjekt energisch weg und zerstört meine Zukunft, meine Rentenabsicherung und meine Unsterblichkeit.

Das hätte ich mal mit dem Popel machen sollen.

Da wäre aber was los gewesen.

Statt frühkindlicher Förderung kriege ich einen weiteren Löffel mit zähem Gulp in den Mund gestopft.

Jetzt reicht's.

Verweigere nun endgültig die Nahrungsaufnahme und zeige auf Mamas große sekundäre Geschlechtsmerkmale. Begeistert rieche ich, dass ihre Eins-a-körpereigene Babyversorgungsstation willig und prall ist, doch sie missversteht mein Begehr, taucht den Löffel nochmal tief in die Grütze und flötet: »Deine erste Pastinake, Schatz!«

Pastinake.

Was um Himmels willen ist Pastinake?

Ein gequirltes Nackensteak von einem Schweinchen namens Pasti? Ein klein gestampfter und beschimpfter Ausländer?

Oder doch eher Antipasti, die es DANACH gibt, also quasi Postipasti, wie DANACH, das DANACH von einem italienischen Pizzaservicemitarbeiter nicht ganz korrekt ausgesprochen, »esse du da nake, Pasti nake«, von deutschen Italophilen begeistert in den deutschen Sprachschatz übernommen und verzückt auf Kindergläschen aufgedruckt?

Am liebsten würde ich Teddy danach fragen, aber der stellt sich schlafend – ein schöner Freund.

Pastinake.

Oder hieß es eigentlich Pastikacke, und ein politisch korrekter Juristenvater hat gegen die treffliche Bezeichnung geklagt, Recht bekommen und so Schlimmeres abgewendet, das erste k wich dem n und Rechtschreibreform sei Dank aus ck wurde willkürlich k, von irgendwas müssen ja auch Sprachwissenschaftler leben.

Ja, so wird es gewesen sein.

Nun also Pastinake.

Pommes fände ich besser, die essen nämlich alle Kinder gerne, das habe ich beobachtet.

Ich solle von der Brust weg, sagt Mama.

Verstehe die Welt nicht mehr. Erst soll ich dauernd an die Brust, jetzt soll ich davon weg – vielleicht ist sie sauer, dass ich sie neulich gebissen habe, aber ich wollte doch nur spielen.

Habe schließlich vor kurzem mit Opa ›*James Bond – Der Spion, der mich liebte*‹ geguckt, ›da kann man gar nicht früh genug mit anfangen‹, hat er gesagt und mich am Sofa festgeschnallt. Toller Film, Hut ab, meine Lieblingsfigur ist der Beißer. Wie schön das oral glänzt und wie der das ganze Eisenzeug zerkaut, da kommt man schon mal auf Ideen, ganz ehrlich, Beißer will ich später auch mal werden, das hat was.

Das Gebiss sieht allerdings teuer aus. Habe Opa gleich nach einer Zahnzusatzversicherung gefragt, aber der hat nur »Psst!« gerufen, mir den zweiten Eierlikör gegeben und die Fernbedienung lauter gestellt.

Und nun die Rache für das bisschen Beißen: Pastinake.

Wer das erfunden hat, sollte mit einer dreiwöchigen PEKiP-Dauersitzung unter der Leitung von Aloe-Vera im Wechsel mit Gudrun-Rudolf-Steiner Wiebkötter bestraft werden.

Mama gibt nicht auf.

Dann gebe es jetzt eben Möhrchen, die möge ich mit Sicherheit, zwitschert sie gewollt vergnügt. Bleibe skeptisch und bezweifle, dass Wurzelfraß besser schmeckt, wenn man ihn verniedlicht.

Warte immer noch auf die Pommes und übe Handkantenschläge, aber Mama klemmt ignorant meine Arme unter ihren.

Partiell handlungsunfähig wende ich meinen Mund aus reiner Gewohnheit Richtung Brustwarze und öffne ihn erwartungsvoll.

Zack. Ein Löffel mit orangefarbenem Mus landet in mir. Widerlich.

Will es umgehend ausspucken, erinnere mich aber rechtzeitig daran, dass Levke-Fee zu Hause neuerdings auch pürierte Rübe essen muss und begeistert berichtet hat, das gäbe super Flecken auf Flokati. Aus künstlerischen Gründen akzeptiere ich nun das Zeug und sammle so viel wie möglich in den Backentaschen. Voller Vorfreude schiele ich auf Mamas schneefarbenen Pullover, ein Geschenk von Papa zum letzten Hochzeitstag.

Mama freut sich über mein Interesse am Essen und löffelt mir eifrig das ganze Gläschen rein. Ich dagegen bin mit dem Fassungsvermögen meiner kindlichen Backentaschen nicht zufrieden und imitiere die Verdauungskompetenz einer Kuh.

Levke-Fee erzählt, sie parodiere an selber Stelle immer Bulimiekranke, aber das finde ich geschmacklos und bin der Meinung, dass der Kuh-Vergleich reicht.

Zu meiner großen Freude habe ich scheinbar Talent bei der Rindviehimitation und verwandle Mamas Pulli in ein Unikat.

Erstaunlicherweise gelingt es ihr nicht, sich angemessen

zu freuen, denn sie schreit etwas von übergelaufenen Fässern und dass sie ihre Hebamme mit deren TOLLEN BEIKOST-TIPPS verklagen wolle.

Trotz alledem versucht sie weiter, mich von der kulinarischen Offenbarung von Möhrchen und Pastinake zu überzeugen.

»Fuck the Möhrchen«, schreie ich siegessicher und bilingual und presse meine Lippen aufeinander.

Mittlerweile ist es Abend, die gelbe Wand wollweiß und orange gescheckt wie dreckige Schäfchenwolken am Feinstaubhimmel und Mama schweißgebadet, als Papa nach Hause kommt.

Er schaut auf uns, dann auf die Gläschen, will uns aufheitern und sagt scherzend, Möhrchen kenne er ja, aber was denn Pastinake sei, davon hätte er noch nie gehört, das sähe ja aus wie frisch Erbrochenes, haha, und wie denn unser Tag gewesen sei, bestimmt schön, so gemütlich zu Hause.

Mama bricht unter Weinkrämpfen zusammen. Papa und ich sind beste Freundinnen. Das hat Zukunft.

Mama sieht das anders und schreit Papa an, er solle doch einfach zu seiner Aloe gehen, da gäb's bestimmt Pastinake auf Hängebrust, die könne er ihr dann abschlecken, dann wisse er auch, wie das schmecke.

Igitt, denke ich, das Zeug wird auf der Brust von der PEKiP-Lehrerin geerntet. Ein Grund mehr, es nicht mehr anzurühren, das ist ja wirklich widerlich.

Papa reicht Mama ein Taschentuch und erwidert liebevoll, das mit Aloe sei doch längst vorbei, und ob sie ihm denn immer noch nicht verziehen habe, und es sei scheinbar ein harter Tag für sie gewesen, sie sähe ja ganz mitgenommen aus.

Mama reagiert entrüstet und krächzt, er könne ja das nächste Mal versuchen, Mia zu füttern, dann sähe er auch mitgenommen aus, und sie habe sowieso schon längst gemerkt, dass er sie nicht mehr attraktiv fände, oder weshalb er jeden Abend mit Bier vor der Glotze sitzen würde, statt ihr mal was Gutes zu tun und sie zu massieren, so wie früher.

Papa seufzt und will sie in den Arm nehmen, aber sie stößt ihn weg und verbirgt ihr Gesicht in den Händen.

Mann, Mann, Mann, hier läuft aber gerade gründlich was schief.

Will sie unbedingt aufmuntern und versuche angestrengt, zum ersten Mal alleine sitzen zu können, damit sie richtig stolz auf mich ist, aber es klappt einfach nicht. Stattdessen zeige ich nun auf die Schäfchenwolken an der Wand und imitiere lautmalerisch so gut es geht ein gerade geborenes Lamm.

Sie reagiert nicht, und Papa übernimmt das Ruder.

Er sagt, natürlich sei sie attraktiv, sie sei sogar so attraktiv, dass er es manchmal gar nicht aushalten könne und sich dann mit Glotze und Bier ablenken müsse, um nicht permanent über sie herzufallen.

Das scheint zu wirken.

Mama schaut auf und fängt an zu lächeln. Papa zwinkert ihr zu, lacht erleichtert und nimmt sie in den Arm.

Ich denke, dass ›Bier und Fernseher‹ für nichts eine Lösung sein kann und dass er sich schnellstens eine Brille kaufen sollte, damit er nicht dauernd über Mama fällt, doch Papas Lachen ist so ansteckend, dass ich vergnügt mit einstimme.

Auch wenn es mich wirklich mächtig ärgert, dass ich vieles motorisch und sprachlich noch nicht beherrsche, muss ich feststellen, dass es schön ist, Mitglied einer Familie zu sein. Dieser Familie.

Ab heute darf Papa wieder bei uns im Elternbett schlafen, und ich fühle mich wie neugeboren.

Nach diesem für beide Seiten traumatischen Erlebnis mit der widerlichen Pastinake, besucht Mama begeistert Beikost-Seminare. Nach jeder Kurseinheit kommt sie beschwingt nach Hause und kocht nun Breie aus Blumenkohl, Broccoli, Möhren und was sonst noch ungestört draußen herumwuchert. Es würde mich wundern, wenn da nicht auch mal ein Schneckchen oder eine kleine Lauchmotte püriert die Wiedergeburt erwarten würde.

Heute gibt es Bio-Karotten.

»Das wollen wir doch mal sehen«, murmelt sie, »es muss doch einen Weg geben, nur ein bisschen Öl dran, dann rutscht das runter wie ne Eins, das wär doch gelacht, haha.«

Mama lächelt überlegen, verschwindet im Schlafzimmer und kommt als Sannyasin verkleidet zurück. Das ganze Gewand leuchtet orangefarbener als die holländische Nationalmannschaft und ein Haufen oppositioneller Ukrainer zusammen.

Gespannt warte ich darauf, dass Mama ihrer Rolle gerecht wird und mich anbettelt. Ich würde ihr glatt meinen ganzen Brei schenken, da kenne ich nichts, doch nichts dergleichen passiert.

Stattdessen drückt mich Mama an sich und schiebt mir ihr Selbstgekochtes in den Schlund.

Geschockt halte ich kurz die Luft an und koloriere dann gekonnt die Farbe ihrer Kluft in großen Teilen nach.

»Im Mundgemalten liegt die Zukunft«, schreie ich in die Welt hinaus, »das Gleiche in Blau, und ich wäre Yves Klein«, doch keiner hört mich, denn Mama ist schon im Bad und sucht den Fleckentferner. Halbnackt kommt sie wieder und nimmt böse Rache, denn sie schließt sich mit hämischem Grinsen an eine Melkmaschine an.

Ich bin platt.

Was da ins Döschen fließt, ist meine Milch!

Ich winsele und lecke demütig die Karottenreste vom Sannyasin-Fetzen. Und tatsächlich, Mama stellt die Maschine ab und lächelt mich an.

Gott sei Dank, denke ich, schließe die Augen und öffne erwartungsvoll den Mund.

Spüre einen Luftzug, blinzle durch das rechte Auge und sehe gerade noch, wie Mama mein Eigentum in den Kühlschrank stellt.

Was ist hier bloß los? Ich bin völlig verwirrt und mache vor Aufregung ein Drückerchen in die Windel.

Das freut Mama nun, denn sie schreit: »Priiima gemacht, mein Scheißerchen!«, öffnet mutig das den Po umhüllende Vlies und versucht, ihren Geruchssinn mental zu beeinflussen.

Der orangefarbene Klotz ist fester als ein Stuhlbein und stinkt schlimmer als ein verstopfter Abfluss.

»Ist wohl doch was unten angekommen«, stellt sie triumphierend fest.

Hauptsache glücklich, denke ich und schnappe mir die offene Popocremedose.

Der Rest ist Geschichte.

~

Offensichtlich ist Mama auf den Geschmack gekommen und pumpt nun regelmäßig ihre Brust leer, bis sie schlaff herabhängt und die Brustwarze erstmalig die Chance hat, mit dem Bauchnabel Freundschaft zu schließen. Das Erzeugnis gibt Papa mir abends per Flasche, damit Mama in Ruhe zum Kurs »Fit nach der Rückbildung« gehen kann.

Der körperliche Liebesentzug gefällt mir gar nicht, aber

auf der Flasche sind lustige Meeresbewohner wie Wale, Delphine und ulkige Pistolenkrebse aufgedruckt, und das lenkt mich zum Glück von der unzumutbaren Darreichungsform meiner geliebten Milch ab.

Die Maschine ist durchsichtig, und ich sehe, was ich nicht sehen will. Mamas Nippel wird angesaugt, wächst ins Unermessliche und sieht aus wie ein ungekochter dicker dunkelrosafarbener Spargel. Wenn ich es nicht besser wüsste, würde ich auf eine neue Züchtung alter Gemüsesorten tippen, doch ich alleine kenne den Ur-Zustand und bin entsetzt.

Die schöne Brust! Mein Ein und Alles! Meine unangefochten an erster Stelle stehende Zapfstation!

Augenblicklich habe ich große Angst, dass die Brustwarze platzt, und klopfe nervös den Rhythmus des Pumpgeräuschs mit. Spüre sofort die beruhigende Wirkung und beschließe, das Ding gepaart mit Pürierstab und Fön im Kampf gegen den plärrenden Stoff-Tapir einzusetzen.

Mama kauft nun wieder Gläschen und wechselt die Marke.

Nach sieben Testversuchen gebe ich auf und akzeptiere. Es sind jetzt Kartoffeln mit drin, und damit geht das Zeug zum Glück besser rein als vorher.

Also bin ich jetzt vom Sauger zum Esser geworden.

»Mit siebzig wird man wieder Sauger«, dröhnt Opa, nimmt sein Gebiss raus und imitiert einen savannischen Ameisenbären.

Ich schreie vor Schreck und beschließe spontan, dass es mal wieder Zeit für die Fremdelphase ist.

16. Verkehrte Welt

Es ist früher Abend. Papa hat für Mama den Tisch mit Kerzen dekoriert und sanfte Musik aufgelegt.

»Oh là là«, grinst Teddy verschmitzt und sucht sich einen guten Beobachtungsplatz.

Ich bin verwirrt und Mama scheinbar auch, denn sie fragt Papa: »Was soll das denn werden?«

Papa stottert ein wenig, als er antwortet: »Ich dachte wir könnten mal wieder was für uns tun – was Schönes, nur wir zwei.«

Mama zieht erstaunt die Augenbrauen hoch.

Er lächelt verschmitzt, denn wie auf Kommando klingelt es an der Tür.

Draußen steht ein dunkelhäutiger Mann mit einer schwarzen Styroporkiste in der Hand. Ich bin mir ganz sicher, dass das Melchior ist, und begrüße ihn freundlich mit »mbembe.« Das kann ich seit neuestem sagen, und Teddy hat gesagt, es klänge afrikanisch, und ich denke wenn einer von den Lauten passt, die ich bis jetzt beherrsche, dann doch wohl dieser.

Er antwortet mit: »Macht zweiunddreißisch Euro fuffzisch, wünsche juten Appetit.«

Leider habe ich kein eigenes Geld und finde das für eine Kiste aus Styropor auch viel zu teuer, doch Papa zückt seine Geldbörse und legt noch ein dickes Trinkgeld obendrauf.

Dann trägt er mich und die Kiste in das Esszimmer und sagt, Mama solle schon mal Platz nehmen. Vergnügt legt er mich in die Wippe und zieht mit verwirrend großen Gesten eine Art Zaubermantel an.

Mama fängt an zu lachen, denn Papa ruft nun »Hokus Pokus Fidibus« und hext mit dem Riot-Stick seines Schlagzeugs ein ganzes Festtagsmenü aus der Kiste heraus, bis auf unserem Tisch eine ganze Ente, eine Schüssel Rotkohl und Klöße mit einer dunklen, dampfenden Soße zum Verzehr bereitstehen.

Mama ist platt.

»Da hat aber einer immer noch ein schlechtes Gewissen«, murmelt sie vor sich hin, und äußert laut: »Sag mal, das sieht ja sehr gut aus, aber ist das denn auch Bio?«

Papa zieht einen Flunsch.

»Ein Scherz, Chris, das war doch nicht ernst gemeint, es sieht toll aus, danke!«

Papa öffnet eine Flasche Rotwein und schenkt Mama ein.

»Nicht doch, Chris, ich stille doch noch! Na ja, aber eine kleine Schorle kann vermutlich nicht schaden, nicht wahr, kleine Mia?«, beschließt sie laut.

Das kenne ich schon von Silvester und bin offen für Experimente, doch ich bedaure, dass Sören-Wotan und Bettina diesmal nicht dabei sind und ebenfalls Rotwein trinken, denn das würde meinen Gespielen sicher schön locker machen.

Meine Eltern prosten sich zu, und dann ist erst mal Stille, während die Ente in ihrem Umfang erheblich dezimiert wird.

Leise trainiere ich die Perfektion meines Mbembe, als Papa zu mir kommt und meine Wippe dergestalt umdreht, dass ich den Tisch nicht mehr sehen kann. Finde das ungerecht, denn die beiden gucken mir schließlich auch immer beim Essen zu.

Teddy grinst und holt sich Chips und Getränke aufs Sofa.

Was soll das denn, denke ich, und beobachte im Spiegel, was hinter mir vorgeht.

Papa geht zu Mama und gibt ihr einen Kuss. Dann lächelt er sie an und legt eine Hand auf ihre Brust.

Die gehört doch mir! Bestimmt hat er mich deshalb umgedreht.

Na warte, denke ich wütend, strample wie wild in meiner Wippe herum und beginne laut zu schreien.

Mama reagiert prompt und lacht: »Nicht vor dem Kind, Chris.«

»Ach komm, sie sieht uns doch nicht, lass uns doch einfach mal …, wie früher …«

Doch Mama ist strikt dagegen.

»Es bleibt dabei, nicht vor Mia, und außerdem bin ich sowieso viel zu müde.«

Sie gähnt herzhaft und beginnt, den Tisch abzuräumen.

Teddy ist enttäuscht und bringt die Chipstüte wieder weg.

Jetzt wird Papa sauer: »Immer bist du zu müde, das kann doch nicht so weitergehen!«

»Dann geh doch zu deiner Aloe!«

»Fängst du schon wieder damit an! Wie oft soll ich mich noch bei dir entschuldigen? Ich will nicht zu Aloe, ich will, dass wir wieder ein Paar sind, so wie vor der Geburt!«

Das will ich nicht, denn dann wäre ich ja nicht dabei.

»Das möchte ich doch auch …«, ruft Mama.

Das wird ja immer schöner.

»… aber den ganzen Tag ein Kleinkind und der Haushalt, das ist so was von anstrengend, und dann soll man auch noch eine gute Liebhaberin sein, das schaffe ich einfach nicht.«

Finde, dass Mama eine ausgezeichnete Liebhaberin ist. Sie nimmt mich doch dauernd auf den Schoß und drückt und herzt und küsst mich wie verrückt, besser geht es nicht, das müsste eigentlich auch Papa einsehen.

»Da muss sich doch irgendwas dran ändern lassen«, murrt Papa missmutig.

Wie meint er das denn?

»Dann geh du doch auch mal ein Jahr in Elternzeit, dann wirst du sehen, was das bedeutet!«, bricht es aus Mama heraus, »diese zwei Monate, das ist doch lächerlich!«

»Zwei Monate ist doch richtig lange, es ist in meinem Job ganz schön schwierig, sich so lange freizunehmen.«

»Ganz schön viel für 'ne schöne Motorradtour, willst du sagen«, ruft Mama zornig.

»Ich bin doch nicht Marlon«, antwortet Papa nunmehr ungehalten, »das mit der Motorradtour hat *er* doch gesagt, und bin doch nur aus Spaß darauf eingegangen, also ehrlich, dass du schon wieder an Marlon denkst, spielt sich da hinter meinem Rücken was ab, oder täusche ich mich?«

»Ach Quatsch«, sagt Mama genervt, »doch nicht mit Marlon.«

»Ach? Mit wem denn?« Papa horcht auf.

»Mit keinem! Aber du kannst mir doch nicht weismachen, dass du in zwei Monaten das Gleiche leistest, was ich in einem Jahr geleistet habe! Meine Karriere hat total unter der Auszeit gelitten. Höchstwahrscheinlich werde ich nie mehr einen Kurator finden, der mit mir zusammenarbeiten will, dabei hatte ich gerade eine wunderbare Reihe über die Verschmelzung des Mona-Lisa-Motivs mit Mias Ultraschallbildern fertig, so was hat vor mir noch keiner gemacht!«

Teddy kichert.

Auch ich bin mir nicht sicher, ob dieses Thema ein Publikum findet, beschließe aber aus familiärer Solidarität, so schnell wie möglich zu wachsen, um Mamas Kuratorin zu werden.

»Die Reihe war wirklich sehr ausgefallen«, greift Papa vorsichtig das Thema auf, »dein Zyklus ›Dickes Blut‹ in Divergenz zur Ein-Kind-Politik Chinas hat meiner Meinung nach jedoch mehr Potential.«

Er macht eine Pause und kratzt sich am Kopf.

»Aber der letzte Kurator war ja nun wirklich ein ganz schönes Wind-Ei, dem würde ich keine Träne nachweinen«, brummt er schließlich.

»Wind-Ei oder nicht, so eine Chance kriege ich nie wieder.«

Beide schweigen.

Nach einer kurzen Pause sagt Mama leise: »Und wir wollten doch eigentlich noch ein zweites.«

Was soll das denn bedeuten. Ein zweites Essen?

Ich finde, Essen ist auch nicht die Lösung.

Und zur Not sind sicher noch ein paar Pastinake-Gläschen im Schrank, die müssen eh weg.

Oder will sie noch ein zweites Mal heiraten?

Und wenn ja, dann nochmal Papa oder jemand anderen? Heißt das jetzt Trennung?

Langsam kriege ich Panik.

Doch meine Reaktion ist offensichtlich unbegründet, denn Papa scheint sich seiner Sache sicher zu sein, nimmt Mama nun in den Arm und erwidert: »Dabei bleiben wir auch, oder? Das kann doch ein Job nicht wert sein, da hat doch die Familie Vorrang, oder nicht, mein Liebling?«

Obacht, Papa, der Liebling bin ich.

Mit einem Ruck setzt sich Mama auf.

»In Ordnung. Wenn du beim nächsten Mal ein Jahr in Elternzeit gehst, bin ich einverstanden.«

Was meinen die mit »beim nächsten Mal?« Soll ich wieder zurück in Mamas Bauch oder was? Ich hab es doch geahnt! Entsetzt strample ich so heftig, dass meine Wippe fast umkippt, doch keiner beachtet mich.

»Was?«, Papa schaut Mama geschockt an, aber ihr scheint es bitterernst zu sein, denn sie guckt wie eine Mischung aus Victoria Beckham, dem Papst und Gudrun-Rudolf-Steiner Wiebkötter.

»Heike, das geht doch nicht, ich bin doch selbständig.«

»Ich auch«, sagt Mama bockig, und ich denke, wo sie recht hat, hat sie recht.

»Aber mein Tonstudio! Es hat doch Jahre gedauert, bis ich das aufgebaut hatte.«

»Du nimmst meine Kunst nicht ernst«, antwortet Mama traurig, »wie schade.«

»Doch, Heike, natürlich, ich liebe deine Kunst, aber ...«
»Was, aber?«
»Das kannst du doch nebenbei machen!«
»Wie bitte?«

»Ein Kind zu versorgen, das kann doch nicht so viel Arbeit sein, das schaffst du doch mit links, da bleibt doch genug Zeit zum Malen!«

Jetzt guckt Mama geschockt.

»Ach ja?«, schreit sie, »dann hau ich jetzt mal für eine Woche ab und fahre in einen schönen Wellness-Urlaub nach Bad Ischl oder wie das heißt, denn wenn man ein Kind so einfach händeln kann, schaffst du das ja spielend neben deinem Job!«

»Wellness ist doch gar nicht dein Ding, Heike.«

Papa versucht angestrengt, der Situation die Brisanz zu nehmen.

»Na und? Jedenfalls fahre ich jetzt weg.«
»Heike, das war doch nicht so gemeint.«

»Ach, wie war es denn dann gemeint? Ich werde das jedenfalls so nicht nochmal mitmachen, da kannst du dich auf den Kopf stellen.«

»Na gut«, lenkt Papa ein, »ich denke drüber nach.«
»Und die Nächte übernimmst du jetzt auch.«
»Heike!«
»Keine Widerrede!«

»Okay, wenn du ab jetzt immer die Spülmaschine ausräumst.«

»Mach ich doch sowieso dauernd! Und du sprichst bitte mit deinen Kollegen!«

»Ja-ha! Ich bin sicher, dass wir eine Lösung finden werden, notfalls übernimmt Mia den Laden.«

Ich hör wohl nicht recht. Kinderarbeit oder was. Blicke mich um und suche die Knüpfstühle, sehe aber nur Plastikelemente, die ich dauernd zu Türmen stapeln soll. Warum, hat sich mir bis jetzt noch nicht erschlossen, aber ich werde noch rauskriegen, wozu das gut sein soll.

Jedenfalls gebe ich mich für ihre Belange nicht her, da sollen sie doch lieber ihre Knete selber machen.

Aber statt sich endlich an die Arbeit zu machen, fängt Mama an zu prusten, und Papa stimmt mit ein. Ungeduldig warte ich darauf, dass ich wieder herumgedreht werde, doch nun küssen sie sich seeeehr lange, sie hören überhaupt nicht mehr auf, sich zu küssen. Begeistert holt Teddy die Chipstüte wieder hervor, und ich schlafe vor Langeweile ein.

~

Ein paar Tage später ist Mama plötzlich ganz aufgekratzt und sagt, heute sei Karneval und sie habe mir mein erstes Kostüm gekauft.

Karneval, mh.

Habe mal gehört, da würde erst viel getrunken und dann in fremden Vorgärten ungewollt Kinder gezeugt, und dafür fühle ich mich einfach noch nicht reif genug, obwohl ich zugeben muss, dass ich Sören-Wotan auch körperlich sehr schätze.

Mama raschelt mit einer Plastiktüte herum und holt etwas für mich zum Anziehen heraus.

Ich fasse es nicht.

Es ist ein Entenkostüm.

Was für eine tolle Idee.

Teddy kriegt sich nicht mehr ein vor Lachen, doch ich finde das gar nicht witzig und rufe ihm zu: »Brauchst gar nicht so zu lachen! Meine Eltern haben sich bestimmt was dabei gedacht.«

»Jau«, wiehert Teddy, »nur dass die Ente ein Tier ist, bei dem die Frau hässlicher ist als der Mann, das haben sie nicht bedacht, haha.«

Bin gekränkt.

Ich weiß, dass ich keine Haare habe. Als ob das für ein Mädchen nicht schon Katastrophe genug wäre, finde ich außerdem, dass man ja nicht *alles* offensiv angehen muss.

Teddy erklärt entschuldigend: »Es ist ja nun mal so, die Entenfrau ist hässlicher als der Entenmann. Ehrlich, so übertreibt die Ente Gleichberechtigung.«

Er überlegt.

»Das ist ja genau so, als würden Frauen die Gleichberechtigung umsetzen, indem sie jetzt auch im Stehen Pipi machen.«

Nun muss ich auch lachen.

»Genau!«, schreie ich. »Die bekloppte Ente! Und dann das sprachliche Niveau – was ist denn das für ein Vorbild? Einen Ein-Wort-Satz, mehr hat die Ente nicht auf der Pfanne.«

»Gack!«, macht Teddy, während ich laut nachdenke: »Vielleicht war das Kostüm auch bloß billig. Papa und Mama gehen jedenfalls auch als Enten.«

»Die können einfach nicht loslassen und bringen dir wahrscheinlich noch mit fünfunddreißig Dinkeltierkekse ins Bundeskanzleramt, haha.« Teddy kringelt sich vor Lachen.

Fühle mich geschmeichelt. Dass Teddy mir solch einen Posten zutraut, hätte ich nicht gedacht, und ich bin froh, ihn als Freund zu haben.

»Genau. Und wenn es bei ihnen finanziell nicht so läuft, verkaufen sie dann die Entenfotos an die Bildzeitung. Zusammen mit dem Popel.«

Diese Vorstellung behagt mir allerdings gar nicht, und ich erwäge spontan, mich umzubringen.

»Das lohnt nicht, Mia«, sagt Teddy, »außerdem geht es jetzt los.«

Tatsächlich, die ganze Geflügelfarm soll jetzt nach draußen. In die Öffentlichkeit. Teddy gackert: »Peinlicher werden die in der Pubertät auch nicht mehr.«

Er hört auf zu lachen, als Mama ihm stolz ein offensichtlich selbstgenähtes winziges Enten-Kostümchen anzieht.

»So, Teddy, jetzt bist du auch fein rausgeputzt!«, verkündet sie strahlend und drückt ihn mir in den Arm.

»Mitgehangen, mitgefangen«, flüstere ich ihm zu und verkneife mir das Grinsen.

Zwei Enten und zwei Erpel ziehen nun los.

In der Nähe ist ein Ententeich, den viel zu viele dieser merkwürdigen Schnabeltiere als ihr Zuhause betrachten. Angst wohnt in meinem Gedärm, denn ich bin alles andere als ein Rudeltyp. Ich hasse die Masse. Sören-Wotan hat mal gesagt, es gäbe Bücher, da wimmle es nur so von Menschen, Hühnern und Rauhaardackeln, die seien geradezu vollgestopft mit dem Zeug, und ich hoffe inständig, dass mir so was erspart bleibt.

Zum Glück zieht Papa Mama aber vom Teich weg in Richtung Straße. Plötzlich bleibt er stehen. Sicher will er als Ente perfekt sein und ein Körnchen aufpicken, doch er sagt, wir würden hier jetzt auf den Zug warten, und er packt begeistert zwei Bierflaschen aus.

Aha. Scheinbar führt bereits die Planung von alkoholisierten Rauschzuständen zu einem benebelten Bewusstsein.

Papa gibt mir nun mein Milchfläschchen mit den Walen, Delphinen und den immer noch ulkigen Pistolenkrebsen drauf, und ich hoffe, dass er die Milch nicht aus lauter Feierlaune mit Bier gestreckt hat.

Ein paar Minuten später trudeln auch Sören-Wotan und Levke-Fee mitsamt Anhang ein. Beinahe verliere ich die Selbstbeherrschung, denn Levke-Fee geht als Fliegenpilz und Sören-Wotan als Öko-Gurke. Sogar ein originalgetreues Bio hat Bettina auf die Gurke gepinselt, und ich frage Sören grinsend, ob ich ihn mal anknabbern darf.

Er flüstert mir warnend zu: »Sag jetzt bloß nichts, du siehst genauso bescheuert aus.«

Wenn einer die kreativen Ideen meiner Eltern beleidigen darf, dann ja wohl ich, denke ich, und lasse ihn erst mal links liegen.

»Was machen wir hier?«, fragt der Fliegenpilz.

»An der Straße auf den Zug warten«, gebe ich lakonisch Auskunft.

»Aha«, sagt der Pilz, »ist ja komisch.«

»Bei Harry Potter sieht man ja auch keine Gleise«, gibt die Gurke zu bedenken.

»Wenn wir bei Harry Potter wären, würde ich ihn bitten, uns die Kostüme wegzuzaubern«, murmele ich, doch ich verstumme umgehend und staune.

Da kommt tatsächlich ein Zug.

Wir sehen bunte hohe Wagen, in die man nicht einsteigen kann. Die Waggons sind nicht aneinandergekoppelt und scheinen alle überfüllt zu sein, denn Ballast wird abgeworfen.

»Der nächste Zug kommt laut Fahrplan erst nächstes Jahr«, lacht Papa und nimmt noch einen Schluck aus der Pulle.

Wie auf Kommando fangen jetzt plötzlich die Fahrgäste am Straßenrand an zu randalieren. Sie schreien Wörter in einer fremden Sprache. ›Kamelle‹, ›Strüsscher‹, ›Kölle Alaaf‹. Schrecklich.

»Die sehen ja aus wie fünfzig Karpfen mit Unterkieferlähmung«, überspiele ich meine Fassungslosigkeit.

Die Gurke lacht: »Außerdem scheinen die alle eine Es-

Zeh-Hah-Schwäche zu haben, sind bestimmt nicht frühgefördert worden, die Armen.«

Voller Mitleid schauen wir sie an, doch das stört sie nicht, denn sie schreien immer lauter. Die Stimmung ist kurz vorm Kippen, da tauchen Uniformierte zwischen den Wagen auf und wollen die grölende Meute mit lustigen Marschliedern für sich vereinnahmen.

Mama flüstert Papa zu: »Ein altes Konzept aus den Dreißigern«, und beide lachen wie von Sinnen.

Die Uniformierten haben wohl Angst vor einem Überfall der grölenden Meute am Straßenrand, denn sie starren auf ihre Marschgabeln wie eine Mischung aus Klaus Kinski und Gesichtswurst.

Mama denkt scheinbar das Gleiche, denn sie sagt zu Wiebke: »Mann, sind die ernst, die gucken ja, als würden hinter ihnen Medusa und der Plumpsack Hochzeit feiern.«

»Den Plumpsack kenne ich, aber wer ist Medusa?«, fragt Wiebke interessiert, doch Mama ist in Provozierlaune und singt mit Papa zusammen: »Ich bin ene Räuber.«

»Deshalb also die Maskerade«, flüstere ich der Gurke zu, »die wollen den Zug überfallen! Meine Eltern sind Bonnie und Clyde.«

Ich winke den Polizisten, die den Zug anführen, hektisch zu. Ich will auf keinen Fall in den Knast, Opa hat nämlich mal gesagt, dass es im Knast keine Kekse gibt, und auf die freue ich mich schon mein Leben lang.

Die Polizisten winken freundlich zurück, bewerfen mich mit Lakritz-Handschellen und fahren lächelnd weiter.

Die haben Schiss! Vor Mama und Papa! Doch dann sehe ich es auch. Hinter uns stehen Piraten, Wikinger, die Daltons und zehn Darth Vaders.

Die Macht ist mit uns.

Die Polizisten lächeln wie verrückt und kneifen.

Die zehn Darth Vaders schwingen ihre Leuchtschwerter und röcheln »Strüsscher, Kamelle«, woraufhin die Fahrgäste ihre Wertsachen runterwerfen, ihre Lebensmittel, ihre Stofftiere und sogar frisch geerntete und aufmerksam in Folie verpackte Tulpen. Mann, Mann, Mann, müssen *die* eine Angst haben.

Meine Eltern genießen ihren Status, setzen noch einen drauf und rufen: »Alles muss raus. Alles außer Tiernahrung.«

Der ganze Block lacht sich kaputt.

»Das Niveau ist fragwürdig, aber es scheint zu funktionieren«, kommentiert der Fliegenpilz trocken und kratzt sich widerwillig die Punkte aus dem Gesicht.

Dicke mit Orden behangene Männer mit Schiffchen auf dem Kopf werfen ihre riesigen Pralinenschachteln in die Fenster des Hauses hinter uns.

Sören-Wotan sagt warnend: »Dreh dich bloß nicht um – da oben wohnt der Hotzenplotz.«

Bin dankbar für die Warnung und versuche, mich unauffällig zu verhalten. Rufe auch »… melle« und kriege sofort die Taschen mit Süßigkeiten vollgestopft.

Das ist ja einfach.

Versuche es mit »Snitzel«. Das klappt aber nicht.

»Pommes.« Keiner reagiert.

»…melle.« Werde das nächste Woche im Aldi versuchen.

Plötzlich kommt eine Sambagruppe vorbeigeklöppelt.

Hier ist ja wirklich was los, denke ich, und auch Papa wiehert, der Bahnchef ließe sich echt was einfallen, um vom spärlichen Fahrplan abzulenken. Marlon und Lutz lachen tiefkehlig und öffnen weitere Bierflaschen.

»Was will denn um Himmels willen eine Sambagruppe in Köln«, frage ich die Gurke und versuche, näher an sie ranzurücken.

Sören-Wotan sagt, das sei sicher keine richtige Sambatruppe, das sei bestimmt bloß eine Demo für die faire Bezahlung bolivianischer Panflötenpflücker mit Holzallergie.

Ich mag Jungs mit Humor und kichere ein wenig.

Gucke mir die Gruppe nun genauer an. Alle sind vollkommen verrückt geschminkt und tragen aus Solidarität blaue Müllsäcke am Pädagogenleib.

Mama sieht meinen erschrockenen Blick und flüstert mir zu, das sei nun mal Karneval, da gehöre Samba eben dazu, und sie fängt an zu tanzen wie eine wild gewordene Hummel, die sich aus Versehen selbst gestochen hat. Kaum zu glauben.

»Das soll Samba sein? Im Fernsehen habe ich mal Bilder aus Rio gesehen, auf denen haben sich schlanke Frauen in pailettierter Unterwäsche wie Elfen beim Flügelbügeln bewegt«, sage ich zu Teddy und zeige ratlos auf die Gruppe.

Teddy zuckt unter seinem Kostüm mit den Schultern und sagt trocken: »Hier in Köln wird das karibische Feeling eben anders umgesetzt, hier gibt es nur blaue Müllsäcke mit Montessori-Pädagoginnen drin, die mit selbstgeschnitzten Trömmelchen ihre versteckten Aggressionen auf Thorben und Hannibal-Fabrice kompensieren.«

Der Fliegenpilz, die Gurke und ich lachen laut, und Mama sagt zu den anderen Erwachsenen: »Guckt mal, den Kleinen gefällt's.«

Wiebke fragt Mama, ob sie nachher mal Levke-Fee kurz nehmen könne, sie wolle mal eben mit Lutz um die Ecke, und na ja sie wisse schon, sie habe heute ihren Eisprung, und nachher seien sie doch noch eingeladen, da müssten sie halt jetzt, und das sei ja im Karneval auch ganz normal.

Mama unterbricht sie und erwidert, sie wolle das gar nicht so genau wissen, aber natürlich, sie wolle gerne für ein Stündchen auf den Fliegenpilz aufpassen.

So lange bräuchten sie nicht, sagt Wiebke grinsend und zerrt Lutz hinter sich her.

Mama schüttelt den Kopf und sagt zu Bettina, die Sambagruppe sei das Meer, denn die Gruppe hieße »Löstije Kölsche Piraten e. V.«.

Wahrscheinlich wieder zu viel gekifft, denke ich verständnislos. Das Meer. Klar. Und ich bin Ebbe, Flut und Curd Jürgens' Mütze.

Die Pädagogen bleiben vor uns stehen und trommeln so verzweifelt, als gäbe es kein Telefon. Unsere Verbrecher-Gruppe e. V. lässt sich anstecken und hopst durch die Gegend wie sechs Grobis mit Flummi im Po.

Plötzlich kriegt meine Entenmama eine Tulpe in Plastikfolie überreicht und muss dafür einen fremden, dicken Sambatrommler küssen. Sicher Herr Montessori. Papa steht daneben und lacht.

Jetzt küsst Papa eine Frau, die sich aus bunten Putzlappen ein vermutlich kostengünstiges Kostüm zusammengeklebt hat. Auch er wird in Tulpen bezahlt.

Ich fasse es nicht.

Meine Eltern sind Räuber und Saison-Prostituierte.

Ich bin schockiert, lasse mir aber nichts anmerken und rufe weiter »… melle«.

Nun folgt ein Spielmannszug mit Blockflöten, die man quer hält. Karneval ist soooo verrückt, und es ist eindeutig zu viel Alkohol im Spiel.

Wiebke und Lutz kommen wieder und sehen irgendwie anders aus als vorher. Nehme mir vor, später darüber nachzudenken, denn der Zug ist nun vorbei, und meine Räuber-Eltern bringen die Beute in unsere Höhlen. Mama packt alles in den Schrank und sagt lachend, das läge nächstes Jahr noch dort.

Beschließe, beim nächsten Mal vorher ebenfalls zu kiffen, dann ist mir vermutlich auch das Kostüm egal.

17. Mein erstes Mal im Sitzen

Als Oma zwei Tage später zu Besuch kommt, sagt sie, es sei gut, dass die Kamellen jetzt im Schrank lägen, denn nun sei ja sowieso erst einmal Fastenzeit.

Mama erwidert, das sei doch total überholt, und sie kenne niemanden, der noch nach Karneval faste, wäre ja auch verrückt, erst noch säckeweise Süßigkeiten fangen und die dann nicht essen dürfen, das hielte doch keiner aus.

Von wegen, verteidigt sich Oma resolut, sogar ihr Johnny habe gefastet, und der sei nun wirklich sehr dem Essen zugetan gewesen, also wenn er ihre Kohlrouladen nur gesehen hätte ...

Sie verstummt unter Mamas irritiertem Blick.

»*Dein* Johnny?«, fragt Mama neugierig.

Oma schweigt und nestelt an ihrem Dutt herum.

Mama gibt nicht auf und insistiert weiter: »Was ist denn das nun eigentlich für eine Geschichte mit diesem Johnny, das will ich doch wirklich langsam mal wissen!«

Ich ehrlich gesagt auch. Vielleicht wurde ja die Zwei-Personen-Ehe erst vor fünfzig Jahren eingeführt, und Oma war vorher Polygamistin. Das würde auch ihre Verbitterung erklären, denn das wäre ja so, als müsse ich immer nur Möhre essen und nie auch mal ein Apfelschnitzchen, ein Stück weiches Brot oder 'ne zermatschte Kartoffel. In dem Fall würde ich zugegebenermaßen auch zum Rosenkranz greifen, da bliebe einem ja gar nichts anderes übrig.

Oma druckst herum und antwortet: »Das mit Johnny ist doch nicht so wichtig, aber für meine Kohlrouladen hat mich noch jeder gelobt, das ist die Hauptsache, mehr habe ich gar nicht sagen wollen.«

Sie nimmt mich flink auf den Arm, doch mir genügt ihre Erklärung nicht, und ich fange an zu schreien.

»Was hat sie denn?«, fragt Oma verunsichert, »ich bin's doch, deine Omi, mein Schnuckelchen, gib der Omi mal 'nen Kuss.«

Ich schreie weiter, damit sie merkt, dass es mir ernst ist.

»Das ist die Fremdelphase«, beruhigt Mama sie, »das ist in dem Alter ganz normal, gib mir Mia mal.«

Auf Mamas Arm angekommen, beruhige ich mich augenblicklich, da mich die warmen, weichen Brüste kulinarisch an eine wunderbare Zeit erinnern.

Oma ist sprachlos.

Mama findet das scheinbar ganz normal und fragt beharrlich: »Nun rück schon mit der Sprache raus, wer ist denn nun dieser Johnny, jetzt lass dir doch nicht alles aus der Nase ziehen!« Dabei füttert sie mich mit Pastinake pur ohne Kartoffelstückchen. Igitt.

Vor Anspannung spucke ich auf ihre neue Bluse, und Mama rennt fluchend wie eine ganze Horde entmannter Mongolen in die Küche.

Oma nimmt mich auf den Arm und wischt mir den Mund ab.

Sofort fange ich wieder an zu schreien, um sie zum Reden zu ermutigen.

Oma ist nun sichtlich frustriert.

Mama kommt mit nasser Bluse wieder, ich verstumme erwartungsvoll, sie füttert mich weiter und fragt: »Und?«

»Wenn du es unbedingt wissen willst: Johnny war ein amerikanischer Soldat, der nach dem Zweiten Weltkrieg in Deutschland stationiert war. Fertig.«

Mir würde das als Erklärung reichen, aber Mama rutscht

unruhig auf ihrem Stuhl herum, und ich bekomme langsam Angst, dass sie womöglich ADHS hat.

»Ja und weiter?«, ruft Mama, und ich mache mir vor Aufregung in die Hose. Gut, dass es Windeln gibt.

Das findet Mama scheinbar auch, legt mich ganz in Ruhe auf meine Patchwork-Krabbeldecke, auf der geklonte Lamas mit ayurvedischen Chakra-Schafen gekreuzt werden, und setzt sich wieder hin.

»Nichts weiter. Er sah gut aus, und wir haben einige Zeit miteinander verbracht. Dann lernte ich deinen Vater kennen. So, und nun ist Schluss.«

»Und was war dann mit Johnny?«, horcht Mama auf.

»Was soll mit ihm gewesen sein?«, sagt Oma betont gleichgültig, doch ich sehe, wie ihre Hände unter dem Tisch den Rosenkranz kneten, als wolle sie Teig für einen ihrer zentnerschweren Amaranth-Stuten daraus machen.

»Hast du ihn nie mehr wiedergesehen?«

»Doch noch einmal kurz.«

Oma macht eine abwehrende Handbewegung und springt auf.

»Aber das ist doch sehr unwichtig, Heike. Ich hol mal den Kuchen aus dem Ofen, bin gleich wieder da. Soll ich das geblümte Service nehmen oder das blaue?«

»Mutter! Jetzt setz dich bitte wieder hin«, befiehlt Mama ungehalten, »wann war denn das, erzähl mal!«

»Och, so Mitte der Siebziger, vermute ich, da war er nochmal kurz hier in Köln.«

Mama grinst und sagt: »Aha!« Ich weiß zwar nicht genau, worum es geht, will aber kein Wort verpassen und setze mich abrupt auf.

Beide verstummen augenblicklich und gucken mich so fassungslos an, als wäre ich gerade spontan als Buddha wiedergeboren.

Gucke an mir runter und kann eine gewisse Ähnlichkeit im Bauchbereich nicht leugnen.

»Guck mal, Mia kann sitzen!«, schreit Oma erleichtert, läuft auf mich zu und flüstert mir ins reinkarnierte Öhrchen: »Gut gemacht, kleine Maus, genau im richtigen Augenblick! Danke!«

Mama flippt ebenfalls aus vor Freude, schreit ›MI-A kann si-tzen, MI-A kann si-tzen!‹ und holt sofort Papas iPhone, um ein Video von mir und meinen außergewöhnlichen Fähigkeiten zu drehen.

Werden nun wohl nie erfahren, was Oma mit diesem Johnny in Köln angestellt hat, aber egal; meine zunehmende Körperbeherrschung ist mir eindeutig wichtiger: Ich sitze!

Ein kleiner Schritt für die Menschheit, aber ein großer Schritt für mich.

Ich bin so überwältigt, dass ich umkippe.

Mama und Oma lachen.

Finde das gar nicht komisch und stelle mich schlafend, um die gewonnenen Eindrücke aus der neuen Perspektive in Ruhe verarbeiten zu können. Sitzen ist auf jeden Fall anstrengend, und die Achtung vor meinen Eltern, die den ganzen Tag im Tonstudio oder vor der Staffelei hocken, wächst ins Unermessliche.

Ab nun wird jeden Tag geübt.

~

In den letzten Wochen habe ich täglich trainiert und sitze nun wie eine Weltmeisterin. Endlich kann ich die Bücher im kompletten Regal sehen, ohne im Liegen meinen Kopf hochhalten zu müssen wie eine sitzengelassene Synchronschwimmerin, die ihre Nasenklammer verloren hat.

Bettina und Marlon kommen mit Sören-Wotan zu Besuch und staunen neidisch über meine motorischen Fähigkeiten.

»Sören-Wotan kann ja auch schon fast sitzen«, kommentiert Bettina eifrig, »nur die Rückenmuskulatur ist noch nicht sooo top trainiert.«

Mama zieht erstaunt die Augenbrauen hoch.

Bettina legt nach: »Aber das wird sich bestimmt in der nächsten Tagen gaanz schnell ändern, denn wir fahren ihn jetzt schon in unserem neuen McVan-Buggy spazieren, der soll unglaublich kompetent zum Sitzenlernen motivieren, das hat jedenfalls Sören-Wotans Mandarin-Lehrer neulich gesagt.«

»Der McVan Best hat nämlich die Easy-Click-Beinauflage und die One-Touch-Zentralbremse hinten«, ergänzt Marlon beflissen und überprüft lässig den Sitz seines gegelten Haupthaars.

Sören-Wotan verdreht die Augen und sagt: »Wer braucht denn so einen Schnickschnack – selber laufen können wäre mir lieber.«

Ich stimme ihm zu: »Bald kannst du erst mal sitzen, mein Schatz, und dann werden wir mächtig viel Spaß haben – schau mal, man macht einfach so, und schwupps, sitzt man.«

Ich zwinkere ihn vielversprechend an, beuge mich zu ihm runter, und er wuselt mir zärtlich mit seinem phantastischen roten Schopf durchs Gesicht.

Hach. Ich bin verliebt.

Mama erwidert indes trocken Bettinas und Marlons Bemerkungen mit einem »Toll!« und flüstert Papa zu: »Aber für Sören-Wotans Rücken ist das gar nicht gut, solange er noch nicht alleine sitzen kann. Na ja, deren Mandarin-Lehrer wird dann sicher die entsprechende Akupunkturtechnik draufhaben.«

Papa grinst, und Mama ergänzt laut: »Gut, dass ihr das

Thema ansprecht, da hab ich noch gar nicht dran gedacht, dann können wir ja jetzt endlich vom Kinderwagen auf den Buggy umsteigen, wie wunderbar! Chris, hol doch unseren Vintage-Buggy ›Pondarosa‹ mal rein, und zeig ihnen die Klimaanlage und den Seiten-Airbag.«

Marlon und Bettina gucken erstaunt.

Mama kichert.

»Das war ein Scherz«, erklärt Papa grinsend, »wir haben uns den gebraucht gekauft, das ist billiger, und da sind dann auch alle Schadstoffe raus.«

Bettina und Marlon reagieren leicht gekränkt, und Papa schlägt begütigend vor, dass sie ja zusammen einen Spaziergang machen könnten, um die neuen Buggys einzuweihen.

Mein Geliebter und ich werden in die Dinger verfrachtet und mit Sechspunktgurten angeschnallt. Augenblicklich komme ich mir vor wie eine weibliche Version von Sebastian Vettel und gucke hilfesuchend zu meinem rothaarigen Freund. Der Arme ist noch viel schlimmer dran. Auch er ist angeschirrt wie ein Profirennfahrer. Als ob das nicht reiche, wird sein Kopf zusätzlich von einem Kissen gehalten, das sich rund um seinen Nacken erstreckt.

Wir ahnen Schreckliches.

»Pah, keine Schadstoffe drin«, greift Marlon Papas Bemerkung auf, »ich finde, das Wichtigste ist, dass der Speed hat! Wer als Letzter an der dicken Kastanie ist, muss die anderen zum Sushi einladen!«

Er sprintet los.

In Papa erwacht der Kampfgeist oder der Geiz, und er rennt mit mir hinterher, als ob eine Horde kölscher Hunnen hinter ihm her wäre.

Bettina schreit: »Marlon, pass auf! Sören-Wotan wird doch bei so was immer schlecht, und er hat doch heute Mittag Kürbis …!«

Zu spät.

Hinter meinem Freund ergießt sich eine Breispur im Flug, als wolle er eine moderne Form der Schnitzeljagd einführen.

»Eine Schnitzeljagd, bei der man das Ziel schon vorher bekanntgibt und trotzdem Spuren legt«, wundert sich Teddy, »eine merkwürdige und wie mir scheint unfreiwillige Idee.«

Papa und ich sind gelb gesprenkelt.

Bettina ist das peinlich, und sie zetert: »Marlon, das darf doch nicht wahr sein, nie hörst du auf das, was ich sage, das geht mir dermaßen auf die Nerven, genau wie deine blöde Sauferei mit deinen Schnösel-Freunden!«

Marlon guckt sie eindringlich an und flüstert: »Nicht schon wieder und nicht hier, Bettina!«

Mit einem Blick auf meine Eltern verstummt sie augenblicklich und fasst sich wieder.

Mama ist das peinlich und sagt: »Ach, vor uns braucht ihr keine Hemmungen zu haben, wir sind auch nicht immer einer Meinung, neulich zum Beispiel hat Chris ...«

»Heike!«, unterbricht Papa sie scharf, »siehst du nicht, wie Mia und ich aussehen? Hilf mir lieber, die Kleine sauberzumachen!«

Das finde ich auch und schaue zu Sören-Wotan hinüber. Er sieht ganz blass aus und guckt mich schuldbewusst an.

»So wird das nichts mit unserer Beziehung, Sören«, stelle ich enttäuscht fest.

»Entschuldige bitte! Aber eine intakte Beziehung zu führen ist ja auch nicht leicht, wenn man überall nur was von Partnerschafts-Konflikten hört«, erwidert Sören-Wotan ungehalten, »bei uns gibt es nur Stress zu Hause, und deine Eltern machen ja auch nicht gerade den Eindruck von permanentem Honeymoon.«

Wir fahren wieder zurück, und ich bin froh, aus dem Vintage Buggy wieder rauszukommen und in Liegeposition entspannt chillen zu dürfen.

Denke über den fehlenden Honeymoon nach. Nehme mir vor, auf die Harmonie meiner Eltern positiven Einfluss zu nehmen, und bitte Teddy, mir romantische Filmplots zu erzählen, die ich dann abends beim Zubettgehen meinen Eltern vorspielen kann, damit sie sich wieder trauen, echte familiäre Gefühle zuzulassen.

Teddy sagt, er kenne nur »Brokeback Mountain« und erklärt mir die Handlung so ausschweifend, dass ich über seine Schilderungen einschlafe.

~

Ein paar Wochen vergehen, in denen ich außer sitzen, essen, schlafen und Spazierfahrten durchs graue Nass nicht viel anderes mache. Langsam wird mir langweilig. Sitze im Wohnzimmer auf meiner Krabbeldecke und versuche, mich vornüber auf meine Hände fallen zu lassen.

Teddy lacht und fragt, ob er mir Knieschoner holen solle, das könne ja keiner mit ansehen.

Ich bin nun leicht gekränkt, lasse mir aber nichts anmerken und übe weiter. Irgendwann werde ich schon krabbeln können, und dann muss er sich in Acht nehmen, denn demnächst werde ich überall sein. Selbst er kann sich dann nicht mehr vor mir verstecken, auch nicht, wenn er seine angeblich gesetzlich vorgeschriebenen Arbeitspausen nehmen will, in denen er immer zum Rauchen vor die Tür geht und glaubt, ich würde das nicht merken.

In einer Verschnaufpause schiele ich hoch. Mama sitzt mit Wiebke am Tisch und bietet ihr einen fair gehandelten Latte Macchiato an. Die lehnt dankend ab und fragt, ob es große

Umstände mache, wenn Mama für sie einen koffein- und laktosefreien Kaffee zubereiten würde, und ob sie zusätzlich ein Glas Wasser bekommen könne, sie müsse nämlich noch dringend ihre Folsäure-Tabletten nehmen.

Mama guckt erstaunt.

Weshalb Wiebke denn Folsäure nehme, fragt sie, das nähmen doch nur Schwangere und ob sie damit sagen wolle, nein, das sei ja phantastisch.

Wiebke unterbricht sie und antwortet, nein, sie sei nicht schwanger, aber man solle das ja schon vorher prophylaktisch nehmen, man wisse ja nie.

Mama tätschelt ihr den Arm und will schon aufstehen, als Wiebke sich vorbeugt und flüstert, dass sich bis jetzt leider noch nichts getan habe, aber sie und Lutz hätten ja auch noch nicht alles ausprobiert.

Mama guckt fragend, und Wiebke fährt fort, sie habe Lutz jetzt Austern gekauft und sich selbst rote Reizwäsche, und heute Abend wolle sie mal gucken, wo der Hammer hängt.

Mama lacht laut auf, und nach einem kurzen Moment stimmt Wiebke mit ein.

»Der liegt im Werkzeugkasten«, rufe ich ihr zu, »außerdem braucht man sich für kleinere Handwerksarbeiten nicht unbedingt umzuziehen, macht Papa auch nie. Und Proviant ist auch nicht zwingend nötig.«

Ich freue mich, dass ich helfen kann, doch die beiden reagieren nicht wie erhofft, sondern sagen nur: »Blebleble, ja fein Mia, geht's dir gut?«

Das gibt's doch gar nicht, denke ich, und robbe los, um unseren Hammer zu holen, damit Wiebke sich finanziell nicht so verausgaben muss. Waldorf-Lehrerinnen verdienen nämlich nicht so viel, das hat Papa mal gesagt, das sei mehr so eine ideologische Sache, pädagogisch aber zumindest für einen Teil der Bevölkerung wirklich wertvoll. Wie ein einarmiger Bandit robbe ich nun Richtung Tür, doch sie bemerken mich nicht und sprechen nur über »Eisprung-Messung«, »anregende Gewürze« und »Softpornos«.

Engagiert setze ich meine Reise fort, immer ein Arm und das gegenüberliegende Bein – die andere Seite will einfach nicht mitmachen, aber ich komme auch so voran.

Als ich am Bücherregal vorbeikomme, überfällt mich schlagartig der Wunsch nach einer Neuordnung desselben, das Ding war mir schon immer ein Dorn im Auge. Ohne Zeit zu verlieren, beginne ich, einen dicken Wälzer aus dem Fach zu ziehen, und schaue ihn mir an.

Nirgendwo Bilder.

Beschließe, dass der wegkann, und schmeiße ihn in die Ecke. Ich mache weiter, und nach kurzer Zeit ist der Stapel von ausrangierten Büchern so groß wie der Kölner Dom in seiner Entstehungsphase.

Gerade überlege ich, wie ich an Mamas Gläser im obersten Fach der Anrichte heran komme, um ihnen im untersten ein neues Zuhause zu geben, als Mama ihr Gespräch überrascht unterbricht: »Warte mal, Wiebke, wo ist denn Mia, das kann doch gar nicht sein?!«

Sie springt auf, entdeckt mich neben dem Bücher-Dom und kreischt aufgeregt: »Wie bist du denn da hingekommen, Mialein? Das ist ja großartig! Da ist die Mama aber sto-holz! Guck mal, Wiebke, Mia kann robben! Ich wusste doch, dass aus dir mal was wird, zeig uns mal, wie du dich fortbewegst, mein kleiner Hosenscheißer!«

Die Betonung liegt auf »fort«, denke ich und überlege, ob ich vom Robben gleich weitermachen, das Krabbeln überspringen und sofort loslaufen soll, und dann nur noch laufen, laufen, laufen bis ich an einem Ort bin, an dem keiner mehr Scheißer zu mir sagt, nein, wo keiner das Wort Scheißer überhaupt nur kennt.

Wegen meines motorischen Defizits verwerfe ich den Gedanken aber sofort und gehe in Verweigerungshaltung.

»Was ist denn los, Mia?«, fragt Mama enttäuscht hinter dem Camcorder, »warum zeigst du der Mama nicht, was du kannst?«

»Sie braucht sicher einen Anreiz«, bringt sich Wiebke lächelnd ein und legt in einem großen Abstand zu mir eine Dinkelstange auf den Boden.

Vielen Dank, Frau Nachbarin, da hatte ja jemand eine ganz originelle Idee, denke ich und halte die Stellung.

»Es funktioniert nicht«, kommentiert Mama hilfesuchend.

Sie versuchen es mit Amaranthkeksen, Banane und der Motorikschleife.

Nichts.

Erst als sie einen Muffin als Köder auslegen, setze ich mich in Bewegung und robbe los wie eine Bundeswehrsoldatin, die zu oft beim PEKiP »Wo sind meine Beine, ich habe keine Beine mehr« gehört hat.

Mama ist entzückt, sie tanzt um mich herum wie ein Anfänger-Fakir auf brennenden Kohlen.

Dann räumt sie die Bücher wieder ins Regal zurück, und ich ärgere mich darüber, dass meine Arbeit nicht anerkannt wird. Fühle mich gemobbt und würge den Muffin wieder hoch. Wollen doch mal sehen, wer hier die Stärkere ist.

18. Das Dinkel-Ei und der Mops

Offensichtlich ist Mama gerade irgendetwas Aufregendes passiert, denn obwohl sie sonst ein Morgenmuffel ist, weckt sie mich freudestrahlend und sagt, dass der Osterhase da war.

War, denke ich, und dreh mich nochmal um.

Mama wird ungeduldig und sagt, ich solle ihr beim Eiersuchen helfen.

Ich glaube es nicht: Mama verlegt wirklich alles.

Es ist zum Verrücktwerden, täglich rennt sie mit mir auf dem Arm in den Keller, und weiß nicht mehr, was sie da will. Manchmal male ich ihr mit Möhrenbrei ein Wischbild auf den Boden mit Kartoffeln drauf und trockener Wäsche, doch Mama will keine Hilfe und feudelt das immer direkt weg. Vermutlich empfindet sie mich künstlerisch als Konkurrenz, aber so schnell gebe ich nicht auf.

Beim nächsten Mal versuche ich es mit Kartoffeldruck.

Ehrlich gesagt finde ich, dass um acht Uhr morgens kein Mensch Eier braucht. Teddy pflichtet mir bei und baut aus Lego ein betreutes Wohnprojekt für Alzheimerkranke. Ich finde es großartig, dass er so fürsorglich ist, doch Mama beachtet ihn nicht und besteht aufs Eiersuchen. Widerwillig beschließe ich, ihr zu helfen, robbe in die Küche und ziehe an der Kühlschranktür.

Zehn Eier in Reih' und Glied.

Mama schüttelt den Kopf, lacht und trägt mich schnurstracks Richtung Garten. Ich bin entrüstet und werfe auf dem Weg in den Garten ärgerlich einen Blick auf die Einkaufstasche von gestern.

Tatsächlich.

Alle fünfzig Eier weg. Mama kauft gern von allem viel – es sei dann billiger, sagt sie, obwohl sie mehr dafür bezahlt. Das begreife ich nicht, muss aber vielleicht auch nicht alles verstehen, und ich beschließe, erst mal in Ruhe ein Nickerchen auf ihrem Arm zu machen.

Doch zum ersten Mal ist Mama dagegen, dass ich schlafe, unglaublich, sie wirkt geradezu verzweifelt und sagt, ich solle nun endlich die Eier im Garten suchen.

Mir schwant Böses.

Ich hatte mir neulich einen Hund gewünscht.

Hund, nicht Huhn. Klingt ähnlich, ein Huhn hat aber kein Fell und holt kein Stöckchen. Dass sie Dinge verwechselt, kenne ich schon von ihr, und ich bin mir nun endgültig sicher, dass Mama schlechter hört, als Stevie Wonder sehen kann. Wenn ich Keks sage, kriege ich zum Beispiel immer Vollkornbrot mit Dinkeltofupastete. Schön ist das nicht.

Als sie die Terrassentür öffnet, atme ich auf. Kein Huhn ist in Sicht, nur meine komplett versammelte Verwandtschaft, die sich hinter der Regentonne versteckt.

Mama setzt mich auf die Wiese und ruft begeistert: »Guck mal, Mia, der Osterhase war da!«

War, denke ich, die Show ist vorbei.

Ich drehe also ab Richtung Legoheim, doch Mama schnappt mich, hebt mich hoch und zeigt auf die Forsythie.

Nun bin ich ehrlich überrascht. Der gelbe Strauch hängt voll mit bunten Eiern, und ich habe wieder was gelernt.

Die Hühner kacken pastell, und der Osterhase kann fliegen.

Wie auf Kommando richten Mama, Papa, Oma, Opa und zwei Nacktschnecken ihre Fotohandys auf mich.

Opa schreit: »Guckguck, hier ist das Vögelchen, ja guckimal, Mia!«

Ich murmle: »Hase, Opa, nicht Vögelchen«, und suche den Rübenfresser.

Opa versteht mich nicht und wiederholt sein Anliegen.

Langsam schwant mir, dass irgendetwas von mir erwartet wird, und ich weiß nicht, was. Aus Verzweiflung imitiere ich spontan Louis de Funès: »AH, OH, N(EIN), D(OCH), OH«.

Blitzlichtgewitter aus Richtung Regentonne. Aha, ich scheine also alles richtig gemacht zu haben und atme erleichtert auf.

Dann werde ich rumgereicht, von Mamas Arm auf Papas, der mich aufgeregt darüber informiert, dass der Osterhase Eier für mich versteckt habe. Engagiert trägt er mich zu einer Krokusformation und sagt: »Gucki mal da, Mia, guck mal, was da ist, uiuiuiuiui.«

Ich bin baff. Vier bunte Eier strahlen aus dem Strauß heraus wie kontaminierte Teletubbies. Sie sehen genauso aus wie die, die Mama gestern gekocht hat. Es müssen aber andere sein, denn Mama erkennt sie nicht wieder.

Irritiert gucke ich mich um und sehe plötzlich überall Eier.

Offensichtlich hat der Hase sie nicht mehr alle. Klaut dem Huhn die Früchte der Zeugung und versteckt sie bei fremden Leuten. Armes Häschen, bist du krank.

»Sicher hat der eine schwere Kindheit gehabt«, vermute ich mitleidig.

»Oder kein Häschen zum Rammeln gefunden«, erwidert Teddy grinsend, der sich mittlerweile im Garten in der Hollywoodschaukel breitgemacht hat, »so was kenne ich, da ist der Frust groß.«

Verständnislos gucke ich mich um. Manche Eier sehen ganz besonders schön aus – ich greife mir eins und staune. Es ist in buntes Stanniolpapier eingewickelt und ziemlich schwer. Der Hase scheint sich große Mühe gegeben zu haben.

»Es geht doch nichts über Selbstgebasteltes«, sagt Oma stolz, und der Hase ist scheinbar der gleichen Meinung.

»Vielleicht war der Hase ja auch schon mal Hase bei Oma«, murmle ich und gucke Teddy fragend an.

Er reagiert nicht und zeigt stattdessen grinsend auf das Osterei.

Papa hilft mir, das Papier abzufriemeln, und ich beginne gespannt, an dem Inhalt zu lutschen.

Ich glaube es nicht.

Der Hase ist ein Öko.

Das Ei besteht aus zerkleinerten Dinkelstangen, die mit Agavendicksaft verklebt sind.

»Lecker ist was anderes«, entfährt es mir, und ich spucke auf die Wiese. Teddy kringelt sich auf der Hollywoodschaukel und hält sich den Bauch vor Lachen.

Der Garten ist übersät mit Dinkel- und Amaranth-Eiern.

Es ist wirklich nicht zu fassen, der emotional frustrierte Öko-Hase lädt seine Essensvorräte LKW-weise in unserem Vorgarten ab, und meine Eltern finden das auch noch in Ordnung.

Ich hingegen bin der Meinung, dass Toleranz auch seine Grenzen hat, und nehme mir vor, beim Ordnungsamt anzurufen.

Gegen Mittag haben meine Eltern endlich auch die Nase voll. Alle Eier werden eingesammelt, und die Party ist vorbei. Oma erzählt noch was von einem Herrn Jesus, der heute aufsteht. Das mache ich jeden Tag, denke ich, das feiert aber nie einer.

Bin schief gewickelt, und die vielen Amaranth-Eier der letzten Tage zeigen ihre Wirkung.

Alles nass – Aa bis zum Schlüsselbein.

Mama versucht, ihrem Versagen als Mutter etwas Gutes

abzugewinnen und erklärt: »Sieht ähnlich aus wie Fango, ehrlich, nur dass es geruchlich intensiver ist.«

Ich versuche es ebenfalls mit positivem Denken und überlege eifrig, das Stuhlgangprodukt zu sammeln und in ein alternatives Energieprojekt zu stecken.

Sören-Wotan und Levke-Fee kommen zu Besuch, und ich stelle ihnen eifrig meine Idee vor. Unser erstes gemeinsames Business-Projekt! Alle sind ganz aufgeregt und lassen anal los.

Teamwork ist alles, finden wir, nur Mama, Bettina und Wiebke sind anderer Meinung und wechseln stöhnend unsere Windeln.

Aber wir sind nicht mehr aufzuhalten. Sören-Wotan ist Feuer und Flamme und schmiedet Pläne, später mal eine Verbrennungsanlage aus alten Smartiesrollen zu bauen. Ich nehme mir vor, das Ding dann mit Tonnen von Alufolie zu überziehen und performancemäßig zu schreien: »Ich scheiße auf Christo.« Levke-Fee geht das zu weit, aber Sören und ich finden die Idee perfekt.

Ich überlege weiter: Mit der richtigen Drehzahl hin- und hergerollt, könnten wir damit Fön, Kühlschrank und Mamas Wackelstab anstellen. Den versteckt sie eigentlich immer vor mir, und das finde ich lustig, denn seit ich robben kann, spiele ich häufig mit diesem lustig summenden Gummistab, und auch Teddy scheint ihn sich manchmal auszuleihen.

Langsam fühle ich mich körperlich leer und kann nur noch geräuschvolle Luft beisteuern. Vielleicht sollte ich die aufnehmen und gewinnbringend an Hörspielproduktionen verkaufen, um unser Projekt gegenzufinanzieren.

Mama hat wohl auch schon Ähnliches in Planung, denn sie freut sich grundsätzlich über alles Geblähte, das aus meinem Babypopo kommt: »Och, du süßer kleiner Schnuppiwuppi, hast du einen Pupsischnupsi gemacht?«, sagt sie dann immer. »Ja feiiiiin! Priiiima! Noch einer! Na du bist mir ja eine! Gleich hebst du ab, pffffft, und saust bis nach Timbuktu oder zumindest bis nach Düsseldorf, pffft, hihihi!«

Wenn Papa einen fahren lässt, sagt sie nur: »MUSS DAS SEIN? DU SAU, ICH LASS MICH SCHEIDEN!«

Sören-Wotan hat mir mal erzählt, bei seinen Eltern liefe das genauso ab. Wir haben also wieder was gelernt: Offensichtlich ist die marktwirtschaftliche Qualität von Erwachsenenpupern minderwertiger als die von Kindern. Mein Geliebter sagt nun, ab vierzig baue man sowieso komplett ab. Das stimmt. Papa hat Meniskus und Mama Rücken.

Sören-Wotan und ich wollen jedenfalls nicht so enden, weshalb wir uns vornehmen, frühzeitig Karriere zu machen und unsere Erfindung patentieren lassen. Da wir uns aber noch in der Erprobungsphase befinden, geben wir erst mal Gas und robben in Richtung der Trockenpflaumen.

~

Als Sören-Wotan das nächste Mal zu Besuch ist, chillen wir gemeinsam auf dem Wohnzimmerteppich. Er dreht sich lässig zu mir und sagt: »Meine Mama hat mir erzählt, dass im Teppich haufenweise kleine Tiere rumlaufen, die heißen Milben, und die kann man nicht sehen, so klein sind die, und dass es bei euch sicher noch viel mehr davon gibt als bei uns zu Hause.«

Finde das interessant und greife mit spitzen Fingern in den Flokati, damit sie rauskommen und ›möff, möff‹ sagen.

Bettina und Mama schauen mir zu, und Bettina sagt, meine Art zu greifen habe so etwas homosexuelles, ob Mama das nicht auch so sähe.

Mama guckt erstaunt, und auch Teddy horcht interessiert auf.

Bettina kommt jetzt richtig in Fahrt. Sie bemerkt, ihr sei sowieso schon mehrfach aufgefallen, dass ich Levke-Fee oft als Konkurrenz in Bezug auf ihren Sören-Wotan sehen würde, den ich ja offensichtlich und verständlicherweise sehr möge, und sie hätte mal gelesen, dass sich eine starke Abneigung unter Gleichgeschlechtlichen später oft zu einer schwulen oder in dem Falle lesbischen Affinität entwickeln würde.

Mama stöhnt genervt auf und fragt, welches Problem sie eigentlich mit Homosexualität habe, sie habe doch seinerzeit auch mal hinter der Turnhalle mit Astrid aus der 9b geknutscht, ob sie das denn nicht mehr wisse.

Ha, kontert Bettina erschrocken, das sei nur passiert, weil sie strack wie zehn Haubitzen gewesen sei, und dass Heike das noch wisse, also das sei ihr wirklich außerordentlich peinlich, und sie bäte Heike, das ganz schnell zu vergessen und vor allem bitte niemals Marlon davon zu erzählen, sie hätten eh nur noch Stress miteinander.

Nachdenklich schließt sie die Augen, um kurz darauf wieder loszukeifen, dass Heike doch außerdem nur von meinen sexuellen Defiziten ablenken wolle, also ihr Sören-Wotan würde jedenfalls nicht auf diese Art und Weise nach Dingen greifen, und sie würde es auch nicht gutheißen wollen, wenn er das täte.

Mama schnappt nach Luft.

Ich will ihr bei dem Konflikt zu Hilfe kommen und haue nun unter vollem Körpereinsatz mit der Schippe auf den Teppich. Die Milben sollen endlich rauskommen und mit mir spielen, denn ich bin schließlich Einzelkind.

Mama ruft, nun würde Bettina es ja sehen, von wegen schwules Händchen. Und wenn doch, dann wäre es schließlich auch in Ordnung.

Sören-Wotan lässt sich nicht irritieren und sagt: »Mama

hat neulich erzählt, es gibt neue Studien, dass Einzelkinder besser teilen können als Kinder mit Geschwistern.«

»Mützen ja!«, sage ich, »Kekse nicht. – Höchstens mürbe.«

∼

Ein paar Tage später habe ich mit allen Gegenständen aus dem Haushalt die Milben provoziert, doch sie schweigen hartnäckig.

Indes scheint Bettina sich zu Hause nicht wohl zu fühlen. Sie und Sören Wotan sind schon wieder da. Heute wirkt sie etwas zerknirscht und sagt, sie habe vor kurzem erfahren, dass der Pinzettengriff wohl ganz normal sei und zur Entwicklung absolut dazugehöre und dass sie sich für ihre Bemerkungen zu Mias eventueller lesbischer Affinität entschuldigen wolle.

»Für Homosexualität entschuldigen, soso, wieder eine von diesen intoleranten Hetero-Schnepfen«, brummt Teddy angewidert.

Mama scheint erstaunt über Bettinas offenen Rückzieher und fragt interessiert, woher sie denn das mit dem Pinzettengriff so plötzlich wisse.

Von Gudrun-Rudolf-Steiner Wiebkötter, murmelt Bettina leise, die habe sie rein zufällig in der Stadt getroffen, und da seien sie ins Gespräch gekommen.

Um Gottes willen, denke ich entsetzt, zum Glück ist uns das nicht passiert, und auch Teddy schüttelt sich bei dem Gedanken an die Hebamme, als habe er Fliegen im Fell.

Mama scheint es genauso zu gehen, denn sie fragt erschrocken, ob Bettina denn nicht hätte ausweichen können, das sei ja fürchterlich.

Die Hebamme sei eigentlich gar nicht so schlimm, verteidigt Bettina unser Hassobjekt und errötet leicht, Heike wisse doch auch, dass in einer harten Schale ja meist ein weicher Kern stecke und auf Gudrun-Rudolf-Steiner Wiebkötter träfe das auf jeden Fall zu.

Mama ist verblüfft und will gerade etwas erwidern, als es an der Türe klingelt. Sie öffnet, und eine kleine japsende Fellkugel kommt auf mich zugeschossen. Wiebke rennt keuchend hinterher, nimmt die Kugel auf den Arm und ruft atemlos, das sei Rudi, ihr neuer Mops, der gehöre jetzt zur Familie.

Ich fasse es nicht.

Wiebke hat einen Mops geboren.

Bettina und Mama sind genauso schockiert wie ich, und Teddy bringt sich auf dem Bücherregal in Sicherheit.

Sie sollten gar nicht so erstaunt gucken, sagt Wiebke mit Schnappatmung, sie habe sich damit abgefunden, dass sie nun keine Kinder mehr bekommen könne, und da wolle sie wenigstens diesem kleinen Schnuckel ihre liebevolle Betreuung zukommen lassen, und wenn sie was dagegen hätten, dann könne sie mit Rudi ja wieder gehen.

Mama beruhigt sie sofort und sagt: »Nein, nein, Wiebke, setz dich erst mal hin, das mit dem Hund ist schon in Ordnung.«

Das ist gar nicht in Ordnung, denke ich panisch.

Mama schiebt Wiebke den Stuhl zurecht und holt einen Topf Wasser für das Monster.

Gierig schlürft er das Wasser und verschüttet die Hälfte auf dem Parkettboden, aber Mama scheint das nicht zu stören, denn sie fragt verwundert: »Klar, Wiebke, das mit dem Hund kann ich verstehen, das war eine gute Idee – aber entschuldige bitte, musste es denn unbedingt ein Mops sein?«

»Weißt du eigentlich, was Möpse für arme Schweine sind?«, erwidert Wiebke entrüstet, »denen haben sie die Nasen weggezüchtet, deshalb kriegen die keine Luft mehr.«

Sie streichelt Rudi über die platte Schnauze.

»Deshalb ist ja der Mops eigentlich der ideale Hund für Singles«, lacht Bettina.

»Wieso?« fragt Wiebke arglos.

»Weil man immer hört, dass noch einer da ist.«

Bettina kringelt sich vor Lachen.

»Na dann kannst du dir Rudi ja bald mal ausleihen«, kontert Wiebke, »wenn das so weitergeht mit dir und deinem Marlon-Schnösel, dann sehe ich schwarz.«

Jetzt ist Bettina sauer.

Zu meinem großen Schrecken passt keiner mehr auf den Hund auf, der an mir rumschnüffelt wie ein Schwein am Trüffel.

Ich kriege Panik und fange an zu krabbeln.

Der Mops keucht mir hinterher.

Teddy spornt mich vom Regal aus an: »Schneller Mia, gleich hat er dich!«

Ich krabble wie der Blitz durch den ganzen Raum, doch das Vieh ist nicht müde zu kriegen und bleibt mir auf den Fersen, als endlich Mama den Vorgang bemerkt. Sie springt vom Tisch auf und ruft: »SIE KANN KRABBELN!«

Sicher nimmt sie mich sofort hoch, denke ich, doch anstatt mich zu retten, holt sie den Camcorder und zeichnet meinen Kampf mit dem Mops für die Nachwelt auf.

Panisch krabbele ich hinter das Sofa, um ihn mit den großen Wollmäusen abzulenken, doch der Hund lässt nicht locker und rennt hinter mir her. Staubbedeckt krabble ich wieder hervor, aber erst als der Köter beginnt, mir mit seiner pelzigen Zunge durchs Gesicht zu schlecken, nimmt Mama mich auf den Arm und sagt: »Ich bin so stolz auf dich, Mia!«

»Ist ja widerlich«, grunzt Teddy empört und wendet sich den Büchern auf der Suche nach erotischer Literatur zu.

Bettina guckt ziemlich neidisch und behauptet: »Mein Sören-Wotan kann natürlich auch schon fast krabbeln, wobei ich ja den Eindruck habe, er will das womöglich überspringen und direkt zum Laufen übergehen, sein Mandarin-Lehrer hat jedenfalls auch diesen Eindruck gehabt, und der ist sehr erfahren mit kleinen Kindern.«

»Mein Mops kann schon längst laufen«, blafft Wiebke immer noch beleidigt, und Mama lacht und holt den Kuchen.

Nur Sören-Wotan verpennt dieses Abenteuer mal wieder und schnarcht leise.

Teddy brummt: »Mein Lieber, SO wirst du nie krabbeln lernen«, und ich pflichte ihm bei, zumal ich ziemlich sauer bin, dass Sören-Wotan mich in dieser Stunde des Schreckens alleine gelassen hat.

An unserer Beziehung müssen wir wohl noch arbeiten.

19. Burgen aus Dreck und ein stehlender Fuchs

Sören-Wotan, Levke-Fee und ihre weiblichen Betreuungsberechtigten nebst Mops gehen mit uns zum ersten Mal auf einen sogenannten Spielplatz.

Das klingt gut, und Sören-Wotan und ich zwinkern uns aufgeregt zu.

Die Frauen steuern voller Elan auf einen großen Kasten mit hölzerner Umrandung zu, setzen uns hinein und gucken uns erwartungsvoll an. Irritiert sitzen wir nun zu dritt im Dreck und sollen offensichtlich damit spielen. Ratlos gucken wir uns an.

»Ein ganzer Kasten mit grauen Krümeln«, stelle ich fest.

»Manche sind auch anthrazit«, murmelt Levke-Fee tonlos.

»Wir müssen sie endlich schlafen lassen«, konstatiert Sören-Wotan trocken.

»Das kann es doch nicht sein«, rufe ich bekümmert, »das ist ja wirklich ein Schwenk um hundertachtzig Grad! In Null Komma nichts von Hygiene zur Sau! Was meint ihr dazu?«

Die beiden nicken zustimmend, und Sören-Wotan ergänzt: »Bei meiner Mama ist es genauso! Erst wird jeglicher Dreck von mir ferngehalten wie Kondome von Katholiken, und jetzt die radikale Konfrontation mit dem Feind.«

Wir suchen nach Erklärungen.

Da Levke-Fee dabei ist, vermute ich nun, dass es sich eventuell um ein Desensibilisierungsprojekt für Sandallergiker handelt. Da ich aber nicht will, dass sie sich bei dem Gedanken daran kratzt, sage ich lieber: »Vielleicht will Mama mal was richtig Ausgeflipptes mit meinen Freunden und mir machen.«

Sören und Levke gucken mich an und sind unschlüssig.

»Ich glaube eher, das ist unsere frühe Vorbereitung auf das Berufsziel Sandmännchen«, versucht Sören-Wotan uns aufzuheitern.

Nach Lachen ist mir jedoch nicht zumute, denn ich will wirklich dahinterkommen, was unsere Mütter vorhaben.

Levke-Fee aber kichert und sagt: »Das kann durchaus sein. Tante Wiebke sagt immer: ›Die Ausbildungszeiten werden auch immer kürzer, und was man hat, das hat man.‹ Deshalb lerne ich ja auch schon, meinen Namen zu strampeln.«

Sören-Wotan stimmt ihr zu und ergänzt: »Eine frühe Ausbildung macht Sinn. Außer bei der Eintagsfliege.«

Nun muss ich doch lachen und rufe: »Genau! Demnächst machst du nicht nur nach der Zwölf Abitur. Demnächst gehst du gar nicht mehr zur Schule, das läuft alles vorher, ich jedenfalls bin mit Englisch, Spanisch und Mandarin schon durch und fange jetzt mit südasiatischem Ikebana an.« Meine Freunde hauen sich vergnügt auf die Schenkel. Vielleicht habe ich ja das Zeug zur politischen Kabarettistin, und ich frage mich, ob man damit Geld verdienen kann.

Meine Karrierepläne werden aber jäh unterbrochen, denn Mama und Bettina wollen jetzt, dass wir bunte Plastikförmchen mit Dreck füllen. Bettina macht es vor und schaufelt wie von Sinnen Sand in die Plastikdinger. Wiebke wirkt ebenfalls sehr aufgeregt und beauftragt uns, die gefüllten Förmchen wacker umzukippen.

Mama sagt lächelnd: »Das können sie doch noch nicht!«, und übernimmt Wiebkes Arbeitsauftrag im Handumdrehen. Das erste Förmchen steht auf dem Kopf und wird professionell hochgehoben.

Ich staune. Vor mir liegt ein Dreckstern.

Mama klatscht in die Hände und guckt uns erwartungsvoll an. Sören-Wotan löst sich angesichts dieses profanen Spiels als Erster aus der Schockstarre und sagt tonlos: »Ich glaube, wir sollen uns jetzt freuen wie Ken über Barbie in Hot Pants.«

Überlege, mit einer spontanen Sexismus-Debatte Sören-Wotans Rollenbild in die richtigen Bahnen zu lenken, aber Mama zieht ungeduldig an meinem Ärmel, um mir zu zeigen, was sie mit den anderen Förmchen gemacht hat. Die drei waren fleißig, und der Sandkasten ist jetzt voll mit Dreckmuscheln, Dreckhäschen und Dreck-Pokemons.

Am liebsten wäre ich jetzt spontan erwachsen, um sagen zu können, ich müsse jetzt aber schnell zur Arbeit, und nein, morgen hätte ich auch keine Zeit, ich hätte einen Termin bei der Fußpflege.

Doch die Begeisterung der drei kennt keine Grenzen, und Bettina ruft gelöst, im Sandkasten herumzumatschen sei heute genau das Richtige für sie, sie hätte dermaßen Stress mit Marlon und müsse sich unbedingt abreagieren.

Was denn passiert sei, fragt Mama erstaunt, während Bettina wütend eine Dreck-Sau in den Sandkasten stülpt. Eigentlich wolle sie das ja gar nicht erzählen, druckst Bettina rum, aber irgendwann müsse es ja auch mal raus, also bei Marlon und ihr liefe es nicht mehr so gut, eigentlich liefe es überhaupt nicht, und dann habe er neulich auch noch eine Affäre mit einem seiner amerikanischen Models gehabt, die sei erst zwanzig Jahre alt gewesen und könne vermutlich außer ›Wie sehe ich aus?‹ und ›Soll ich dir einen blasen?‹ kein Wort Deutsch, und so was sei beileibe nicht zum ersten Mal passiert. Sie habe überhaupt keinen Bock mehr auf Männer, die seien doch alle gleich.

Frustriert fegt sie die Dreck-Sau mit einer Hand weg.

Diesmal bin ich auf jeden Fall auf Bettinas Seite, denn die

Sau fand ich mehr als gewöhnungsbedürftig. Es weiß doch jeder, dass Schweine ganz saubere Tiere sind und somit im Dreckkasten nichts zu suchen haben, ganz ehrlich, so viel Intelligenz kann man doch erwarten.

Mama sagt, dass ihr das sehr leidtue, aber Marlon sei ja in der Schule auch immer schon so ein Hallodri gewesen, es hätte sie ehrlich gesagt gewundert, wenn er sich diesbezüglich geändert hätte, manche kämen mit ihrem guten Aussehen eben emotional einfach nicht zurecht.

Ja, sie wisse auch, dass Marlon so sei, antwortet Bettina wütend, *Heike* könne so was natürlich nicht passieren, *sie* habe ja ihren Chris, der würde so was natürlich *nie* machen.

Mama hält inne.

Bettina hört auf zu schippen, schnappt nach Luft und ruft geschockt, nein, ihr Chris also auch, das könne sie ja nun gar nicht fassen, Mister Heiligenschein und Fremdgehen, das würde doch gar nicht zusammenpassen.

Wiebke guckt verlegen von einer zur anderen und nimmt erstmal ihre Folsäure-Tabletten.

Jetzt ist Mama sauer und sagt verteidigend, dass das nur ein Mal passiert und ein absoluter Ausrutscher gewesen sei und dass sie ihm schon halb verziehen hätte und dass sie schließlich auch selber schon mal über so was nachgedacht, doch sie stockt mitten im Satz und schlägt sich erschrocken die Hände vor den Mund.

Bettina jedoch lässt nicht locker, haut Mama und Wiebke kumpelhaft auf die Schultern und brüllt erleichtert, dass sie das nie gedacht hätte und dass es gut sei, da endlich mal offen drüber zu reden, und was denn mit Lutz sei, der sei doch schließlich auch ein Mann.

Mama und Bettina gucken Wiebke neugierig an, doch die schüttelt energisch den Kopf.

Ach komm, Männer seien doch alle gleich und Frauen

einfach das bessere Geschlecht, und dass die beiden ihr darauf fünf geben sollten, schreit Bettina und hält den anderen ihre offene Hand hin.

Die anderen schlagen ein und widmen sich wieder der aushäusigen Kreativarbeit.

Ich hingegen weiß nicht, was ich von der Unterhaltung halten soll, und gucke Sören-Wotan mit einem prüfenden Blick an.

Mama dreht nun ein Förmchen um und sagt, das sei ein Kuchen, und ich solle mal probieren. Demonstrativ nimmt sie sich ein Stück, führt es sich an den Mund und sagt: »Lecker, mjm-mjm-mjm, na deeeer ist aber gut geworden.«

Hilfesuchend gucke ich zu Sören-Wotan, aber der hat nun auch einen ›Kuchen‹ vor sich stehen, genauso wie Levke-Fee. Habe das sichere Gefühl, dass hier etwas nicht stimmt und analysiere die Situation. Sandkuchen kenne ich von Oma. Der ist gelb und leckerer als alles, was die Dinkel-Produktpalette hergibt.

Dieser Kuchen aber ist grau und riecht nicht sehr ansprechend. Mama ist sich jedoch sicher und guckt so erwartungsvoll, als ginge es um die Auferstehung Jesu.

Was soll ich machen.

Ich beiße in den Sand.

Igitt.

Der Kuchen schmeckt ähnlich wie Mamas selbstgebackene glutenfreie Burger.

Ich übergebe mich.

Mama schimpft und sagt, das sei doch nur ein Spiel.

Aha.

Spielen finde ich gut und bewerfe sie freudig mit Sand, doch nun hat sie keine Lust mehr.

Sören-Wotan und Levke-Fee kichern, und der Mops guckt

ebenfalls erleichtert, denn neben dem Sandkasten liegt nun ein frisches Hundehäufchen.

Interessiert flüstere ich Sören-Wotan zu: »Ich wäre gern Dieter Bohlen.«

Er guckt erstaunt.

»Mama sagt, der Bohlen macht aus Scheiße Geld«, erkläre ich meinem Freund mein Ansinnen. »Dann könnte ich Mama einen sauberen Sandkasten kaufen, ich schwöre.«

Sören-Wotan wirft mir einen bewundernden Blick zu, und ich erröte. Levke-Fee seufzt genervt, zieht ihre Augenbrauen hoch und haut ihren Kuchen zu Brei.

Während ich angenehm erhitzt meine finanzielle Zukunft plane, schaufelt Mama mit einer Schippe Sand in den Eimer.

Das wurde aber auch Zeit.

»Jetzt wird endlich saubergemacht«, sage ich frohen Mutes zu meinem Freund, doch der schüttelt den Kopf und zeigt auf meine Mutter.

Sie stößt einen Juchzer aus, kippt den Eimer um und zeigt begeistert auf einen Dreckturm. Jetzt weiß ich, warum zu Hause eine Putzfrau Mama bei der Arbeit helfen muss.

Nachdem noch einige Kubikliter Sand von unseren Erziehungsberechtigten umgeschichtet wurden, gehen Mama und ich endlich nach Hause.

In der Küche sitzt Papa vor einem Strauß wunderschöner roter Rosen und grinst wie ein Honigkuchenpferd.

Mama fragt: »Von wem sind *die* denn?«

Papa guckt gekränkt und antwortet: »Was glaubst du denn? Vom Milchmann?«

Welcher Milchmann, denke ich, Milchkühe gibt es und Milchpumpen, aber keine Milchmänner, wo er das nur wieder herhat.

»Die sind von dir?« Mama ist baff. »Das hast du ja schon lange nicht mehr ...«

Sie stockt mitten im Satz.

»Chris, hast du dich etwa nochmal mit Aloe ...?«, fragt sie ihn, wird bleich und sucht mit den Händen nach einem Stuhl.

»Nein, Heike, ich liebe dich einfach nur, kann ich dir denn nicht mal was schenken?« Papa guckt so enttäuscht wie ein Wasserbüffel in der Sahara.

»Es ist nur so lange her, dass du mir Blumen mitgebracht hast«, sagt sie gerührt und betrachtet den Strauß. Nach einer Weile fährt sie leise fort: »Danke, Chris, aber nimm es mir nicht übel, wir hatten uns mal geschworen, immer ehrlich in der Partnerschaft zu sein, und du weißt doch, dass ich diese Uniformität in der Floristik nicht leiden kann, alles gleich lang und von der gleichen Sorte, ich habe doch oft genug gesagt, dass ich mehr der Wildblumen-Typ bin.«

Sie hält inne und guckt erschrocken auf Papas eingefrorenes Gesicht.

»Aber Rosen sind natürlich wunderschön«, beeilt sie sich zu sagen, »wo hast du die denn herbekommen, die sehen ja phantastisch aus, so große Blüten, und wie die duften, mhh, ganz lieben Dank, mein Schatz!«

Sie gibt Papa einen Kuss, der ihn widerstrebend erwidert.

»Komm, Chris, dafür koche ich uns heute was ganz Tolles, und wir machen uns einen schönen Abend nur zu zweit, in Ordnung?«

Papas Augen weiten sich, und er bringt beglückt meinen Schlafsack zurück in das Kinderbett, damit ich heute dort schlafe.

Nur zu zweit, denke ich enttäuscht, sie wollen mich also nicht mehr dabeihaben.

Pah, ich kann auch anders. Dann mache ich mir eben mit

Teddy einen schönen Abend, der hat mich auch ohne Blumen lieb.

~

Mama bringt mich heute zum Kinderarzt, vermutlich weil ich in meinem Babybett so schlecht schlafe. Dr. Liebermann hilft Mama galant aus dem Mantel und säuselt, sie würde wie eine Blume duften, die zum ersten Mal ihre Blüte öffnet.

Mama kichert und erwidert, sie hoffe, er meine nicht die Titanenwurz.

Natürlich nicht, sagt er erschrocken, die stänke ja schließlich zum Himmel.

Er überlegt und ergänzt, aber in puncto Gewicht könne die Titanwurz mit ihren 40 Kilo sicherlich mit Mama gleichziehen.

Mama grinst verlegen, und ich kotze gleich.

Versuche, der Situation zu entrinnen, indem ich mich am Schrank hochziehe und ein paar Bücher ausräume, um mit Hilfe des leeren Regals ein paar Schritte Richtung Ausgang zu gehen.

Mama kreischt begeistert: »Da! Das hat Mia noch nie gemacht! Das ist ja großartig!«

Während dessen versucht Dr. Liebermann hektisch, seine edlen Erstausgaben zu retten, und murmelt: »Das ist zwar völlig normal für Mias Alter, aber trotzdem kann ich Ihre Freude gut verstehen.«

Wie großzügig.

Danke Dr. Lieber-Arsch.

Ich finde es auch total normal für sein Alter, verheirateten Frauen Komplimente zu machen.

Mamas Freude daran finde ich allerdings mehr als unangemessen.

Nun solle ich bitte unbemalte Bauklötze aufeinanderstapeln, fordert er mich auf, und doziert mit einem Seitenblick auf Mama, das gehöre zur U6 dazu.

Ich bin doch nicht bescheuert.

Trotzig verweigere ich mich diesem Unsinn und krabble stattdessen lieber zu seinem Sofa, um die Milben zu begrüßen.

Dienstbeflissen versucht er, seine Autorität zu verteidigen, und erklärt Mama: »Ach, das ist gar kein Problem, ich bringe die Bauklötze einfach zu Mia aufs Sofa, sie haben ja so ein süßes Kind, ganz die Mutter!«

Mama errötet.

Eilig legt er mir die Klötze vor die Nase und wendet sich wieder Mama zu.

»Haben Sie über unsere Verabredung zum Kaffeetrinken nachgedacht? Ich würde mich wirklich sehr freuen«, raunt er ihr zu und nimmt ihre Hand in seine großen Pranken.

Jetzt kotze ich wirklich. Ein ganzer Schwall Möhren-Pastinake-Brei ergießt sich auf Dr. Liebermanns weißes Ledersofa.

»Scheiiiiiße!«, entfährt es ihm laut. Er setzt mich wütend auf den Boden und versucht hektisch, das Sofa mit Papiertüchern zu säubern.

Mama ist entsetzt: »Entschuldigen Sie bitte, das wollte Mia nicht …«

Doch. Wollte ich.

»… aber Sie, Sie kümmern sich um das Sofa? Obwohl Mia von oben bis unten in Erbrochenem sitzt?«

»Das hat fünftausend Euro gekostet«, ruft Dr. Liebermann, »wissen Sie, wie viele osteopathische Sitzungen ich dafür abhalten muss, um das wieder reinzukriegen?«, aber Mama hat die Nase voll, säubert mich behelfsmäßig mit dem Arztkittel, der an der Türe hängt, und schmiert sich dabei die Hälfte des frisch Erbrochenen an ihren Pullover. Doch das scheint ihr egal zu sein, denn zeitgleich wirft sie Dr. Liebermann wütend an den Kopf, da<u>ss</u> sie auf ein Kaffeetrinken mit ihm so was von verzichten könne, dann habe er auch was gespart, das könne er dann als Anzahlung für eine Ming-Vase nehmen oder für anderes teures Angeberzeug. Außerdem habe sie einen wunderbaren Ehemann, der ihr erst neulich einen ganzen Strauß roter Rosen geschenkt habe.

Sie küsst mich resolut auf die Wange, und wir verlassen übelriechend aber erhobenen Hauptes die Praxis wie zwei stolze Titanenwurz auf Urlaub.

Gewonnen!

Ich bin so stolz: Das ist *meine* Mama.

~

Papa singt dauernd »Fuchs, du hast DIE ganz gestohlen.«

Er hält mich wohl für doof. Wahrscheinlich sogar für doof wie Schiffersscheiße, wie Opa immer sagt, wenn er von Bettina spricht.

»Wieso ist eigentlich Schiffersscheiße doofer als die von anderen Berufsgruppen«, frage ich Teddy.

Der zuckt mit den Schultern und erwidert: »Ich kann ja mal Käpt'n Iglo fragen. Ich stehe sowieso auf Seemänner.« Er grinst und bewegt seinen Popo vor und zurück.

Will gar nicht wissen, was er damit meint, widme mich wieder dem Liedtext und meckre weiter: »Jedenfalls tut der Fuchs, was Füchse so tun, er stiehlt irgendwen komplett, und Papa sagt mir nicht, wen.«

Teddy ist mit der Betrachtung seines Spiegelbildes beschäftigt und erklärt beiläufig: »Das Lied ist eh zu brutal für kleine Windelpupser.«

Wie meint er das denn, denke ich, und beschließe, den Einwand selbstbewusst zu ignorieren, um mich weiter um den Fuchs zu kümmern, und murmle vor mich hin: »Dabei muss der ja stehlen, der muss doch auch von irgendwas leben.«

»Das stimmt«, sagt Teddy, »als Fuchs kann man sich nicht ins Restaurant setzen und gepflegt Geflügel mit Rotkohl und Klößen bestellen. Alleine schon sprachlich wäre das ein Hürdenlauf.«

Sofort fühle ich Solidarität mit dem Fuchs in mir aufsteigen. Den versteht also auch keiner.

»Und Rotkohl kommt fuchsmäßig nicht so gut«, fügt Teddy an, »denn Rotkohl steht bei Fuchsdurchfall ganz oben auf der Liste.«

Keine Details!, denke ich und sage: »Außerdem hat der doch gar kein Geld. Also muss er klauen.«

Dafür habe ich wirklich vollstes Verständnis, aber Papa will mich schonen.

Scheiß Weichei-Pädagogik.

»Damit ist die Gans gemeint«, erklärt Teddy, doch ich höre nur halb zu und schimpfe entrüstet: »Papa verändert altes Liedgut wie der Chinese den Jangtse. Wahrscheinlich heißt es eigentlich sogar ›Fuchs, du hast die was weiß ich wen HALB gestohlen‹, und der Depp hat nur das Gänsebein erwischt.«

Teddy guckt mich grinsend an und bemerkt trocken: »Und den Rumpf besteigt der Hahn – der Gockel nimmt eben alles.«

Verstehe nicht, was daran witzig sein soll, und denke weiter über kindgerechtes Liedgut nach.

Offensichtlich ist mein Papa ein Junkie von pädagogischen Neuheiten.

Heute hat er zum Beispiel das Hühnchenfleisch *püriert*, damit ich keinen Zusammenhang herstelle.

Zuerst fand ich das süß.

Doch dann habe ich gehört, wie er dabei gebrummt hat: »Sonst muss dich der Jäger holen mit dem Schießgewe-he-her.«

»Das ist ihm also nicht zu brutal«, habe ich entsetzt zu Teddy gesagt.

»Ist ihm wohl rausgerutscht«, sagte er gähnend und hat sich sein Fell gebürstet, bis es geglänzt hat wie eine Speckschwarte im Sonnenschein.

Aha.

Mein Papa.

Reaktionären Scheiß singen, aber die Grünen wählen. Versteh einer die Welt.

～

Genauso am nächsten Vormittag. Ich will in den Kühlschrank gucken, doch Mama ist dagegen. Das verstehe ich nicht und rüttle trotzig an der Tür. Mama wird sauer, macht ein strenges Gesicht und wackelt mit ihrem Zeigefinger vor meinem Gesicht hin und her.

Vermute eine Prüfung der Temperaturveränderung oder eine spontane Wackeldackelschwanzsimulation.

Vielleicht will sie aber auch nur wissen, wie der Wind steht und ob Surfwetter ist. Das Merkwürdige daran ist nur, dass sie gar nicht surfen kann. Nichtsdestotrotz will ich ihr helfen und pupse leise.

Sie aber setzt ihr Günther-Netzer-Gesicht auf und sagt neinneinneinneinnein.

Mamas wiederholen gerne Wörter.

Ich frage Teddy: »Weißt du, was es damit auf sich hat?«

Er antwortet gelangweilt: »Das ist eine schlechte Angewohnheit der Schallplattengeneration, weiter nichts.«

Schallplattenspieler habe ich schon mal in Papas Tonstudio gesehen.

Nehme mir vor, Mama bei Gelegenheit eine neue Nadel zu schenken, damit sie sich nicht mehr so anstrengen muss.

Aber zurück zum Kühlschrankverbot.

Denke intensiv nach.

»Wenn man in den Kühlschrank nicht reingucken soll, wozu hat er dann Licht innendrin«, frage ich Teddy schließlich ratlos.

Er gähnt und erwidert: »Vermutlich ist da mal wieder eine Fernsehproduktion am Laufen. *Comedy-haha-ich-lach-mich-strack* oder so was.«

Das finde ich sensationell.

Deshalb will Mama also nicht, dass ich die Türe öffne. Sie will die Produktion nicht stören. Würde man die Tür einfach öffnen, dann sähe man, wie die Schlangengurke Hugo-Egon einen total lustigen Begriff vorliest und Butter, Radieschen und drei Gäste sich alle durcheinander ihr Kleinhirn aus der Birne schreien.

Ehrlich gesagt kann ich mich kaum zurückhalten, denn die haben immer so tolle Shows drauf bei den Privaten, die darf ich nämlich immer gucken, wenn Opa auf mich aufpasst.

Denke scharf nach.

»Vielleicht spielt der Senf auch Mundharmonika und hat ein Leben als Alkoholiker hinter sich.«

»Klar«, kommentiert Teddy zynisch, »und die dicke Fleischwurst verhilft ihm zu einer Karriere in unserem Kühlschrank.«

»Ja genau«, verteidige ich meine Idee, »für den Senf ist das Gefriergerät doch immer noch besser als die Straße.«

Teddy verschluckt sich an seinem Honigbrot.

Einen Haken hat die Sache aber, weshalb ich Mama sagen will, dass der Kühlschrank offen sein muss, denn wie soll ich sonst den Klimawandel aufhalten?

Opa hat mir nämlich erzählt, dass sich draußen alles erwärmt, und was sich erwärmt, muss man kühlen. Genau wie im Atomkraftwerk oder wenn der Popo wund ist.

Sogleich unterrichte ich Teddy von meinem Vorhaben, doch er murrt nur: »Der Kühlschrank ist doch schon viel zu alt für so was, und außerdem ist der gebraucht gekauft, das bringt energiemäßig eh nichts mehr.«

»Gebraucht gekauft?«, vergewissere ich mich entsetzt bei Teddy, »wo denn, dann kommt der womöglich aus dem Osten, und die Stasi sitzt da drin und verhört den Frischkäse?«

Teddy nimmt das erstaunlich locker und lacht lauthals los.

»Klar«, sagt er und wischt sich die Augen, »der wollte sicher auf den Küchentisch rübermachen, hat aber den falschen Leuten vertraut.«

»Genau«, rufe ich alarmiert, »und nun ist er dran.«

Ich werde bekloppt. Die alten Stasi-Funktionäre verstecken sich gut getarnt in unserem Kühlschrank.

Habe spontan die Fruchtzwerge im Verdacht, und Mama deckt die auch noch, IM Heike Weingarten, oder was. Peinlich. Und ich kann nicht sprechen, was für ein Desaster.

Stattdessen versuche ich nun, meine politischen Aufdeckungen künstlerisch zu verarbeiten und schmeiße das Marmeladenglas um. Aus den schönen Scherben bastle ich ein Mosaik und schmiere den roten Glibber handwerklich so versiert in die Ritzen, dass es durch das farbliche Herausquellen den Anschein hat, als würde hinter dem Bild etwas Todbringendes passieren.

Bin sehr zufrieden mit dem Werk, als Mama hereinstürmt und ruft: »Ist dir was passiert, Schätzchen? Hach, zum Glück nicht, komm, das schmeißen wir sofort weg, sonst tust du dir noch weh, mein Liebling.«

›Nicht ich, Mama‹, will ich rufen, ›die hinter den Scherben, denen tut was weh‹, aber heraus kommt nur ein »Bl, bl, bl, o, pf«.

Sehne mich nach dem Tag, an dem ich laufen und sprechen kann, denn dann wird die Kunstwelt vor mir erzittern und Mama stolz auf mich sein.

20. »Mama« und »Papa«

Mama sagt den ganzen Tag: »Sag mal MA-MA, ich bin die MA-MA! MA-MA!«

Dabei presst sie beim M die Lippen aufeinander, als hätte sie einen Sekundenkleber geküsst. Als sei das nicht schon genug der unnötigen Zurschaustellung, sieht ihre darauffolgende ausufernde Mundbewegung aus wie eine Kröte auf Repeat.

Ich reagiere nicht, da ich mit Zehenlutschen beschäftigt bin.

»MA-MA, sag doch mal MA-MA«, fordert sie mich eindringlich auf, und ich komme mir vor wie ein Versuchskaninchen bei seiner ersten Hypnosestunde.

Papa kommt nach Hause und gibt Mama einen Kuss auf die Wange.

»Mia kann immer noch nicht ›Mama‹ sagen«, berichtet Mama frustriert, und Papa antwortet: »Das braucht sie auch nicht, denn ›Papa‹ ist viel wichtiger.«

Mama guckt erstaunt und kommentiert: »Nee, is klar, du bist natürlich viiiiel wichtiger, und du bist ja auch viiiiiel häufiger da als ich.«

Papa lacht, wirbelt Mama in der Luft herum und schreit: »Ja, genau! Weil ich nämlich ab heute zwei Nachmittage in der Woche zu Hause bleibe!«

Jetzt ist Mama platt.

»Bist du arbeitslos, Chris? Sag, dass das nicht wahr ist!«

»Nein«, beeilt sich Papa zu sagen, und er platzt fast vor Aufregung, »ich habe mir zwei Nachmittage pro Woche frei-geschaufelt und dir einen Atelierplatz in der Südstadt besorgt, so richtig mit viel Licht und Kaffeemaschine, da kannst du endlich malen, bis der Arzt kommt!«

Mama ist sprachlos.

Ich auch. Papa besorgt Mama ein Zimmer, in dem sie Dr. Liebermann empfangen kann. Warum? Als Ausgleich zu dem Treffen mit der Aloe-Vera-PEKiP-Bitch? Weiß er denn gar nicht, was da alles passieren kann?

Mama fragt ungläubig: »Chris, was ist passiert?«

»Nichts! Ich liebe dich, meine Honigbiene!«

»Honigbiene?« Mama muss lachen, wird aber gleich wieder ernst. »Habe ich das richtig verstanden, du lässt dein geliebtes Tonstudio zwei Mal wöchentlich allein, damit ich malen kann?«

»Ja-ha!«

Mir ist das plötzlich zu viel Aufmerksamkeit für Papa, und ich sage :»Mama.«

Unfassbares passiert, denn Mama ignoriert meine sprachliche Kompetenz und tanzt wie eine wildgewordene Killerwespe um Papa rum.

»Es geht wieder auf-wärts, ich ka-hann hier ra-haus!«

Was soll das denn heißen, frage ich mich, hier ist es doch schön, und ich kann beim Malen helfen.

Umgehend kippe ich das Aprikosenmusglas auf den Badmintonschläger und spritze eine Illustration zu Händels Feuerwerksmusik auf Mamas Crocs.

Mama ruft sofort: »Nicht doch, Mia«, und ich vermute, dass sie keine Freundin dieser Technik ist.

Ich sage abermals »Mama«, doch in diesem Moment klingelt es an der Tür, und mein schönes Wort geht im Gebell von Wiebkes Hund unter.

»Wiebke, stell dir vor, Chris hat mir einen Atelierplatz besorgt, ich kann wieder loslegen mit meiner Kunst, ist das nicht toll?«

Wiebke nickt, während Rudi mit nassen Pfoten über das ganze Parkett läuft.

Normalerweise wäre Mama jetzt ausgeflippt und hätte Wiebke den Wischmopp in die Hand gedrückt, aber sie ist wie ausgewechselt, guckt dem Hund nach, betrachtet den Boden und ruft: »Ich habe schon eine großartige Idee für ein Action-Painting mit Rote-Beete-Saft. Kann ich mir Rudi mal ausleihen, Wiebke?«

Wiebke nickt abermals, und Mama lacht und tanzt im Flur herum.

Jetzt auch noch der Hund.

Ich muss mich ranhalten, um Mama nicht zu verlieren und sage laut und deutlich: »Mama.«

Mama hält inne und informiert die anderen ungläubig: »Habt ihr das gehört? Sie hat Mama gesagt! Ma-ma! Sag's nochmal, Schätzchen, wer bin ich?«

Ich sage: »Ma-ma.«

Das sitzt. Sie schmilzt förmlich dahin.

»Sie hat es wieder gesagt! Heute ist der glücklichste Tag in meinem Leben!« Mama hüpft auf und ab und strahlt wie die Sonne, bevor diese vor Capri im Meer versinkt, davon singt Opa jedenfalls immer.

Das ist ja einfach. Ich beschließe, von nun an täglich mindestens tausend Mal ›Mama‹ zu sagen, damit sie bei mir bleibt und nicht in dieses ›Atelier‹ abhaut.

Malen kann sie schließlich auch mit mir, dann sind wir außerdem schneller fertig.

~

Meine Eltern sind jetzt plötzlich häufig sehr vergnügt und trällern gemeinsam Kinderlieder. Heute singen sie schon den ganzen Tag ›Alle meine Entchen‹, und ich vermute, dass die Kostümierung zu Karneval an meinen Eltern nicht unbeschadet vorübergegangen ist. Den ganzen Tag ›Alle meine Entchen …‹, ich muss zugeben, dass mich das irritiert, denn was heißt hier alle?

Ich bin doch Einzelkind.

Mir schwant Böses.

Bin auf der Hut und stelle mich bei den plumpen Hinweisen auf anstehende Mehrlingsgeburten taub.

Alle meine Entchen. Pah.

Nehme mir vor, meine Empfindungen in einem Kinderbuch zu verarbeiten und entscheide mich für den Titel ›Viele Entchen und die Vogelgrippe‹.

Es geht um sieben Entenkinder, dann kommt die Vogelgrippe, und nur ich bin in der Standuhr.

Meine Eltern sehen meinen grimmigen Gesichtsausdruck, wollen mich aufheitern und singen fröhlich weiter: »Alle meine Entchen schwimmen auf dem See.«

Unglaublich. Man kann in ihnen lesen wie in einem offenen Buch. Sie sind ehrgeizig und wollen mich zu sportlichen Leistungen motivieren, haben aber offensichtlich vergessen, dass ich erst elf Monate alt bin.

ICH KANN NOCH NICHT SCHWIMMEN.

»Mit elf Monaten wäre die Beherrschung von Brust-, Rücken- oder Kraulschwimmen tatsächlich so normal wie Abstinenz bei Chirurgen«, erklärt Teddy trocken.

»Genau«, rufe ich, »außerdem schwimmt man *im* Wasser, nicht darauf. Auch wenn man eine Ente ist. Nur die tote Ente liegt darauf, das habe ich nämlich schon mal am Weiher gesehen. Selbst wenn die Ente amputiert ist, schwimmt sie drin.«

Teddy lacht, doch Mama und Papa geben nichts auf meine Einwände.

Sie grölen weiter: »... Köpfchen in das Wasser, Schwänzchen in die Höh.«

Jetzt reicht's mir.

Die wollen also ganz viele Kinder und vor allem einen Jungen. Sobald ich laufen kann, hau ich ab, das haben sie dann davon.

~

Seitdem meine Eltern mir so unsensibel ihren erneuten Kinderwunsch mitteilen, beschäftige ich mich immer häufiger mit meinem Aussehen. Zu meinem Leidwesen habe ich nämlich immer noch keine Haare. Bin ich ihnen vielleicht zu hässlich?

Mama nennt mich lachend Zöpfchen, und ich lerne fürs Leben, dass Humor nicht immer teilbar ist.

Angestrengt denke ich über eine Perücke nach. Sam Hawkins trägt in den Karl-May-Verfilmungen auch eine, wenn ich mich nicht irre. Opa sagt immer, der habe nen Mopp auf dem Kopp, da jucke es aber angeblich drunter.

Nee, so was will ich nicht haben.

Andererseits habe ich beobachtet, dass Sören-Wotan immer häufiger auf Levke-Fees Mähne schielt, und ich habe langsam das Gefühl, dass ich diesen äußerlichen Vorteil meiner Rivalin intellektuell nicht mehr ausgeglichen kriege.

Frage Teddy um Rat, doch er konstatiert nur trocken: »Die Hetero-Männer sind halt alle gleich, da bleibt dir nur abzuwarten, irgendwann wird auch bei dir da oben etwas sprießen, da bin ich sicher.«

Ein schwacher Trost, denke ich, wieso nur bin ich so kahl?

»Wahrscheinlich wollte mir im Chaos nach der Geburt ein verwirrter Anthroposophen-Indianer aus nur ihm bekannten Gründen meinen Skalp nehmen und hat nur mein Haupthaar erwischt«, überlege ich fieberhaft.

Teddy lacht überrascht auf: »Wieso sollte so einer ausgerechnet im Krankenhaus rumlaufen?«, fragt er skeptisch.

»Wegen seiner Raucherlunge«, antworte ich ernst, »Friedenspfeife, du weißt schon.«

»Ja genau!«, ergänzt er prustend, »oder der Versager ist ein Freund von Frau Wiebkötter und tut so, als bräuchte er ihre Wolle zum Stricken von ganzheitlichen Still-BHs.«

Auch eine Idee, denke ich, wer sonst könnte wissen, wo ich rauskomme.

»Oder der Möchtegern-Figaro hat zu viel Helge Schneider gehört«, argumentiert Teddy grinsend.

Gebe ihm recht und sage frustriert: »Dann wäre er wiederum erfolgreich gewesen, denn ICH kann jedenfalls kein Haupthaar mehr schütteln.«

21. Konfrontation mit der Härte des Lebens

Soeben hat Oma mir voller Freude mein erstes Wimmelbuch geschenkt. Hatte Pimmel-Buch verstanden und war irritiert. Ein Buch voller Pimmel, das braucht ja keiner.

Nein, Wimmel. Weil alles da drin rumwimmeln würde, hat Opa mir erklärt und gelacht.

Teddy verdreht die Augen und sagt: »Irgendwann musste das ja kommen. Die Bücher gibt es in allen möglichen Variationen, Mia, aber eins kann ich dir sagen, das liebste Motiv der Illustratoren ist immer ein völlig überfüllter Bauernhof, ich kann's echt nicht mehr sehen.«

Tatsächlich, Hof und Haus sind überbevölkert wie ein Ameisenhaufen beim Richtfest.

Teddy erklärt lakonisch: »Solche Massen sieht man sonst nur beim Pilgern nach Mekka.«

Nehme das hin und suche als Erstes die totgetrampelten Hühner, doch es sind keine da.

Frage Teddy, wo sie sind, und er antwortet: »Wahrscheinlich hat man sie wegretuschiert. Oder die Guten haben einfach Glück gehabt und konnten sich rechtzeitig in Sicherheit bringen.«

»Ist ja merkwürdig«, stelle ich fest, freue mich aber für die Hühner.

Neugierig betrachte ich weiter das Buch und sage zu Teddy: »Jedenfalls gibt's da drin haufenweise Pferde, Mähdrescher und kleine Hunde, die an Bäume pieseln.«

»Ja, und die verrichten ihr Geschäft auf jeder Seite, schau mal nach.«

»Ja«, stelle ich pikiert fest, »«wirklich auf JEDER, ist ja widerlich!«

»Ob Provokation oder Projektion, man weiß es nicht«, sagt Teddy gelangweilt, »wahrscheinlich leidet der Zeichner an akuter Blasenschwäche, und das stille Örtchen ist gerade dekomäßig von Tine Wittler besetzt.«

»Zum Glück hat noch keiner Gerüche-Bücher erfunden«, sage ich zu Teddy und ekle mich ein bisschen.

Teddy setzt sich auf und denkt nach.

»Das mach ich vielleicht demnächst«, greift er schließlich interessiert meine Idee auf, »immer nur Teddy zu sein ist ja auf die Dauer auch langweilig.«

Kann mich wegen des Gewimmels auf diese Situation emotional jetzt nicht einlassen und winke ab: »Mach das ruhig, aber ich lese das dann mit Sicherheit nicht.«

Hoffe, dass Teddy diese Idee wieder vergisst und gebe zu, dass nicht jede Marktlücke wirklich eine ist.

Alle Tiere sind jedenfalls unerträglich fröhlich, und ich sage zu Teddy: »Um ehrlich zu sein, ich vermisse die Legebatterien, denn die hätte ich gerne ausgemalt.«

Er prustet los und fragt: »Wie denn?«

»Zack, 'nen braunen Strich, das wären die Hühner. Anthrazit fürs Gitter und unten Eier, Eier, Eier. Die würden beige aussehen, mit kleinen grünen Punkten drin. Das sind die Antibiotika.« Teddy lacht, doch ich denke, das sähe sicher sehr hübsch aus, wo es mit dem Wandbild in der Küche schon nicht geklappt hat.

Stattdessen dieser Retro-Wimmel.

»Melkmaschinen gibt's auch keine«, wundere ich mich, »das ist doch total surreal! Es läuft doch heute keine Kuh mehr einfach durch die Gegend und kaut mit Spaß ein ungespritztes Blümchen.«

Teddy pflichtet mir bei, und auch Opa scheint zu spüren,

dass ich mit der antiken Bauernhof-Darstellung in diesem Buch nicht einverstanden bin, denn er sagt gerade zu Papa, dass Kühe ja strenggenommen gar kein Vorbild für Kinder seien, da die ihr Essen wieder hochwürgen und Methan pupsen würden.

»Genau! Die Pastinake wieder hochwürgen, das sollte ich mir mal erlauben«, rufe ich entrüstet, doch Opa fährt fort und sagt, für seinen Geschmack hätten die lieber mal ein paar Steaks rumwimmeln lassen sollen. Papa unterbricht ihn und sagt, dass er schon recht damit habe, dass diese Viecher mit ihren Pupsen die Umwelt ganz schön auf die Probe stellten, dass man aber Mia damit doch nicht so früh schon belasten müsse, und er singt fröhlich: »Auch die Klimakiller-Kuh macht muh.«

Würde ihm gerne sagen, dass uns übertriebenes positives Denken ökologisch auch nicht weiterbringt, halte aber meinen Mund und gucke mir Papas engagierte Kuh-Pantomime an, denn ich denke mir, dass es besser ist, wenn ich zugucke, als das unkontrolliert der Öffentlichkeit zuzumuten.

Es ist phänomenal, bei dem Buch handelt es sich wirklich um echten Öko-Wimmel mit allem Zipp und Zapp. »Unglaublich«, sage ich zu Teddy, »im Stall tummeln sich freilaufende Hühner mit Beleghebammen und vergnügte Küken bei der U2 – sicher steckt da Schleichwerbung für gesundes Essen hinter.«

Teddy bestätigt meine Vermutung: »Damit könntest du Recht haben, Mia. Weißt du, Autoren von Kinderbüchern schreiben nie etwas ohne Hintergedanken, und vielleicht wird die Produktion dieses Buches tatsächlich von Werbeeinnahmen gesponsert. Lass mal sehen, sicher bummelt gleich der Bärenmarke-Bär um die Ecke, und Herr Kaiser von der Hamburg-Mannheimer reitet unfallfrei auf Bio-Muffins durchs Jute-Tor.«

Er lacht und haut sich auf die Schenkel. Ich hingegen bin mir nicht sicher, ob er mich auf den Arm nehmen will, und konzentriere mich weiter auf das Buch.

Gucke mir den Bauern an und stelle fest, dass der nie arbeitet. Stattdessen sitzt der immer auf der Bank und raucht ein Pfeifchen.

»Der Bauer hat die Ruhe weg«, sage ich erstaunt, und Teddy tippt auf selbstangebauten Bio-Cannabis.

Pflichte ihm bei, denn das kenne ich von Papa, den beruhigt das Zeug auch immer sehr, und am nächsten Tag ist jedes Mal unser Kühlschrank leer, vermutlich, weil er dann genau wie der Bauer nichts tut, weder arbeiten, noch putzen, noch einkaufen. Nur dass beim Bauern der Betrieb scheinbar auch ohne ihn weiterläuft, das ist merkwürdig. Neugierig blättere ich weiter, um zu gucken, ob Mama drin vorkommt.

»Wahrscheinlich sagt der Bauer sich, bei den Milchpreisen, nee, da lohnt dat Arbeiten sich nich«, denke ich laut.

Teddy überlegt: »Vielleicht ist der Bauer melkmäßig eher nachtaktiv.«

Wir recherchieren das an Papas Computer, kriegen es aber nicht gegoogelt.

Sage zu Teddy: »Manchmal läuft der Bauer auch durch die Gegend und sucht vermutlich eine Frau, da gibt es ja ganze Sendungen drüber, das muss ein normaler Zeitvertreib für einen Bauern sein.«

»Was denn?«, brummt er gähnend.

»Frauen suchen«, sage ich. »Und als Erkennungszeichen immer nen Strohballen in der Hand. Drunter macht er es nicht.«

»Angeber«, sagt Teddy und schläft ein. Ich schüttele den Kopf, lege das Buch zur Seite und decke ihn zu.

22. Und wie du wieder aussiehst

Bettina und Wiebke sitzen mit Mama im Wohnzimmer, und ich versuche gerade, Sören-Wotan und Levke-Fee den Postimpressionismus eines Camille Pissarros durch die Maltechnik des Pointilismus mit Hilfe von heruntergefallenen Kuchenkrümeln näher zu bringen, als Papa hereinkommt.

»Heike, mein Engel, wo bist du, ich habe großartige Neuigkeiten, stell dir vor, ich habe ...«

Er stoppt mitten im Satz, als er die beiden Besucherinnen sieht und sagt: »Ach so, du hast Besuch, dann will ich mal nicht stören.« Bettina kichert und flüstert: »›Engel‹, so was fällt auch nur einem Mann mit einem schlechten Gewissen ein.«

Mama guckt sie scharf an und sagt zu Papa: »Komm doch rein, Chris, was sind denn das für Neuigkeiten?«

Da bin ich aber auch mal gespannt. Vielleicht hat er das Tonstudio verkauft oder drei Karten für ein Champions-League-Spiel geschenkt bekommen, oder er ist deutscher Meister in Luftgitarrespielen geworden.

»Na gut, die anderen erfahren es ja sowieso«, erwidert er glücklich und platzt fast vor Stolz. »Ich habe dir eine Vernissage für deinen Zyklus ›Dickes Blut‹ organisiert!«

Bettina und Wiebke hören auf, in ihren Teetassen zu rühren.

»Na, was sagst du? Am vierzehnten Juli in der Galerie Markenstein, jetzt müssen wir nur noch Einladungen schreiben und Prosecco kaufen, dann kann es losgehen!«

Mama ist sprachlos, und ich auch. Immerhin geht es hier

unter anderem um meine Ausscheidungsobjekte, das ist ein Familienprojekt, und das wiederum heißt, es ist auch *meine* erste Ausstellung.

Plötzlich bin ich ganz aufgeregt, und die Kuchenkrümel kleben an meinen schweißnassen Händen.

Mama sagt immer noch nichts, während Bettina und Wiebke gespannt von ihr zu Papa und zurück gucken.

»Freust du dich denn gar nicht?«, fragt Papa enttäuscht und beginnt nervös mit dem Nägelkauen.

Jetzt fängt Mama an zu weinen.

»Doch, natürlich! Das hast du für mich getan? Ich weiß gar nicht, was ich sagen soll! Wie hast du das denn geschafft?« Sie lässt sich von Bettina ein Taschentuch geben und schnäuzt geräuschvoll hinein.

»Nun ja«, antwortet er mit stolzgeschwellter Brust, »der Sohn von dem Kurator hat in meinem Tonstudio eine CD aufgenommen, und da habe ich eben auch den Vater kennengelernt, weißt du, das ist schon wieder so ein Jugendlicher mit Liedermacher-Attitüde, gar nicht so schlecht, der hatte gesanglich …«

Mama unterbricht ihn: »Ja und dann? Ich kann es kaum aushalten!«

Bettina und Wiebke gucken von einem zum anderen und wieder zurück.

»Ach so, ja, und da hat er deine Bilder in meinem Studio gesehen, und wir haben das ein oder andere Bier zusammen getrunken, und zack, hab ich das für dich eingetütet!«

Jetzt erinnere ich mich. Da unser schmuckes Reihenhäuschen vor innovativen Kunstwerken bald auseinanderbricht, haben meine Eltern die Devotionalien-Sammlung in Papas Tonstudio ausgelagert.

»Chris, ich kann es kaum glauben, das ist ja wundervoll!« Sie stürzt auf ihn zu und fällt ihm in die Arme.

Jetzt weine ich auch, denn dieser Moment ist so schön, dass es kaum zum Aushalten ist.

Mama und Papa sind glücklich vereint, und ich habe meine erste Ausstellung.

Das Einzige, was noch besser sein muss als dieses Gefühl, ist laufen zu können.

Ich sage zu Teddy, es müsse noch eine Menge vorbereitet werden und schicke ihn los, um Wasserfarbe und Leinwand zu holen, denn ich werde noch viele Bilder für die Vernissage fertigstellen müssen, damit die Kunstwelt so schnell wie möglich auf mein Genie aufmerksam wird.

Das ein oder andere Werk werde ich dann großzügig zum Verkauf freigeben, und in Zukunft werden wir so reich sein, dass weder Mama noch Papa arbeiten muss und diese elende Diskussion um die Elternzeit hinfällig wird.

Dann können sich endlich beide gleichzeitig um mich kümmern.

Bettina ist der Gefühlsausbruch von Mama sichtlich peinlich, und sie unterbricht pikiert das traute Beisammensein:

»Das hört sich ja großartig an, soll ich euch bei den Vorbereitungen helfen?«

Wiebke hingegen übergibt sich spontan in die Yucca-Palme.

Ich rolle mich zur Seite und staune über Wiebkes übertriebene Negativ-Reaktion auf das Glück unserer Familie. Auch Bettina empfindet das scheinbar als unangemessen, denn sie hält sich angewidert die Nase zu und reicht Wiebke mit spitzen Fingern ein paar Papierservietten.

»Das war wohl zu viel Aufregung«, sagt Wiebke entschuldigend, »außerdem ist mir der Kaffee irgendwie nicht bekommen, war die Milch da drin etwa nicht laktosefrei?«

Levke-Fee verdreht entschuldigend die Augen und krabbelt verlegen Richtung Ausgang.

Mama und Papa kriegen von alldem nichts mit, denn sie stecken ihre Köpfe zusammen und planen den großen Tag bis ins Kleinste.

»Komm Wiebke, ich glaube, wir sind hier überflüssig«, sagt Bettina laut und betont hörbar für alle, dass sie nun Sören-Wotan seine marinefarbene Jim-Bearskin-Kinder-Outdoor-Jacke ›Windy Weather‹ anziehe.

Mama löst sich aus der Umarmung und erwidert halbherzig: »Nein, ihr könnt gerne noch bleiben, aber Wiebke will sich sicher etwas hinlegen, sie sieht ja ganz blass aus, und wir können ja ein anderes Mal Kaffee trinken, vielleicht nach der Ausstellung, ihr kommt doch, oder?«

Und sie küsst Papa glücklich auf die Wange.

»Schön, dass es noch intakte Beziehungen gibt«, kommentiert Bettina das Geschehen mit einem gequälten Gesichtsausdruck, und ich lerne, dass Gesagtes und Gemeintes nicht immer übereinstimmen müssen.

»Natürlich kommen wir«, ergänzt Wiebke ermattet und bringt ihre Kaffeetasse in die Küche.

Ich verabschiede mich von Levke-Fee und drücke Sören-Wotans Hand etwas länger als ihre. Er erwidert meine Zuneigung mit einem Blick, der eindeutig den Satz ›Ich liebe dich mehr als mein Schnuffeltuch‹ ausdrückt.

Teddy sagt amüsiert, ich habe Sterne in meinen Augen wie Dagobert Duck Dollarzeichen.

Nehme das zur Kenntnis und schlafe entrückt ein.

~

Seitdem Papa Mama von der Vernissage erzählt hat, küssen sie sich oft. Aber anders als mich. Irgendwie länger und ohne Humor. So was habe ich auch schon mal im Fernsehen gesehen, doch ich dachte, das wäre eine Operationsdoku über erwachsene siamesische Zwillinge, die am Mund zusammengewachsen sind. Ein schrecklicher Zustand, wie ich finde.

Und jetzt das. Scheinbar ist dieses Geschlabber üblich bei älteren Menschen. Bah.

Ich finde das jedenfalls eklig und will nicht mehr erwachsen werden.

Nehme mir vor, die Telefonnummer von Oskar Matzerath zu googeln, denn der hatte das Kleinbleiben voll drauf, und eine Trommel hab ich eh schon, wir könnten also sofort loslegen.

Leider komme ich aber nicht an das Telefon ran, deshalb versuche ich es erstmal alleine. Sitze also nun den ganzen Tag damit vor Mamas Latte-Macchiato-Gläsern und schreie. Nichts passiert, denn das scheiß-moderne Zeug ist spülmaschinenfest und bruchsicher.

In einem unbeobachteten Moment versuche ich, ein wenig nachzuhelfen, und werfe die Gläser nun gegen die Wand, doch sie sind unkaputtbar.

Das enttäuscht mich, und ich werde ziemlich sauer auf Oskar. Wütend will ich ihn anrufen, um ihn zur Rede zu stellen, fürchte mich aber vor seiner quäkenden Stimme.

Teddy kann das nachvollziehen und sagt: »Ich kenne nur eine Stimme, die noch schlimmer ist, und das ist die von Verona Pooth. Außerdem ist dein Papa nun wirklich um einiges hübscher als Günter Grass.«

»Das stimmt«, antworte ich glücklich. »Den würde ich auch küssen. Also den Papa.«

Teddy grinst und sagt: »Ich auch.«

Ich mache mir Sorgen, ob Mama es überhaupt schafft, ausreichend Bilder für die Ausstellung beizusteuern, denn sie hat wohl den grauen Star. Andauernd fragt sie mich, wo meine Nase ist.

Arme Mama. Heute Morgen passierte es schon wieder. Hilfsbereit habe ich sofort darauf gezeigt, und sie hat sich riesig gefreut.

Ich helfe sehr gerne, doch sie fragt mich immer wieder. Und wieder. Alleine heute einundfünfzig Mal. Es ist also nicht nur der Keller. Meine Mama hat tatsächlich Alzheimer.

Ich dachte, das kriegen nur *noch* ältere Menschen.

Teddy bemerkt: »Es ist eben ein Kreuz mit den Spätgebärenden«, und zuckt mit den Schultern.

»Meine arme Mama«, sage ich, »der Lack ist einfach ab.«

Aus Mitleid lasse ich mir nichts anmerken, spiele mit und schenke ihr einen frischen Popel. Merkwürdigerweise reagiert sie entsetzt. Offenbar war also nur die erste Auflage wertvoll, denn sie schnippt das Ding energisch hinter die Wickelkommode, als es an der Tür klingelt.

Es ist Wiebke, und sie fragt Mama, ob sie meine alten Strampler geliehen bekommen könne.

Mama sagt erstaunt, dass Levke-Fee ja zwar tatsächlich kleiner sei als Mia, aber dass die Strampler doch auch für ihre Nichte mittlerweile zu klein seien und dass Wiebke womöglich eine Brille brauche.

Wiebke grinst und sagt nichts.

Mama guckt sie an, reißt ihre Augen auf und ruft: »Nein, das glaube ich jetzt nicht! Du bist schwanger?«

Wiebke nickt und freut sich wie ein Schneemann über seine Möhre.

Mama fragt: »Und der Hund?«

»Der ist nicht schwanger«, antwortet Wiebke prompt.

Die Veränderung scheint ihr gutzutun, denn so schlagfertig habe ich sie noch nie erlebt.

»Entschuldige, Wiebke, ich freue mich so sehr für dich, aber sag mal, hat das jetzt einfach so geklappt?«

Wiebke grinst.

»Oder hast du … ist Lutz nicht … Wiebke!«

»Doch, natürlich ist Lutz der Vater. Das mit der Samenspende von Frederick Leboyer ging ja nicht. Ich hab den noch angerufen, aber er wollte nicht mitmachen.«

Mama weiß nicht genau, ob Wiebke sie veräppelt, und lächelt vorsichtshalber neutral.

»Lutz und ich hatten das Vorhaben schon aufgegeben, und dann plötzlich, neulich, zack – hat es einfach so geschnackelt, ich kann es selbst noch kaum glauben, und jetzt bin ich guter Hoffnung, ist das nicht toll?!«

Ich weiß wirklich nicht, was daran toll sein soll.

Guter Hoffnung, das ist Papa auch häufig. Neulich noch sagte er, er sei guter Hoffnung, dass es bei ihm beruflich wahrscheinlich klappen könne, in Elternzeit zu gehen, falls in nächster Zeit jemand schwanger werden würde. Dabei hat er sehr überzeugend gelächelt, das gebe ich zu, aber dass Wiebke dieses Angebot so wörtlich nimmt und sofort loslegt, überrascht mich sehr.

Mama antwortet: »Ich finde das einfach großartig, Wiebke! Ich freue mich unglaublich …«

Es ist nicht zu fassen. Es scheint sie kein bisschen zu stören, dass Papa dann demnächst noch weniger Zeit für uns hat.

Wiebkes Kind scheint schon in den nächsten Tagen zu kommen, denn sie hakt ungeduldig nach: »Kann ich denn die Strampler jetzt mitnehmen?«

»Nein, das geht leider nicht«, sagt Mama und errötet leicht, »ähem, ich muss sie noch waschen, und teilweise haben sie

Löcher, das muss ich erst mal alles durchgucken, du brauchst sie ja auch noch nicht so früh, willst du einen Tee?«

Ohne eine Antwort abzuwarten fragt sie nun nach meinen Ohren.

Schrecklich, solche Krankheiten.

Sie scheint das jedoch nicht zu stören, denn sie flötet hingebungsvoll: »Wo sind die Ohren, Mialein? Ja, zeig mir mal deine Ohren! Ja, wo sind sie denn, die kleinen Babyöhrchen?«

Merkwürdig. Die Sehschwäche scheint sich nur auf meine Körperteile zu erstrecken. Den Körper im Ganzen sieht sie. It's magic.

Mama und Wiebke gehen in die Küche und setzen Teewasser auf, und ich krabble eifrig hinterher.

»Ich habe auch schon eine Beleghebamme.«

Mama ist verblüfft.

»Du bist ja früh dran, wow, das ist ja wunderbar, wie heißt sie denn?«

»Gudrun-Rudolf-Steiner Wiebkötter.«

Mir fällt die Kinnlade runter.

Mama geht es ähnlich, denn sie kreischt: »Waaas? Bist du dir sicher, dass du das willst?«

»Ja, sie macht einen kompetenten Eindruck, und Bettina hat sie mir empfohlen.«

»Bettina?«

»Ja, sie kennt sie wohl etwas besser, die beiden sind Freundinnen, und Bettina schwärmt geradezu von ihr.«

Mama ist perplex, und ihr Sprachvermögen ist offensichtlich nur noch eingeschränkt verfügbar, was sie mir ungemein sympathisch macht.

Sie stammelt: »Schwärmt? Freundinnen?«

»Jaha, Freundinnen! Du weißt schon, zusammen ins Kino gehen, Ausflüge machen, Shoppen, das ganze Programm.«

Hastig überlege ich, mich von Sören-Wotan zu trennen, denn ich fürchte, dass in seiner Familie genetisch etwas nicht stimmt.

Mama scheint meine Bedenken zu teilen, denn sie murmelt vor sich hin, sie habe ja immer schon gewusst, dass mit Bettina etwas nicht in Ordnung sei, aber dass das solche Ausmaße annimmt, das verwundere sie nun doch.

Nachdenklich teilt sie Wiebke mit, dass sie das ganz erstaunlich fände und vielleicht heute noch ins Atelier fahren würde, um diese überaus interessante Information in einem Bild zu verarbeiten, denn sie habe bald ihre Vernissage zum Thema »Inner- und außerfamiliäre Beziehungen und die Farbe Blau«.

Danach trinkt sie wohl aus lauter Konfusion einen Brombeerblättertee mit Wiebke mit, und die beiden quatschen über Kompressionsstrümpfe, Windelsorten und das Pro und Kontra von Rückenmarksnarkosen.

~

Papa kommt jetzt häufig mittags zum Essen vorbei, bevor er wieder zurück in sein Tonstudio geht. Ich hoffe, dass er auch heute da ist, denn ich habe gerade meinen Mittagsschlaf beendet und schreie ein bisschen, damit er mit mir spielt. Nebenan antworten Papa und Mama mit Lauten aus der neolithischen Steinzeit.

Finde das albern und schreie lauter.

Sofort geht die Tür auf, und Mama kommt rein.

Untenrum nackig.

Und das mitten am Tag. Außerdem ist sie knallrot im Gesicht, so wie das Gummiboot, von dem Opa immer singt. Kein Wunder, wenn man so brüllt, denke ich, und ich will wissen, was da drüben los ist.

Teddy grinst, und auch Mama lächelt komisch und fragt sofort nach meiner Nase.

Das können nur die Wechseljahre sein.

Will Papa umgehend fragen, ob man da was tun kann, aber der steht unter der Dusche.

Mama rauscht wieder hinaus, und ich flüstere Teddy zu:

»Stell dir vor, was ich gerade herausgefunden habe!«

»Was denn?«, will er wissen.

»Was Unangenehmes«, antworte ich und erröte. »Ich sage es nicht gern, aber ich habe nicht nur keine Haare auf dem Kopf, sondern untenrum auch nicht. Mama hingegen hat überall welche. Ist mir bisher noch gar nicht aufgefallen.«

Teddy lacht und erwidert: »Dein Papa hat neulich gesagt, sie habe sogar welche auf den Zähnen.«

»Na so was«, wundere ich mich, »die habe ich aber noch nie gesehen. Ich kenne nur die an den Beinen und unter den Armen. Die sind aber nicht immer da. Genauso wie die untenrum.«

»Haare kommen und gehen eben wie Ebbe und Flut«, versucht Teddy mich zu trösten, »nur ich habe immer ein schönes glänzendes Fell.«

»Die kommen und gehen wohl eher wie die Zeugen Jehovas«, erweitere ich frustriert unser Spektrum der Bildvergleiche, damit ich wenigstens intellektuell mithalten kann, »aber nicht zu mir.«

Teddy streicht mir mitleidig über den Kopf.

»Nein, ehrlich«, sage ich trotzig, »Mama rasiert sie sich dauernd ab, aber am nächsten Tag sind wieder welche da. It's magic.«

Teddy hat nun genug von dem Thema und resümiert: »Babys haben so was eben noch nicht.«

Das glaube ich ihm nicht und vermute, dass ich eine Haarallergie habe und Mama aufpasst, dass keins mit mir in Berührung kommt.

Levke-Fee kriegt ja auch kein Pony.

∾

Oma passt heute auf mich auf, weil Mama noch mit Papa ins Atelier muss, um die letzten Bilder für die Vernissage einzupacken. Sie hat ein Kinderbuch dabei, und Mama meckert sofort, das sei doch erst für Zweijährige, das sei doch viel zu früh für mich.

Oma kontert, ich habe doch auch schon Wimmelbücher, und ob Mama es ihrer Tochter etwa nicht zutrauen würde, sich ein paar Bilder anzuschauen, und sie könne ja auch wieder gehen.

Nein, nein, es sei schon gut, beschwichtigt Mama meine Großmutter, und dass sie jetzt losmüsse.

Oma setzt ihr Hütchen ab, nimmt mich auf den Schoß und zeigt mir das Bobo-Buch.

Schlechte DJs interessieren mich nicht, will ich rufen, aber ich lasse mich von Omas Begeisterung anstecken, die sagt, dass der Protagonist Bobo Siebenschläfer heiße und von nun an mein Freund sei.

Ich erwarte also einen gutgebauten zärtlichen Jungen mit handwerklichem Geschick und Einfühlungsvermögen in die weibliche Psyche, doch auf allen Bildern sieht man nur Nagetiere, die einkaufen, schwimmen gehen oder auf Staubsaugern sitzen. Vielleicht ist das ein Suchbild, denke ich, und schaue Oma fragend an.

Oma lächelt und behauptet, das Buch sei toll, weil der Bobo genau das Gleiche erlebe wie ich.

Wieso soll ich das dann vorgelesen kriegen, frage ich mich verwundert, das muss man doch nicht vertiefen. Bis jetzt erlebe ich immer noch selber, da brauche ich keinen Bobo für, und ähnlich sieht der Nager mir auch nicht.

Teddy kennt Bobo Siebenschläfer offensichtlich schon länger und scheint ihn nicht besonders zu schätzen, denn er erklärt trocken: »Ach weißt du, Mia, Bobo ist ein leicht bekleidetes Felltier, das sich nie bedankt und immer heult, wenn Papa geht – total öde.«

Hilflos heule ich auch und spucke meinen Nucki aus.

Oma befeuchtet mit ihrer Zunge ein Stofftaschentuch, wischt damit meine Mundwinkel ab und steckt mir den Nucki wieder rein.

Igitt, denke ich, so was braucht ja keiner.

Sie scheint daran jedoch nichts Ekliges zu finden und beginnt nun zu lesen, dass Bobo krank ist und ein Zäpfchen kriegt. Das meint sie nicht ernst. Gucke sie verständnislos an.

Freundlich wiederholt sie die beängstigende Krankengeschichte, denn offensichtlich meint sie es tatsächlich ernst. Als sei das nicht schon geschmacklos genug, kommt das Schlimmste erst noch:

Das Buch hat *Bilder*. Schlecht gemalt zwar, aber die Details stimmen. Man sieht alles, wirklich alles.

Spucke den Nucki wieder aus und rufe entsetzt: »Wer will das denn? Und was wird aus Bobos Psyche, wenn drei Millionen Kinder Einblick in seine Rosette haben?«

Teddy horcht auf und sagt: »Vielleicht genießt Bobo das ja. Man weiß ja nie, wie Siebenschläfer ticken, womöglich sind die exhibitionistisch veranlagt.«

Er kichert: »Ich freue mich schon auf das Kapitel ›Bobo im Darkroom‹ oder ›Bobo und Hobo drehen einen Schwulenporno‹.« Ich gucke ihn erstaunt an.

»Ja gut«, räumt er ein, »du kannst es auch ›Erotikfilm mit gleichgeschlechtlichen Nagetieren‹ nennen.«

Verstehe nicht, was er meint und starre auf die Rosette.

Das soll ich also auch erleben.

Vergleiche Bobos Erfahrungen mit meinen und habe zugegebenermaßen Schwierigkeiten mit dem Wiedererkennen, Oma aber merkt von alldem nichts und liest weitere neun Bobo-Episoden.

Ernüchtert stelle ich fest, dass Bobo Siebenschläfer ansonsten ein echter Couch-Potatoe ist und nach jeder Geschichte sofort einpennt.

»Der schläft sogar durch«, greift Teddy begeistert meine Beobachtung auf und will unbedingt, dass ich das von nun an auch mache, denn auch er würde gerne mal wieder eine Nacht durchschlafen.

»Guck mal wie der das macht, der schläft bis acht, das willst du sicher auch mal probieren, gell?!«

Ich kontere: »Oma hat gesagt, Siebenschläfer sind nachtaktiv ...«

»Ja, aber der Bobo schläft durch!«

»... die sind nachts wach und machen die ganze Zeit so viel Krach wie Rammstein und die Müllabfuhr zusammen, die können gar nicht anders.«

»Ja, aber die machen auch Winterschlaf!«

»Mensch Teddy, es ist Sommer!«

»Aber ein kalter.«

Mhmf. Ich gebe auf.

Oma liest weitere lustige Geschichten von Bobo Siebenschläfer vor, und ich vermute, dass die abgefeimten Dialoge mit Sicherheit selbst Marcel Reich-Ranicki aus den schlesischen Socken hauen.

»Ja, man erfährt wirklich Interessantes, und du kannst deinen sprachlichen Horizont ins Unermessliche erweitern«, stimmt Teddy mir grinsend zu.

Oma zeigt auf die Bilder und den Text und sagt, dass Lili Bobo ein Pommes-frites-Schnitzel in den Mund steckt.

Ich gucke sie ungläubig an.

Oma wiederholt geduldig das Gesagte.

Was um Himmels willen ist ein Pommes-frites-Schnitzel? Eine Pommes-Portion wälzt sich in Paniermehl und macht einen auf Fleisch, denn das hat es vom Tofu gelernt? Hallo? Ein Siebenschläfer frisst Bucheckern, Eicheln, Haselnüsse und sonntags vielleicht mal Kastanien! Aber kein Pommes-frites-Schnitzel! Ähnlich unrealistisch geht es weiter, denn Nina will Bobo auch eines geben und kippt dabei den Apfelsaft um.

Das Tier ist kleiner als ein Eichhörnchen, soll aber zwei Schnitzel essen, und zwar Pommes-frites-Schnitzel, und kriegt noch nicht mal was zu trinken.

»Der soll wohl gemästet werden!«, rufe ich Teddy erschrocken zu, und er bestätigt: »Sicher steckt da die Hexe hinter.«

Jedenfalls ist der Apfelsaft nun aushäusig unterwegs, und die Reaktion bleibt nicht aus, denn Oma liest, dass die Großmutter daraufhin nichts weiter als ›Jaja, die Kinder‹ sagt und die Flecken wegwischt, offensichtlich eine ganz normale und gelassene Reaktion bei Senioren im Siebenschläfer-Milieu.

»Was soll sie auch anderes machen«, sagt Teddy lakonisch, »die Prügelstrafe ist verboten, und das nächste katholische Internat meilenweit entfernt.«

Ein Glück, denke ich und muss anerkennen, dass die Geschichten wirklich sensationell verrückt sind. »Bobo im Schwimmbad« entpuppt sich sogar als mein Lieblingskapitel.

Oma liest, dass Bobo ins Wasser möchte, dann aber, als er seinen Fuß ins Wasser setzt, erst mal spontan ›Pipi!‹ sagt.

Sofort frage ich mich, ob er mal muss oder einfach nur die Wasserqualität in Freibädern realistisch einschätzt.

Tippe auf Ersteres, denn er geht mit Mama zur Toilette.

So, und nun kommt's.

Oma fährt fort im Text und sagt, dass sich Bobo auf dem Rückweg das Ohr an einer Zigarette verbrennt. Der Mann hat nicht aufgepasst, und Bobo macht ›Au!‹, woraufhin der Mann ›'tschuldigung!‹ sagt.

Es ist nicht zu fassen.

»Genau das erlebe ich auch immer im Schwimmbad«, rufe ich aus, und Teddy sagt: »In puncto Zynismus hast du wirklich dazugelernt, Mia, Hut ab.«

Oma sagt, dass Bobo die Wunde jetzt ein bisschen wehtut, dass ihm aber bestimmt jemand hilft, und sie liest weiter vor, dass die Krankenschwester (!) das Ohr mit einem Wattebausch abtupft, Bobo keine Schmerzen mehr hat und seinem Papa sein Ohr zeigt, der daraufhin richtig aus sich rausgeht und sagt: ›Oh! Ein Pflaster!‹

Oh Mann. Mehr fällt ihm offensichtlich nicht ein.

Als Papa ist der ja schlimmer als Marlon, denke ich, der gute Herr Siebenschläfer ist entweder bekifft oder durch die üppige Oberweite der Krankenschwester abgelenkt, oder er findet es übertrieben, auf Verbrennungen dritten Grades ein Pflaster zu kleben. Vielleicht kommt er auch nur mit seinem Celebrity-Status nicht klar und hat sich so zugesoffen, dass er nichts mehr davon mitkriegt, was um ihn herum vorgeht.

»Mal ehrlich«, sage ich zu Teddy, »das will man doch als Kind nicht lesen. Da will man doch hören: Bobo zeigt Papa sein Ohr. Papa Siebenschläfer schreit: ›Wie ist das denn passiert? Zeig mal her, mein Sohn, das Arschloch verklopp ich!‹ Er öffnet die Schwimmbadtasche und nimmt das Klappmesser heraus. Mama Siebenschläfer lädt die Pumpgun, zieht ihre Strumpfhose aus und bastelt mit Bobo drei schöne Masken. So ausstaffiert, machen sie aus dem Schwimmbadraucher einen schönen Matschhaufen. Das macht Spaß! Hei, wie das spritzt! Sie kommen auf den Geschmack und ziehen marodierend durch fünfundachtzig Raucherclubs. Da kommt die Polizei! Lalülala! Mama und Papa zeigen auf Bobo und sagen, der da war's. Bobo kommt in ein Heim und lernt dort, sich so zu verhalten wie richtig kriminelle Nagetiere, Mama und Papa leisten Sozialstunden, und das Sandmännchen erlebt das Comeback des Jahres.«

Teddy kringelt sich vor Lachen und kriegt kaum noch Luft, so dass ich versuche, die Situation abzumildern: »Ja gut! Oder: ›Du Armer, komm mal her, nachher kriegst du ein Eis.‹«

Und *der* soll so sein wie ich. Ich schnappe mir den Computer und befehle dem japsenden Teddy, im Internet Bobo-Bücher für Erwachsene zu bestellen:

Bobo Siebenschläfer beim Scheidungsanwalt
Bobo Siebenschläfer macht die Steuer
Bobo Siebenschläfer in der Entzugsklinik
Bobo Siebenschläfer geht in den Puff

Teddy findet das nicht gut und gibt ein: Bobo Siebenschläfer hat Hämorrhoiden. Zu viele Zäpfchen.

Fühle mich verarscht, klaue Papas Taschenlampe für die Nacht und lese zum Entspannen Das Kapital.

23. Öl auf Spucktuch –
Kunst für alle

Es ist so weit! Heute ist mein großer Tag. Ich habe es geschafft: Meine erste Ausstellung ist fertig.

Auch Mama und Papa scheinen stolz auf mich zu sein, denn sie begrüßen mich schon morgens mit einem riesigen selbstgebackenen Dinkelmuffin mit einer Kerze drauf. Vermutlich wollen sie mir sagen, dass ich mein Licht nicht unter den Scheffel stellen soll, und ich danke es ihnen mit meinem strahlendsten Lächeln.

Sie legen sich wirklich mächtig ins Zeug und singen sogar ›Zum Geburtstag viel Glück!‹, um mich danach dermaßen überschwänglich zu herzen und zu küssen, dass ich mir vorkomme wie ein Heimkehrer aus dem Dreißigjährigen Krieg.

Über die Aufmerksamkeit freue ich mich natürlich, flüstere Teddy aber ins Ohr: »Findest du nicht auch, dass es ›Geburtsstunde‹ heißen sollte, denn heute um elf Uhr ist ja nun eindeutig die Geburtsstunde meiner künstlerischen Laufbahn?«

Teddy brummelt nur Unverständliches, denn er ist mit dem Auszupfen einzelner grauer Härchen aus seinem Fell beschäftigt.

Aufgeregt will ich sofort raus aus dem Bett und in die Galerie, aber jetzt gibt es erst mal noch Geschenke. Ich finde, dass meine Eltern etwas übertreiben, zumal die Vernissage noch gar nicht eröffnet ist, doch sie bestehen darauf, dass ich auspacke.

Ungeduldig tue ich ihnen den Gefallen und bestaune ein Fühlbuch, eine Sortierbox, bei der ich unterschiedlich geformte Gegenstände in die passenden Löcher stecken soll, und ein Pferd aus Holz, auf das man sich draufsetzen kann, das aber nicht vom Fleck kommt, sondern nur vor- und zurückschaukeln kann.

Während ich es ausprobiere, singen sie ›Hoppe, hoppe Reiter, wenn er fällt, dann schreit er‹.

Das geht zu weit, denke ich und plumpse stattdessen lautlos auf den Boden.

Sie wirken enttäuscht, dass ich so schnell aufgebe, doch ich empfinde das Reiten ohne Ziel als erniedrigend und beschließe, dass es nun wirklich genug ist. Wir haben schließlich alle Hände voll zu tun, und ich soll meine merkwürdigen Geschenke und einen zweifelhaften Ruhm genießen, bevor auch nur *ein* Kunstbeflissener meine Werke gesehen hat, das macht doch keinen Sinn.

Zu allem Überfluss kommen jetzt auch noch Oma und Opa vorbei und gratulieren mir mit einem riesigen Luftballon, auf dem eine Eins in Glitterschrift steht.

Dankbar, wenn auch etwas unruhig, lächele ich ihnen zu und betrachte die Zahl.

Nicht besonders originell, denke ich, für so ein besonderes Ereignis hätte man wenigstens die symbolträchtige Sieben nehmen können oder zumindest eine Primzahl, aber so weit haben meine Großeltern scheinbar nicht gedacht, und ich habe sie so lieb, dass ich ihnen den Fauxpas sofort verzeihe.

Es muss ja nicht jeder den gleichen Geschmack haben.

Oma macht mit mir ein Fingerspiel, und dann kommen wir endlich zum Wesentlichen.

Meine ganze Familie fährt zur Galerie Markenstein, und ich freue mich wie eine Schneekönigin auf meine erste Vernissage.

Mama hat auch ein paar Bilder dazugesteuert, was ich ausgesprochen lieb von ihr finde.

Die Galerie hat vier schöne lichtdurchflutete Räume, und in einem davon hängen in einer abgedunkelten Ecke meine Devotionalien-Sammlung, meine Fußabdrücke auf Papas Zeitung und Mamas Schwangerschaftsbauch in Gips.

Überrascht wundere ich mich darüber, dass Mama für ihre Werke alle vier Räume beansprucht, mir aber lediglich zwei Quadratmeter in einem der hinteren zugesteht, und denke nach.

Natürlich!

Mama versucht, durch die räumliche Beschränkung meiner Kunstwerke und deren mangelhafte Beleuchtung auf mein großes Genie aufmerksam zu machen.

Ein künstlerisch ausgeklügelter Schachzug, und ich verneige mich vor ihrem künstlerischen Sachverstand. Meine Mama, wer könnte das noch toppen.

Auch kulinarisch bin ich in gleicher Weise berücksichtigt: Für die Erwachsenen gibt es perlende Getränke in schönen Gläsern und für meine Freunde und mich auf einem kleinen Tisch bunte Trinklernbecher mit vermutlich zahnfreundlichen Tees drin, sowie ungesüßte Bananen-Dinkel-Törtchen und Hirsestangen, so weit das Auge reicht.

Oma will Ernie-und-Bert-Kekse dazulegen, aber Mama schimpft, dass da zu viel Zucker drin sei. Sehe ihr das nach und beschließe, den drohenden Zuckermangel später durch das Erschreien von Globuli auszugleichen.

Nun kommen auch schon die ersten Gäste, zuerst die schwangere Wiebke mit Lutz und Levke-Fee, dann ein paar unbekannte Fans und zu guter Letzt auch Bettina mit Sören-Wotan. Ich komme mir vor wie in einem Wimmelbuch.

Alle haben Geschenke für mich dabei, und es ist mir ein bisschen peinlich, dass Mama keine bekommt, denn es ist ja auch ein bisschen ihre Vernissage.

Oma tritt mit einer Träne im Auge vor, während sie mit zittriger Stimme sagt, ich sei ja nun ein Jahr alt, und da könne ich mächtig stolz drauf sein.

Ich verstehe gar nichts mehr.

Opa schluckt hörbar und ergänzt, genauso sei es, ein Kalb wäre in dem Alter schon tot, da könne ich von Glück sagen, dass ich ein Mensch sei, haha.

Oma tritt ihm vors Schienbein, woraufhin er brummt, dass man doch wohl noch einen Scherz machen dürfe, obwohl das ja strenggenommen gar kein Scherz sei.

Er verstummt augenblicklich unter Omas Blick, beugt sich nicht ohne ein ›Jaja, ich mach ja schon‹ ächzend zu mir herab und poltert: »Liebe Mia, du bist nun ein Jahr, das finden wir alle wunderbar.«

Er räuspert sich und ergänzt: »Du bist unser Schatz und machst viel Rabatz, doch das muss ein Kind, wir stolz auf dich sind.«

Gucke ratlos zu Teddy. »Metzger-Lyrik«, sagt er trocken.

Alle klatschen und lassen mich hochleben, während Teddy erklärt: »Ja Mia, es ist wahr, du hast heute Geburtstag! Herzlichen Glückwunsch! Es war ein schönes Jahr mit dir!«, und zupft weiter an seinem Fell herum.

Ich kriege Panik.

Ich bin also nicht mehr null, sondern endlich EINS, und mein Teddy macht sich aus dem Staub.

Das ist zu viel für mich.

»Was heißt hier ›war‹?«, schreie ich entsetzt, »du willst doch nicht etwa weg?«

Ich fange an zu weinen und kralle mich in sein Fell.

»Nicht doch«, sagt er erschrocken, »an der Stelle ist es doch noch so schön braun!«

Er nimmt meine Hand weg, sieht meinen traurigen Blick und kuschelt sich versöhnlich in meinen Arm.

»Keine Sorge, ein paar Jahre bleibe ich noch, ich will doch überall dabei sein, bei deinem ersten Schritt, in der Kita, in der Grundschule, und bei deinem ersten Kuss.«

»Bei Letzterem sicher nicht«, flüstere ich Teddy verschämt zu, als Mama mir die Tränen wegwischt und mich auf den Arm nimmt.

»Mein Mialein, jetzt wollen wir ordentlich deinen ersten Geburtstag feiern, und wo kann man das besser, als umgeben von Kunst! Was für ein wunderschöner Tag!«, ruft sie beschwingt und tanzt mit mir durch den Raum.

Ich bin platt: Von dem Geburtstag hat mir keiner was gesagt.

»Das sollte eine Überraschung werden«, erklärt Teddy.

Das ist ihnen gelungen.

Mein Geburtstag.

Heute vor einem Jahr hat mich der Mutterkuchen verlassen, und ich habe zum ersten Mal in die Augen von Gudrun-Rudolf-Steiner Wiebkötter geguckt. Ich frage mich ernsthaft, warum man das feiern sollte.

Immerhin habe ich Mama und Papa an dem Tag endlich persönlich kennengelernt, das ist unbestritten ein großartiges Ereignis, für das ich sehr dankbar bin.

Ich liebe meine Eltern.

Kurz darauf trat dann auch noch Sören-Wotan in mein Leben und hat es gründlich auf den Kopf gestellt. Bei dem Gedanken an ihn wird mir ganz schwummerig und heiß, und ich fühle mich wie beim PEKiP-Kurs, nur besser.

Ich erröte und versuche, einen verhuschten Eindruck zu machen, um die Aufmerksamkeit wieder auf die Kunst zu lenken und wie eine echte Künstlerin zu wirken. Aber Sören-Wotan beachtet mich nicht, sondern rasselt lautstark mit Bettinas Schlüsselbund, und ich bin ein bisschen beleidigt.

Mama begrüßt Bettina mit einem Kuss auf die Wange und fragt, wo denn Marlon sei. Das erkläre sie später, flüstert Bettina, jetzt wolle sie erst einmal Mamas Kunstwerke in Augenschein nehmen. Sie lächelt, nimmt sich einen Prosecco und flaniert beschwingt durch die Räume.

Wiebke setzt Levke-Fee zwischen Sören-Wotan und mich auf die Patchworkdecke, die Mama aus alten Pullovern selber geklöppelt hat.

Ich denke, Künstlerin hin oder her, für eine Dreiecksbeziehung bin ich mir zu schade, und krabble an Sörens Seite.

Dann verteilt Mama an alle Prosecco – selbst Oma nippt am Alkohol, was mir zeigt, dass es wirklich für alle ein besonderer Tag zu sein scheint – und stellt sich auf eine Kiste.

»Liebe Freunde, es freut mich sehr, dass ihr alle ...«

Mitten im Satz hält sie inne, denn die Tür geht auf, und Gudrun-Rudolf-Steiner Wiebkötter spaziert herein, als gehöre sie zur Familie. Mir fällt vor Schreck der Nucki aus dem Mund, und ich flüstere: »Was will die denn hier?«

Sören-Wotan gibt ihn mir wieder und sagt trocken: »Das wirst du gleich sehen.«

Die Hebamme sieht irgendwie verändert aus, ja tatsächlich, sie ist weicher im Gesicht und federnder im Gang. Vielleicht hat sie endlich mal Urlaub gehabt oder ein Lifting, denke ich und stöhne dennoch auf: »Wahrscheinlich hat Mama sie eingeladen, weil heute mein Geburtstag ist und ich mich an diesen ersten Tag sozusagen in 3D erinnern soll.«

Sören-Wotan guckt mich verständnislos an, und ich rede schnell weiter: »Ich hoffe ernsthaft, dass ich nicht gleich auch noch durch einen dieser lustigen roten Spieletunnel krabbeln soll, um die Geburt zu simulieren.«

Sören-Wotan fängt an zu lachen.

»Und ein Mutterkuchen-Imitat aus selbstgemachter Knete

gleich hinterher, oder was«, kichert Levke-Fee, die unsere Unterhaltung schamlos belauscht.

»Nein, nein, sie ist nicht wegen uns da«, murmelt Sören-Wotan und zeigt auf die Hebamme.

Gudrun-Rudolf-Steiner Wiebkötter winkt Mama zu, geht schnurstracks auf Bettina zu und gibt ihr einen Kuss.

Auf den Mund. Sensationell.

Ich bin sprachlos und ziehe mich am Tisch hoch, um nichts zu verpassen.

Bettina scheint das nicht zu stören, ganz im Gegenteil, sie erwidert den Kuss und streicht Gudrun-Rudolf-Steiner Wiebkötter zärtlich über die Haare.

Ich plumpse auf meinen Allerwertesten.

»Na, was hab ich gesagt«, holt Sören-Wotan mich aus meiner Schockstarre, »das geht schon seit einer Weile so, ich kann schon gar nicht mehr hingucken.«

Bettina klopft an ihr Glas und sagt: »Wo wir schon mal beim Redenschwingen sind, ich habe mich von Marlon getrennt und bin jetzt mit Gudrun zusammen, und wer etwas dagegen hat, der soll das für sich behalten.«

So, das sei jetzt raus, murmelt sie und kippt sich einen weiteren Prosecco in den Hals.

Mama ringt nach Fassung.

»Nein, nein«, beeilt sie sich zu sagen, »wir haben natürlich nichts dagegen ...«

»Das muss ja schließlich jeder selbst entscheiden«, bemerkt Oma und setzt sich zu Wiebke auf die Bank.

Alle gucken nun Oma an, denn diese Äußerung ist die eigentliche Sensation, so viel steht fest. Ich krabble auf Omas Schoß, um ihr meine Anerkennung für dieses unerwartete Toleranz-Bekenntnis mit ein bisschen Baby-Gebrabbel zu zeigen, und sie freut sich.

Die Menge verteilt sich nun über alle vier Räume, denn an

Mamas Rede denkt jetzt keiner mehr. Oma fragt Wiebke leise, seit wann sie denn von ihrer Schwangerschaft weiß. Wiebke freut sich über Omas Interesse und sagt, dass bei ihr schon einige Male die Regel ausgeblieben sei und sie immer dachte, dass sie nun schwanger sei, dies aber jedes Mal andere Ursachen gehabt habe und dass ...

Oma jedoch unterbricht sie aufgeregt und fragt, welcher Natur denn diese Ursachen gewesen wären, das klänge ja ganz außergewöhnlich.

Na ja, antwortet Wiebke, sie habe einfach zu viel Leistungssport gemacht, sie sei ja lange Zeit Hammerwerferin gewesen, das brächte die Hormone ganz durcheinander. Sie habe es wohl etwas übertrieben, dann aber damit aufgehört, und nach einer Weile sei ihr Hormonhaushalt wieder im Lot gewesen, und nun hätte es trotz der ärztlich festgestellten Unzulänglichkeit von Lutz' Spermien dann schlussendlich und Gott sei Dank und unerwartet doch noch geklappt.

Oma sitzt stocksteif auf der Bank, und ich denke noch, das mit der Erwähnung von Lutz' Spermien ist ihr peinlich, da sagt sie mit fester Stimme und lauter als erwartet, sie sei ja früher mal eine Koryphäe in rhythmischer Sportgymnastik gewesen, sie habe die Keulen geschwungen wie sonst keine vor ihr.

Das sei aber etwas ganz anderes als Hammerwerfen, reagiert Wiebke erstaunt, das könne man ja gar nicht vergleichen und was das denn mit ihrer Schwangerschaft zu tun habe.

Oma schnappt nach Luft. Mitte der Siebziger, da sei ihr nämlich auch mal die Regel ausgeblieben, ergänzt sie tonlos.

Das sei doch nichts Besonderes, will Wiebke sie unterstützen und legt ihre Hand auf Omas Arm.

Doch, sagt Oma und schüttelt vehement die Hand ab, als sei diese eine Schmeißfliege, die gerade erst ihre Mittagsmahlzeit im Hundepark hinter sich hat und nun auf Omas Arm ein Nickerchen machen will, das sei etwas ganz Besonderes gewesen.

Und leiser, das habe sie zumindest die ganzen Jahre über gedacht.

Sie bricht in Tränen aus und fängt im nächsten Augenblick hysterisch an zu lachen.

Mama kommt herbei und fragt, was denn hier los und ob alles in Ordnung sei.

Oma ruft, ja, jetzt sei alles in Ordnung, Heike-Schätzchen!, und sie schmeißt ihren Rosenkranz auf den Miniaturwald aus jungen Fichten, den Mama als Zeichen der Verbundenheit mit der Heckenbraunelle und der Gefährdung ihres Lebensraumes inszeniert hat. Eine tolle Kunstperformance, denke ich, diese Verschmelzung von Religion und Natur. Scheinbar ist das Gefühl für Kunst in unserer Familie zumindest mütterlicherseits fest verankert.

Opa kommt vom stillen Örtchen und fragt erstaunt, was hier vor sich gehe. Mama zuckt fragend ihre Achseln, aber Oma schmeißt sich in Opas Arme und ruft: »Lass uns tanzen! Musik! Was Flottes: Foxtrott!«

Mama macht wie in Trance die dezente Musik, die im Hintergrund läuft, ein wenig lauter, und Oma und Opa tanzen, bis Oma nach Luft schnappt und sich in den Korbsessel fallen lässt.

»Annie, das ist ja so wie früher«, keucht Opa glücklich, »du bist und bleibst meine Tanzprinzessin.«

Er küsst sie, und alle klatschen begeistert in die Hände.

Ich finde, dass sich die Aufmerksamkeit nun wieder der Künstlerin zuwenden sollte, und mache Sören-Wotan ein spontanes Body-Painting mit der Zinksalbe. Die Zuschauer reagieren unterschiedlich, und genau das will ich mit meiner Kunst erreichen: einen Diskurs, das Publikum spalten, schockieren, aus dem Trott reißen.

Bettina reißt mir die Dose aus der Hand, aber Gudrun-Rudolf-Steiner Wiebkötter lächelt sie an und sagt sanft, das sei doch nicht so schlimm, das könne man doch alles waschen, sie würde ihrem Hasen auch dabei helfen.

Hase. Da sieht man mal, was Kunst bewirken kann.

Die Hebamme ist völlig verändert.

Auch Mama scheint sich jetzt wieder an den eigentlichen Grund dieser Veranstaltung zu erinnern. Sie schlägt mit einem Latte-Macchiato-Löffel gegen ihr Glas und bittet um Ruhe, sie wolle etwas sagen. Langsam verstummen die Gespräche.

»Liebe Freunde, heute ist ein großer Tag, und ich freue mich, dass ihr so zahlreich erschienen seid. Wie ihr wisst, ist heute die Vernissage zu meiner neuen Ausstellung.«

Meiner Ausstellung?, denke ich. Mama muss da was verwechseln.

»Dort hinten findet ihr zum Beispiel meine Reihe über die Verschmelzung des Mona-Lisa-Motivs mit Mias Ultraschallbildern, und es gibt auch eine Kinderecke, die sich mit dem Thema Familie beschäftigt.«

Mama ist wirklich eifersüchtig, sonst würde sie mich an dieser Stelle selbstverständlich namentlich als Initiatorin dieser Ausstellung erwähnen.

Versuche, meinen Zorn zu zügeln und großzügig Milde walten zu lassen. Zwecks Kontemplation krabble ich zügig auf Opas Schoß und lasse meine Blicke in die Runde schweifen.

Ich fasse es nicht, da hinten steht Dr. Liebermann, der geile Sack.

Der kann es wohl nicht lassen, obwohl Mama doch eigentlich deutlich genug war. Er hat doch tatsächlich einen Strauß gelber Rosen dabei, und ich bin drauf und dran, ihm zu sagen, dass Mama die Uniformität von Blumensträußen nicht mag und er sie sich sonst wohin stecken kann, halte mich aber zurück, um ihn stattdessen lieber ins offene Messer laufen zu lassen.

Überlegen lasse ich meinen Blick weiterwandern, da sehe ich, wie sich jemand die Nase an der Fensterscheibe plattdrückt.

Aloe-Vera.

Jetzt schlägt es aber wirklich dreizehn.

Wer hat die denn eingeladen?

Nervös fange ich an zu zappeln, und Opa setzt mich wieder auf die Krabbeldecke.

Mama bekommt von alldem nichts mit und redet weiter: »Außerdem ist heute Mias erster Geburtstag, und wir wollen ihr alle ganz herzlich gratulieren!«

Oh nein! Gudrun-Rudolf-Steiner Wiebkötter klatscht in die Hände, kommt auf mich zu und gibt mir einen Kuss. Drücke mich ganz fest an Sören-Wotan, um sicherheitshalber meine sexuelle Orientierung deutlich zu machen. Alle lachen, gratulieren mir der Reihe nach und wenden sich dann wieder meiner Mutter zu.

»Und da aller guten Dinge DREI sind, verkünde ich euch hiermit eine großartige Neuigkeit: Heute geht es nicht nur in der Kunst um einen Zyklus, sondern auch im Privaten: Ich bin wieder schwanger!« Diesmal wird Mama von allen Seiten gratuliert, nur Bettina schaut desinteressiert und legt ihre Hand auf den Po der Hebamme.

Ich bin geschockt.

Mama will ein neues Kind.

Untersuche meine Kunstwerke auf Fehler. Bin ich nicht gut genug, um in ihre Fußstapfen zu treten? Reiche ich ihr nicht als Tochter? Habe ich irgendetwas falsch gemacht?

Und überhaupt: Wollte sie nicht eigentlich Karriere machen?

Ich verstehe die Welt nicht mehr und fordere nun lautstark die Behebung meines Zuckermangels ein. Mama gibt mir schnell ein paar Kügelchen aus ihrem Homöopathie-Fundus, dann will sie wieder auf die Kiste springen, doch da steht schon Papa drauf.

Mama guckt ihn erstaunt an, aber er bittet um Ruhe und sagt: »Ja, das haben wir uns von Herzen gewünscht, ist das nicht großartig?«

Die Tür geht auf, und Aloe-Vera betritt den Raum.

Papa stockt einen Moment.

Sie hat einen der Flyer in der Hand, die Opa in der Stadt verteilt hat und lächelt Papa an.

Papa schluckt hörbar, fasst sich aber schnell wieder und wiederholt noch einmal, als hätte er nun ebenfalls Alzheimer: »Wir bekommen ein zweites Kind, und diesmal werde *ich* ein Jahr in Elternzeit gehen.«

Die Meute klatscht anerkennend, als hätte Papa ganz alleine die Spülmaschine ausgeräumt.

Mama sieht nun auch Aloe-Vera, hebt ihren Kopf ein wenig höher und sagt: »Chris übernimmt Kinder und Haushalt, nur die Kurse, die werde ich besuchen!« Dann geben sie sich einen Kuss.

»So, und nun trinkt Prosecco, was das Zeug hält, und schaut euch alles an! Bei Fragen bin ich gerne behilflich«, schließt Mama ihre Rede.

Ich muss hier weg, die Luft ist zu dünn für so viele Menschen, und ich ziehe mich am Tisch hoch.

Sören-Wotan hängt an der anderen Seite und guckt mich verzweifelt an. Ich überlege, was schlimmer ist, Gudrun-Rudolf-Steiner Wiebkötter in der Familie zu haben oder ein Geschwisterkind.

Entscheide mich für Ersteres und lächele Sören-Wotan mitfühlend an. Er erwidert meinen Blick und spielt mit seinem Finger an seiner Unterlippe herum.

Ein eindeutiges Angebot, auf das ich zu gegebenem Zeitpunkt gerne eingehen werde.

Bevor ich vor Erschöpfung einschlafe, sehe ich noch, wie sich Aloe-Vera und Dr. Liebermann über meine Kunstwerke unterhalten und wie er sie dauernd am Arm berührt, wenn er etwas sagt. Er will sicher, dass sie etwas kauft, und ich empfehle ihr mein getrocknetes Gekötzeltes in Öl auf Spucktuch, das wird in der PEKiP-Sauna ganz ausgezeichnet die Wand verschönern und meine Haushaltskasse aufbessern.

24. Ich bin dann mal weg

Es gibt Studien, die besagen, dass durch Schockerlebnisse so viel Adrenalin im Körper eines Menschen ausgeschüttet wird, dass er zu Höchstleistungen fähig ist.

Das kann ich bestätigen, denn der gestrige Tag zeigt seine Wirkung: Ich kann laufen!

Endlich!

Was heißt hier ›laufen‹, ich *renne* mit ›Lack‹ durch die Gegend. ›Lack‹ ist ein kleiner, leichter Tisch einer schwedischen Möbelhauskette, die sich durch den Verkauf von Teelichtern finanziert, wie Teddy mir erklärt. Wenn ich ihn vor mir herschiebe, kann ich so wunderbar gehen wie Senioren mit einem Rollator.

»Babys und Senioren haben mehr gemeinsam, als ich dachte«, sage ich zu Teddy, »beide laufen mit Gehhilfen, haben Probleme mit den Zähnen und nuckeln aus Trinkhilfen.«

Teddy grinst, und ich laufe, was das Zeug hält.

Papa flippt vor Freude aus und ruft Mama, die erschöpft von den Strapazen des gestrigen Tages auf dem Sofa liegt. Sie rappelt sich mühsam auf und stöhnt, doch als sie mich mit ›Lack‹ sieht, geht ein Leuchten über ihr Gesicht.

»Hol den Camcorder«, ruft sie, »schnell, das ist ja sensationell!«, und Papa sprintet los.

Ich renne ihm nach, als wäre Berlusconi hinter mir her.

Überlege, womit ich mich dopen kann, denn das ist für einen anständigen Sportler heute unumgänglich, da fällt mein Blick fällt auf Papas Ramazotti-Flasche. Verschiebe den Gedanken auf später und schiebe ›Lack‹ durch die komplette Wohnung, meine Eltern mit der gezückten Kamera immer im Schlepptau.

»Die Karawane zieht weiter, der Sultan hat Durst«, singt Papa fröhlich.

»Das heißt ›Dä Sultan hät Doosch‹«, korrigiert Mama ihn, »aber ich geb dir gerne einen Abend pro Woche für einen kölschen Sprachkurs frei, wenn du in Elternzeit bist.«

Sie grinst schelmisch und zwickt ihn liebevoll in die Backe.

Papa lächelt unsicher und brummelt: »Ja, ich weiß, ich hab's versprochen.«

»Ja-ha, das hast du! Sogar vor Zeugen!«, frohlockt Mama. Papa schluckt.

»Mensch Chris, das wird super«, versucht Mama ihn aufzumuntern, »nur so kriegst du eine ganz enge Bindung zum Kind, und Mia hat auch endlich mal mehr von dir als immer nur die Abende und Wochenenden.«

Dann flüstert sie: »Und wenn ich nicht mehr diesen dauernden Schlafmangel aushalten muss, wird es auch sexuell wieder interessanter.«

Nun lebt Papa auf und schöpft sichtlich Hoffnung.

»Außerdem kriegen wir dann zusätzlich zu meinem Einkommen als Künstlerin doch auch noch Elterngeld, ist das nicht großartig?«, flötet Mama und schmiegt sich in Papas Arm.

Papa gibt ihr beherzt einen Kuss und sagt grinsend: »Das stimmt. Und Elterngeld ist ja wie Arbeitslosengeld. Nur ohne Ausschlafen.«

Jetzt lachen sie beide und schauen sich an wie zwei Dackel, deren Herrchen das leckerste Leckerli in der Hand hält, das die Welt je gesehen hat.

Überrascht versuche ich, die Aufmerksamkeit endlich

wieder auf die Hauptperson zu lenken, und stampfe wie King-Kong über das Parkett.

Mama und Papa sind jedoch so sehr mit sich selbst beschäftigt, dass sie nichts von alldem bemerken, sondern vermutlich aus konspirativen Gründen im Schlafzimmer verschwinden. Ignorantes Pack, denke ich enttäuscht, und laufe wütend weiter. Der Boden erzittert unter meinen Füßen, und ich zermalme Keks-Reste, die heruntergefallenen Blätter unserer Yucca-Palme und das Babyphon.

Dann bin ich erschöpft und mache eine Pause.

Teddy ist stolz auf mich und liest mir zur Belohnung aus »Ich bin dann mal weg« von Hape Kerkeling vor.

Beeindruckend. Ein ganzes Buch übers Gehen. Ich markiere sofort für Mama und Papa die wichtigsten Seiten mit Apfelmus.

Man kann ja auch mal geben statt nehmen.

Ich muss sagen, eine tolle Buchidee. Hatte so was Ähnliches für den Weg von der Küche zum Wohnzimmer vor. Wenn man nicht gleich alles aufschreibt.

Denn auch ich denke viel Religiöses beim Laufen.

Wo komme ich her?

Küche.

Wo gehe ich hin?

Wohnzimmer.

Was passiert dazwischen?

Wischwasser auskippen, Wände bemalen, Blumenerde essen, Schränke ausräumen.

Stricknadeln in Steckdosen bringen kurzfristige Erleuchtung.

Warum das alles? Das weiß ich noch nicht und mache mich deshalb sofort auf die Suche nach einem höheren Plan.

Doch nun kommt endlich Mama aus dem Schlafzimmer,

sichtlich erhitzt, sicherlich aufgrund des sommerlichen Wetters. Ich zeige auf die Tür und frage: »Da?«

Sie antwortet auch: »Da.« Wahrscheinlich ist sie Russin.

Erklärt ist damit leider nichts.

Sie streichelt mir über den Kopf und sagt überschwänglich:

»Hach, ist das schön, eine Familie zu sein, oder? Und in neun Monaten bist du nicht mehr alleine als Kind, liebe Mia, ist das nicht schön?«

Sie macht einen Luftsprung und verschwindet im Badezimmer.

Flüstere Teddy zu: »Pah, ›nicht mehr alleine‹. Jetzt kann ich sogar laufen und einige Wörter sagen, und trotzdem reicht ihnen das nicht.«

Teddy guckt mich an und hebt seine Augenbrauen.

Traurig überlege ich, was das neue Kind haben kann, was ich nicht habe.

»Zum Glück kann ich jetzt endlich laufen«, ergänze ich patzig, »weißt du was, ich hau ab. Dann können sie ja sehen, wie sie mit dem Neuen klarkommen, das wird sicher kein Zuckerschlecken, man denke nur an dieses ganze Gestille und Abgepumpe, und dann bin ich nicht da, um mit meiner Erfahrung das Baby zu informieren und zu beruhigen.«

»Mia, das ist doch keine Lösung«, lacht Teddy, »ein Geschwisterkind zu bekommen ist doch ganz normal und kann sehr schön sein.«

»Was soll daran denn schön sein?«, frage ich Teddy erbost.

»Zuerst einmal kannst du es vor Gudrun-Rudolf-Steiner Wiebkötter warnen«, witzelt er und dann: »nein, im Ernst, du kannst dem Zwerg eine ganze Menge beibringen und ihn beschützen, denn du bist ja jetzt schon groß.«

Das stimmt, denke ich, und lasse für einen Augenblick sogar ›Lack‹ los.

»Du kannst ihm zeigen, wie man spuckt, was man mit

Schreien erreichen kann und wie man die Wohnung umgestaltet. Zu zweit könnt ihr da wahre Wunder vollbringen«, freut sich Teddy in Vorausahnung des kreativen Chaos, das sich in unserem gepflegten Reihenhäuschen einstellen wird.

»Außerdem werde ich dann nicht mehr da sein«, ergänzt er fröhlich, »und das Baby braucht ja jemanden zum Reden. Wer soll das sein, wenn nicht du?«

»Wie, du wirst dann nicht mehr da sein?« Ich kriege Panik. »Bist du schon alt? Musst du sterben? Hast du deinen Knopf verloren?«

»Nein«, sagt Teddy, »aber ich brauche ein Sabbatical. Ich bin jetzt schon sooo lange Teddy, da ist eine Auszeit mehr als angeraten. Ich werde nach Florida fliegen.«

»Ich komme mit, ich komme mit!«, rufe ich.

»Das geht nicht, Mia, das ist viel zu teuer. Ich kann mir das nur leisten, weil für Teddys der Flug quasi umsonst ist. Man muss sich nur mit auf das Gepäckband legen, und schwupps, ist man im Frachtraum gelandet.«

Ich staune mit offenem Mund.

»Ein Freund von mir hat das schon mal gemacht, und er hat erzählt, dass man zwischen Surfbrettern und Musikinstrumenten durchaus auch mal ein nettes Hündchen kennenlernen kann, mit dem man sich auf der langen Reise die Zeit vertreiben kann.«

Er schaut mich an und gibt mir ein Küsschen.

»Keine Angst, Mia, nach einem Jahr bin ich wieder da, und dann will ich sehen, wie du mit dem neuen Baby um die Wette läufst. Bestimmt wirst du immer gewinnen, denn ich glaube ganz fest an dich!«

Meine Miene hellt sich auf.

»Außerdem kannst du mit deinem Sören-Wotan und dem Baby dann Vater-Mutter-Kind spielen, sobald das Kleine da ist.«

Ich erröte und muss zugeben, dass das eine wunderbare Idee ist.

Inspiriert plane ich in Gedanken unser Einfamilienhaus mit Rollrasen und solarstrombetriebenem Elektrogrill, an dem Sören-Wotan uns Veggie-Würstchen brutzelt, um danach in der Hollywoodschaukel sitzend den Sternen beim Funkeln zuzuschauen, bevor uns das schreiende Baby wieder in die Realität zurückholt.

»Du lachst ja schon wieder«, freut sich Teddy, »na siehst du.«

»Ja, das ist eine wirklich gute Idee von dir. Sören-Wotan verdient als Bob der Baumeister dann eine ganze Stange Geld und geht in Elternzeit, während ich mich der Kunst widme.«

Teddy lacht und klopft mir auf die Schulter.

»So ist es recht, Mia«, ermuntert er mich liebevoll und widmet sich nun erleichtert dem Polieren seines Knopfes.

Nun bin ich wieder etwas versöhnt, doch bevor ich heirate, will ich erst mal die Welt erkunden. Zumindest möchte ich zum großen Ozean und gucken, ob Wale wirklich so aussehen, wie mein Fläschchen es verspricht. Auch die Pistolenkrebse möchte ich besuchen, so viel Freiheit muss sein, denn mir schwebt für meine nächste Vernissage ein Meeresbewohner-Triptychon vor.

Paul Gauguin musste schließlich auch nach Tahiti, um sich künstlerisch zu entfalten.

Ich schiebe ›Lack‹ durch die Terrassentür und laufe los.

Ein großartiges Gefühl. Das nenne ich Abenteuer, da kann Kolumbus einpacken. Am Gartentor treffe ich auf Opa.

Er brummt freundlich: »Na, wo wollen wir denn hin, Mia?«

Ich sage: »Wal«, und zeige vermutlich Richtung Norden.

Opa lächelt und erwidert: »Ja, da ist der Ball.«

Er holt meinen liegengebliebenen Ball unter dem Rhododendronbusch hervor, nimmt mich auf den Arm und trägt mich mitsamt dem schwedischen Tisch nach Hause.

Ich seufze und beschließe endgültig, zu bleiben. Oma und Opa brauchen mich, die kommen doch ohne mich gar nicht zurecht. Und Mama kriegt ihre Karriere alleine auch nicht zum Laufen.

Außerdem muss ich Papa vor weiteren Angriffen neuer PEKiP-Trullas bewahren und darüber hinaus seine und Mamas Streitereien durch perfekt choreografierte Baby-Performances schlichten, um sie so vor einer möglichen Scheidung zu bewahren, denn die nächste Schlafmangel-Periode kommt mit dem neuen Familienmitglied bestimmt.

Und nicht zuletzt muss ich dem neuen Baby direkt nach der Geburt das Laufen beibringen, es außerdem schonend auf die Ballermann-Atmosphäre bei PEKiP-Kursen vorbereiten und es beruhigen, dass auch das vorübergeht.

Es wartet eine Menge Arbeit auf mich. Das Ausland muss warten.

›Alle Leut, alle Leut gehen jetzt nach Haus.‹

Ich auch.

Inhaltsverzeichnis

1. Ich bin dann mal da   S. 5
2. Es gibt einen Grund, warum Tiere nicht singen   S. 18
3. Ab ins Reihenhaus   S. 30
4. Ist das Kunst, oder kann das weg?   S. 44
5. Mama gibt Gummi   S. 54
6. Mütter ohne ernstzunehmende Betreuungsalternative   S. 64
7. Papas Einsatz   S. 73
8. Alle Wege führen nach Prag   S. 79
9. Mama will ihr Ding machen   S. 91
10. Sankt Martin und der stinkende Dschinn   S. 98
11. Gebiss und Flasche – alles für mich   S. 105
12. Endlich kommt Bewegung ins Spiel   S. 120
13. Nussknackerpopo   S. 127
14. Es geht immer nur um Knete im Leben   S. 147
15. Fuck the Möhrchen und fuck the Pastinake   S. 158
16 Verkehrte Welt   S. 167

17. Mein erstes Mal im Sitzen   S. 181

18. Das Dinkel-Ei und der Mops   S. 192

19. Burgen aus Dreck und ein stehlender Fuchs   S. 203

20. »Mama« und »Papa«   S. 218

21. Konfrontation mit der Härte des Lebens   S. 224

22. Und wie du wieder aussiehst   S. 228

23. Öl auf Spucktuch – Kunst für alle   S. 244

24. Ich bin dann mal weg   S. 257

ENDLICH ALS HÖRBUCH!

Ein Muss für alle Eltern, werdenden Eltern, Omas und Tanten, Nachbarn und für all diejenigen, die selbst einmal ein Baby waren und sich gerne von intelligenter Komik unterhalten lassen. Wer sich je gefragt hat, was uns unser süßes Baby mit seinem ohrenbetäubenden Brüllen sagen will, findet hier Antworten – und was für welche. Die preisgekrönte Kabarettistin Barbara Ruscher liefert hochkomische Einblicke in Babys Sicht der biologisch korrekten Familienwelt.

„Dieses Machtwerk ist ein Kracher." Gerburg Jahnke (Ehem. Missfits)

BARBARA RUSCHER
„Fuck the Möhrchen. Ein Baby packt aus" Gelesen von Barbara Ruscher
ungekürzte Aufnahme über 350 Minuten Laufzeit, 5 CD + 3 LIVE Bonus Titel

ALLES WAS SPASS MACHT

www.feez.info . www.barbara-ruscher.de

SEBASTIAN LEHMANN
Kein Elch. Nirgends
204 Seiten
ISBN 978-3-7466-3084-7
Auch als E-Book erhältlich

Manchmal kommt man an

Zuhause sind alle so erwachsen geworden und langweilig. Da macht Sebastian nicht mit. Also raus aus Berlin und rein in die Welt. Er sucht das Unbekannte und eine Antwort darauf, wie man zwischen Biokiste und Ironic Wedding überleben soll. Aber findet zwischen Stockholm und New York immer nur die gleichen Probleme, mit denen er sich schon zu Hause nicht herumschlagen will. Trotzdem sucht er weiter. Weil er gerne mal irgendwo ankommen würde. Das scheint fast genauso schwer, wie einen Elch zu finden. Denn vielleicht gibt es gar keine Elche.

»Sebastian Lehmann hat ein Auge für die Stadt und ein Ohr für die Sprache der Nacht.«
Berliner Zeitung

Mehr Informationen erhalten Sie unter www.aufbau-verlag.de oder in Ihrer Buchhandlung.

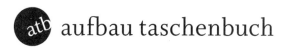

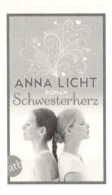

ANNA LICHT
Schwesterherz
Roman
256 Seiten
ISBN 978-3-7466-2974-2
Auch als E-Book erhältlich

»Schwesterherz, Du schaffst mich. Echt!«

Zwischen den Zwillingen Charlotte und Luise herrscht Funkstille, seit Lotta es versäumt hat, Lu aus der Patsche zu helfen. Da sendet plötzlich die kleine Schwester Lilly ein Zeichen: Sie will heiraten und bittet um Beistand. Die Zwillinge müssen sich zusammenraufen – eine kleine Schwester lässt man nicht im Stich. Doch sofort geraten die kluge, erfolgreiche Charlotte und die temperamentvolle, chaotische Luise aneinander. Ob Kulisse, Musik oder Blumenschmuck, immer sind sie völlig anderer Ansicht, was das Beste ist. Dabei geht es nicht mehr bloß um Lillys Hochzeit. Es geht um das Glück und Unglück, ein Zwilling zu sein, um Eltern mit süßen Geheimnissen, um cholerische Chefs und nicht zuletzt um die große Liebe.

»Ein bezaubernder Briefroman, eine höchst unterhaltsame (Liebes-)geschichte.« Hamburger Morgenpost

Mehr Informationen erhalten Sie unter www.aufbau-verlag.de oder in Ihrer Buchhandlung.

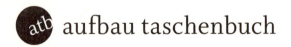

ELLEN BERG
Ich will es doch auch!
(K)ein Beziehungs-Roman
304 Seiten
ISBN 978-3-7466-3076-2
Auch als E-Book erhältlich

Frikadelle zum Frühstück

Charlotte ist Ärztin, hat einen tollen Job, eine tolle Wohnung, tolle Freunde – nur leider keinen Mann. Und das mit 39! Langsam wird es eng. Da taucht plötzlich Uwe auf, der attraktive, aber ziemlich ungehobelte Klempner. Geht gar nicht. Tja, geht doch! Denn Hals über Kopf verliebt sich Charlotte in sein umwerfendes Lächeln und seine unkonventionelle Art: Buletten zum Frühstück, Tanzen im Regen, Poolbillard in düsteren Kneipen. Charlotte ist selig, ihr Umfeld entsetzt. Downdating? Das kann doch nichts werden! Was willst du denn mit dem?

»Herrlich fieser Humor.« cosmopolitan

Mehr Informationen erhalten Sie unter www.aufbau-verlag.de oder in Ihrer Buchhandlung.

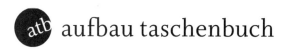